JN241938

コミュニティ・ユニオン

社会をつくる労働運動

文貞實 編著

松籟社

伊藤泰郎
内田龍史
北川由紀彦
山口恵子
崔　博憲
仁井田典子
朝倉美江
山本かほり
西澤晃彦

COMMUNITY UNION

コミュニティ・ユニオン——社会をつくる労働運動

まえがき

●小さな武器

今日、労働組合に関心があるひと、労働組合について語りたいと思っているひとはそう多くはいないだろう。しかし、自分の働き方が変だ、自分の給与がどんどん下がっている、この先、どうやって働いていけばいいのか、否、生きていけばいいのかと不安を感じているひとは決して少なくない。今日、私たちは、自分自身のなかにある漠然とした不安や、実際にいつリストラされるかもしれないという恐怖の正体にとっくに気づいているのに、気づかないふりをして、なんとか生きている。実際は、誰の目から見てもはっきりしていることがひとつある。それは、私たちの世界が資本主義という巨大な怪物に飲み込まれているということである。

一九九〇年代以降、経済グローバル化の進展のなかで日本企業の経営・雇用慣行が変容し、労働市場の再編が進んだ結果、非正規労働が増加した。非正規労働者のなかには、短時間労働のパートタイマー層から一定の雇用期間が終われば仕事を失う有期雇用労働者、そして派遣労働者がいる。社会のあり様が複雑になるなかで、多様な働き方が増えるのは仕方がないという考えもある。しかし、日々細切れの「日雇い派遣」に象徴されるような不安定な働き方を望んでいるひとはいない。問題は、フルタイムの労働を探しても見つからない点にある。そもそも、そのような非正規雇用労働が増加したのは、経営者側の雇用調整による。正社員を雇わないで、パートや派遣などで仕事をこなしていくというやり方は、企業にはメリットが大きい。国際競争のなかで企業は雇用のフレキシブル化を進めることで、人件費の固定化を抑制し、社会保険（失業保険など）のコストを削減してきた。二〇〇八年のリーマン・ショック以降は、「派遣切り」というかたちで、非正規労働者の多くが有期雇用の仕事さえも失っていった。今日では、このような非正規労働者だけでなく、誰もが綱渡りのような不安定な働き方、不安定な生活を強いられている。そのようななかで、いま、私たちが生きていくために必要なことは、この巨大な怪物の前ではとてもちっぽけな存在であっても、それでも、なにか間違っているこの世界にＮｏ！　といえるような小さな行動力をもつことだろう。そうでなければ、窒息してしまいそうだから。

実際には、そのような行動力をもつことはとてつもない困難であるのを認めたうえで、それでも、なんとか立ち向かい、この世界のなかで、生きていく場所をつくる、ほんの少しでいいから自分のことを聞いてくれるひとに出会う、自分と同じくらい労働者の権利が侵害されているひとがほかにも大勢いることを認める。そして、行動する。資本主義という怪物が暴れまわるこの世界に抗する。不正義を是正して、この世界を書き換える。そのために必要な武器をもつ必要があるだろう。しかし実際に、そのような武器がどこにあるのだろうか。と、私たちの周りを見渡し、探してみても、「自己責任論」に覆われている「社会」があるだけだ。だとすれば、その「社会をかえる」、「社会をつくる」ために、いま、私たちに必要なことはなんだろうか。

本書は、資本主義という巨大な怪物に踏みつぶされないために、生きていくために、不安定な労働者がたたかいを挑むとき、また、たったひとりでも、ふたりでも、外国人でも、女性でも、障がい者でも、それぞれが多様なたたかい方を展開する戦術に必要な小さな武器として労働運動を取り上げている。

ただ、ここで取り上げるコミュニティ・ユニオンは、局地的な／ローカルな労働運動を展開している労働組合である。大企業の正社員のための労働組合ではない。都市の小さな事業所、工場、地方都市の労働者が自分たちの生活や仕事を守るために、ひとり、またひとりと集まって動きだし、社会へ問いかけ、働きかけ、社会を変えていこうとする新しいタイプの労働組合である。

人びとがこのユニオンという武器を手にしたとき、そのたたかいは、個別の労働問題の解決をめざすだけでなく、そのたたかいの過程で、同じようにしんどい働き方、生き方を強いられている他者の経験を共有し、あるいはユニオン運動に参加しなければ決して出会うことがなかった他者の存在を知り、他者との新たな関係性が生まれていく。具体的に、ユニオンでの労働相談をとおして他者の声に耳を傾け、ユニオンの団体交渉をとおして、仲間の労働問題を自分の問題として引き受けるたたかいそのものが、社会をかえ、社会をつくる運動といえる。

本書では、コミュニティ・ユニオンという新しいかたちの労働運動の動きを通じて、読者に、私たちの社会をかえるための武器を手に入れてほしい。しかし、本書は、具体的な職場での労働問題への処方箋を提示しているハウツーモノではない。むしろ、本書を手にしたひとにとって、いま、働いている場所で、あるいは、将来働くかもしれない場所で、生きていくためにそっと持ち歩くような小さな武器になればと考える。

●本書の構成

まず序章で、今日、新自由主義への抵抗軸として登場した新しい社会運動の流れと労働運動がどのように接近しているのかを整理し、ユニオン運動の現在について考える。

本書は二部構成で、第I部では、コミュニティ・ユニオン全国ネットワーク（CUNN）の全国調査のデータ分析をとおして、全国のコミュニティ・ユニオンの活動に具体的に誰が参加し、どのような活動をしているのか、また、組合員の多様な特徴をとおしてコミュニティ・ユニオンとは何かを分析している。

第一章において、筆者たちが実施したCUNNの全国調査の概要を取り上げ、CUNNの組合員の特徴をまとめている。そこから見えてきた、コミュニティ・ユニオンの労働運動へ参加している人びとが世代によって、その活動への参加意識や目的が異なることを改めて指摘している。

第二章では、コミュニティ・ユニオンの組合員がどのような労働環境のなかでどのような問題に直面して、ユニオン活動に参加しているのかをCUNN全国調査結果から分析している。

第三章は、CUNN全国調査の調査結果から、正規・非正規の現役労働者だけでなく、定年後も脱退せず支援し続ける退職者や、移住労働者など多様な組合員たちが、なぜユニオンに加入し、どのようにユニオンという組織を支えてきたかを分析するなかで、ユニオンが多様な世代の社会的な連帯の場になっていることを示す。

第Ⅱ部では、コミュニティ・ユニオンがどのような公共圏を生成しているかを明らかにしている。

第四章では、各地のユニオンの多様な組織化の特徴を紹介しながら、地域を基盤とした仕事の場、生活の場から労働者を支えるために産声をあげたユニオン運動が、今日、労働市場の周辺にいるばらばらな個人を社会につなげる回路となり、新たな価値を創造するという社会運動の可能性に、どのように開かれているかを述べる。

第五章では、労働運動の社会資源が集積する大都市部に対して、地方においてコミュニティ・ユニオンを支える基盤が何かを明らかにするために、東北地方の三つのユニオン組織を取り上げる。東北という空間、ユニオンの活動する地域という空間、事務所という空間という位相の異なる空間が、ローカリティの源泉となり、それを基盤にユニオン運動の抵抗の磁場としての役割を担っていることを分析している。

第六章では、労働市場において周辺化された労働者の問題に積極的に取り組んでいるローカルなユニオンとして、外国人技能実習生の支援にかかわる広島の二つのユニオンを取り上げる。地方都市のユニオンが、組織の規模は小さく、財政面、人的資源で課題を抱えながらも、それでも外国人技能実習生にとって、「最後の砦」としての大きな存在感を示している点を明らかにしている。

第七章では、ユニオンで役員として活動している女性組合員のインタビュー調査を通して、女性組合員がユニオン活動を通して自己の労働と生活を新たに組み立てて、どのように労働運動を意味づけているかを整理することで、周辺化された女性労働者にとってのユニオン活動の意義を述べている。

第八章では、ＣＵＮＮ全国調査の結果から組合員の生活課題を明らかにし、職場でのパワハラやセクハラ、いじめによる人格侵害を背景に近年増加するメンタルヘルス問題や生活課題をどのように実践的に解決しているかを整理するなかで、生活支援組織としてのユニオンの役割を提示している。また、コミュニティ・ユニオンが多様な属性や職種、雇用形態の人びと、マイノリティを組織化するなかで、その多様性を踏まえたコミュニティ・ユニオンの活動が地域社会、コミュニティとどのようなつながりを生み出し、新しいコミュニティを創造するか、その可能性に言及している。

以上の各章の議論を踏まえ、終章では、今日のコミュニティ・ユニオン運動を、経済グローバリゼーションとそのイデオロギーである新自由主義への社会的抵抗として位置付けることで、ユニオン運動が生成する「社会的なもの」のあり様を論じている。

また、Ⅰ部とⅡ部にコラムを設け、いま、社会が求める労働運動の今日的な状況を紹介している。巻末には本書の執筆において基礎資料となるＣＵＮＮ全国調査の単純集計表を掲載しているので参考にしてほしい。

現在の自分の仕事と生活に漠然とした不安をもっているひとに、そもそも労働運動が何かを知らないひとに、本書を読んでほしい。自分を変え、社会を変えるための小さな武器を手に入れる可能性のために。

著者一同

目次

Ⅱ　コミュニティ・ユニオンがつくる公共圏

凡例

・★1、★2……は註を表わし、註記は近傍の左頁に記載した。
・〔……〕は引用者による中略を表わす。
・引用文中の〔 〕は引用者による補足を表わす。
・文献情報は〔 〕でくくり、〔著者、発行年、参照頁〕の形で表わした。
当該文献は各論末の参考文献一覧に記載している。

コミュニティ・ユニオン——社会をつくる労働運動

序章　ユニオン・ウェイブと新しい社会運動

文　貞實

1　新しい社会運動と労働運動

かつて、『共産党宣言』において、マルクスとエンゲルスは、労働組合は労働者が自らの生活と権利を守るための団結し、その目的達成のために、階級闘争（政治闘争）において勝利する必要があると説いた〔Marx & Engels, 1932-1971 51-55〕。その後、自由主義国家における労働組合は、「労資和解」（労使協調）のもとでの労働者の賃金要求、労働時間や労働条件について交渉するアメリカ型のビジネス・ユニオニズムと、労働者全体の福祉の向上をめざすヨーロッパ型のソーシャル・ユニオニズムとの二つの方向で制度化されていく[★1]。一方で、一九六〇年代以降、環境運動、フェミニズム運動、マイノリティの異議申し立てなど「集合的なアイデンティティ」の承認に代表される「新しい社会運動」が台頭し、既存の労働運動の制度化そのものが批判されるようになる。「新しい社会運動」は、従来の政治（労働問題の領域）の境界からより広範な社会的な領域に活動を拡大していく労働運動の再活性化に大きく作用した。

その後、「新しい社会運動」は、グローバリゼーションの深化が人びとの生活を脅かすなかで、労働市場の再編（労働者の個人化・差異化）にともなう一人ひとりの「小さな怒り」を爆発させた反グローバリゼーション運動、反貧困運動へと展開し、労働者と失業者、農民、若者、女性、エスニック・マイノリティなど多様な個人の結節点となっていった。

具体的には、一九九〇年代以降、新自由主義経済への抵抗軸として、南北アメリカ、南アフリカ、韓国、第三世界の開発経済国家を中心に、労働者のなかで最も立場が弱い人たちが取り組む新たな労働運動の動きが活発化していった〔Offe, 1985：鈴木、二〇〇五〕。「新しい社会運動」の今日的な展開を背景に、労働運動の目的や役割を再定義化する必要が生まれている。従来の労働運動の目的が組合員の経済的利益の追求と権利を守るという制度内のものだったのに対して、今日では、社会の中に埋め込まれた個々人の不利益への対応、社会正義（social justice）の追及という新たな労働運動が生まれている〔大畑、二〇〇四：鈴木、二〇〇五〕。ネオリベラリズムの社会・経済政策のもとで、社会的に不利な状況に置かれている人びとの個人的な問題としてとらえられていた「出来事」（失業、女性労働、移住労働、労災、ハラスメントなど）を契機に新しい社会運動と労働運動が急接近しているといえる。★2

2 労働組合運動の変化

第二次安倍内閣発足後（二〇一二年〜）、成長経済を目標にかかげた「アベノミクス」が大規模な財政出動、

★1　ヨーロッパでは、第二次世界大戦以降、アメリカでは一九三〇年代以降、労働組合は産業別組合というよりも、企業別組合として、大企業においては労働者と経営者との間における唯一の「仲介者」として、自由主義社会における社会調整メカニズムとして、重要な役割を果してきたといえる（ビジネス・ユニオニズム）。その労働組合の機能・役割（雇用の維持、労働者の生活保障、社会安定）がグローバリゼイションの深化のなかで失われていく。たとえば、フランスでは、そのような労働組合の弱体化が、その後の失業者運動のように、労働組合の周辺部の多くの人びとを動員しながら、社会運動の再生に関わっていくことになる〔Aguiton, 1997=2001〕。

★2　バーグマンは、オーストラリア海運労働組合が地域と連帯した「コミュニティ・ピケ」（一九八八年）、あるいはマイノリティとの連帯の事例としては、労働組合がアポリジニ労働者の権利擁護運動（ノーザンテリトリーでの土地所有権利回復運動）を支援し、アポリジニ労働者の「同一労働同一賃金」を実現した事例を紹介している。この、ネオリベラリズムに抗するオーストラリアの労働組合による「労働者とコミュニティの大多数の人々を同じ側に団結させる」コミュニティ・ユニオニズムの事例は、今日の労働運動において新しい社会運動の性格が強まり、それと同時に、新しい社会運動が反グローバリゼイションの動きのなかで、以前より経済問題や労働運動の役割の重要性を認識していることを明らかにしている。〔Burgmann, 2006=2007〕

金融緩和、規制緩和を推し進めた結果、自動車産業大手の大幅な黒字や大手銀行五行の好決算、雇用情勢の改善傾向など実質成長率はプラスに推移したといわれる。しかし、一九九〇年代以降、グローバル経済の深化のなかでの国際競争力の構築をめざす日本企業は、人事制度の改革、有期雇用を拡大し、それまでの日本型雇用（終身雇用・年功序列賃金）から流動型雇用に舵を切っている。大企業の倒産、銀行の破綻などを背景に、中高年労働者の人員削減からはじまり、女性・若者の雇用形態が大きく変化していった。しかし、そのようななかで、労働者を守る労働運動や労働組合の存在は希薄化している。

そもそも、戦後の日本の労働運動で主力となっていた産業別労働組合運動が、一九五〇年代に頻発した労働争議のなかで経営者側に敗北し、企業内部に第二組合が生まれ、労働運動そのものが「産業別主義」から「企業別主義」へ転換するなかで、産業別労働組合運動は後退していった。その後、一九八〇年代までの日本の経済成長は、「日本的労使関係」、いわゆる「三種の神器」（終身雇用・年功序列制・企業別組合）によってもたらされた。そのため、日本の企業別組合は企業内の正社員の労働条件の改善を組織の目的として「労使協調型」の日本的労使関係を維持する労働組合を形成してきた（河西、一九八九、四二三―四二四頁）。しかし、一九九〇年代以降の経済グローバル化のなかで、この「日本的労使関係」が大きく変節していった。

具体的なターニングポイントは、一九九五年の日経連の『新時代の「日本的経営」』の報告が示すように、企業経営において「個性を確立した個人の凝集力のある人間集団を組織する」という、「集団主義」（終身雇用・年功序列賃金）から「個人主義」（個別管理・能力主義賃金）への経営戦略の転換である。その結果、国内労働市場において雇用・労働条件の悪化と雇用の流動化が加速し、企業別組合は少数精鋭の正社員の雇用安定と引き換えに能力主義管理・個別主義管理に協力するかたちで、従来の「集団的労使関係」から「個別的労使関係」へ変節していく（牧野、一九九八）。大企業を中心とした企業別組合運動は「労働者主体」ではなく、「企業主体」の単なる企業内部のマネージメント組織の特徴をもち、職場組合は〈空洞化〉していき、労働運動そのものの社会的役割が後退した〔河西、一九八九：野村、一九九三：木下、二〇〇七〕。

遠藤は、この労働組合の機能低下の背景として、第一に、労働組合が機能する社会的条件の変化を指摘している。この間の製造業からサービス業への産業構造の転換、非正規雇用の増大が、結果として持続的な職場と持続的なメンバー間の交流という労働者が団結する要件の基盤を縮小させている。また、女性の労働力化が進み、「男性稼ぎ型家族主義」の標準化が崩れてきたこともあげられる。従来の労働組合の中心は男性稼ぎ主であったため、女性や非正規労働者の増大は既存組合員の減少として現れる。さらに、これらの背景をなす経済グローバル化へ対応する企業間競争の激化によって、労働組合として職場の労働者の権利を擁護するよりも、企業の成長と生産性の向上をめざすことに労働条件の改善が含有されるようになったためである。その結果、大企業を中心とした既存労働組合の戦略が、職場での労働者の権利を擁護する「労働者主体」ではなく、企業の競争力に協力する労使協調型の「権利擁護」というベクトルにむかったといえる。第二に、繰り返すまでもなく社会的条件の変化によって、労働組合を組織することがそもそも困難な労働者が増加したことがあげられる。既存の正社員中心の労働組合そのものの必要性が低下し、組織率も低下していった〔遠藤、二〇一二、一頁〕。

現在、日本におけるナショナルセンター〔労働組合の全国中央組織〕である、日本労働組合連合会（連合）〔一九八九年に日本労働組合総評議会、民社党系の全日本労働総同盟、中立労働組合連絡会議、全国産業別労働組合連合の労働四団体を統一し結成〕、全国労働組合総連合（全労連）〔一九八九年に公務・民間・年金者組合を含む全国単位産業別労働組合と地方組織によって結成〕と、全国労働組合協議会（全労協）〔一九八九年、連合に合流しなかった旧社会党系によって結成〕のすべての組織で組合員数は減少し続けている〔大原問題研究所、二〇一七〕。

その一方で、労働市場の分断化・個人化に呼応して、管理職や派遣などの職位、性別、エスニシティ、若者、学生といった社会的属性別に組織化する文字通りの個人加盟ユニオンが増えてきている〔橋口、二〇一一：小谷、二〇一三〕。個人加盟ユニオンは、コミュニティ・ユニオン、地域ユニオン、ローカル・ユニオン〔全労連系〕など「地域に基盤をおき、企業を超えて、労働者を組織化する個人加盟を原則とした地域合同労組」〔大原社会問題研究所、二〇一〇、四〇頁〕を背景に設立したものをさす。よって、個人加盟を原則としても、地域の中小企業の労働運動の流れを組み企業別支部や職場分会を組織化するユニオンが多い。

以上概観してきたように、今日、社会の個人化が労働者の個人化を深化させているなかで、労働組合運動そのものが大きく後退している。そのようななかで、本章では、ユニオン運動を、既存の労働運動の周辺で、個々の労働者が解雇やリストラなどのせっぱつまった状況で異議申し立てることで、社会を変えようとする動きとして、あるいは、新たな社会運動の方向を模索するローカルな労働運動として捉え、いまだ運動と位置づけられない「運動的なるもの」〔長谷川・町村、二〇〇四、一五頁〕からはじまった新しい労働運動がどのように展開されているかをみていく。

3　ローカルな労働運動の展開

●ユニオンの誕生

戦後日本の労働運動では「あらゆる階層の労働者」を対象に組織化を急激に進めていったが、[★3]そこで取り残され周辺化された日雇い労働者・失業者など不安定就労層が、戦闘的な自由労組を各地につくった歴史がある。その後、高度経済成長期以降は、大企業の企業内組合を中心とした採用時に企業内組合加入が義務付けられたユニオン・ショップ制による「組織拡大路線」と乖離するかたちで日本労働組合総評議会〔総評〕

〔一九五〇年に設立された、左派社会党支持を支持する戦後日本の労働組合のナショナルセンターであったが、一九八九年の連合結成で解散〕の地方組織が分散していく。労働市場の分断が労働運動そのものの分断にも大きな影響を与えていた。一九七〇年代には、まず、未組織の国内不安定労働者としてパートタイム労働者が可視化されるようになった。その後、一九九〇年代以降は派遣など非正規労働者の存在が量的に増大していくが、企業別労働組合の連合体である中小労連においても周辺労働の組織化の動きは不十分であった〔兵頭、二〇〇六、二八頁〕。この間、労働運動の主流で周辺部の不安定就労層の問題が置き去りに

★3　日本の戦後労働組合運動の最大の特徴は、欧米の労働組合と異なり、職制、職域などにおけるブルーカラー、ホワイトカラーの区別なく従業員全員加盟によって企業単位（企業別労働組合）をつくったことである。しかし、一九五〇年代以降、GHQによる左派運動の抑制、レットパージ後の労働運動の後退のなかで、企業別組合は産別全国組織に企業単位、団体単位で加盟していたため、企業別単位で産別を抜けることが可能となり、その後、労働運動の意味を変容する要因となっていった。また、企業別組合の要求は企業内の年功序列の賃金・昇給、生活改善という論理に進み、「日本的労使関係」を形成していき、経営組織と労働組合組織が共通利害にむけて融合する方向にむかっていった。その結果が、民間大企業労組の主導のもとでの八九年の総評解散から連合の結成であった〔赤堀、二〇一四：熊沢、二〇一三：木下、二〇〇七：塩田、一九八六〕。この大企業・正社員を中心とした機能的組織となった日本型の労働組合の問題点に関して〔野村、一九九三：上井・野村編、二〇〇一〕を参照のこと。

されるなかで、一九八〇年代以降、「地域社会に根をもった労働組合」としてコミュニティ・ユニオンが各地に生まれた（高木、一九八八）。

コミュニティ・ユニオンとは、①地域そのものを単位として活動する、②相談活動・パート労働者の権利確立、地域全体の労働条件や福祉、共済活動など自主福祉・互助のしくみづくり、③地域の独自性、主体性のうえになりたつ独立した存在として、上下関係の指令関係のない新しいタイプの地域・地区を組織のベースとする旧総評の地区労働組合評議会（地区労）［一九五〇年、総評結成時に都道府県レベルに設置された地域評議会傘下組織で、市町村単位または都道府県内の一定ブロックに設置された地域労組の連携組織］や総評全国一般労働組合［一九五五年、総評が未組織労働者の組織化のために結成した合同労組。多業種にまたがって加入できる労働組合］の地方組織を前身とした労働組合である。

最初のコミュニティ・ユニオンの誕生はパート労働者の小さな訴えからはじまる。一九八一年頃から労働組合の地域組織（地区労）を中心に労働相談として「パート一一〇番」がスタートするなかで、江戸川区労協での「パート一一〇番」の相談に来たパート労働者が「わたしたちも入れる組合があればいいのに」と訴えたことがきっかとなり、一九八四年に江戸川ユニオンを結成する。前後して、大阪市でユニオンひごろ（一九八三年結成）、石川県で勤労者ユニオン（一九八三年結成）などが相次いで結成されていく。

現在のコミュニティ・ユニオンには三つの系譜がある。①地区労を母体に結成された「地区労組」（江戸川ユニオン、大分ふれあいユニオン、武庫川ユニオン、連合福岡ユニオンなど）、②もともと全国一般として活動を展開していた組織から生まれた「全国一般労組」（札幌地域労組、東京管理職ユニオン、ユニオンみえ、岐阜一般労組など組合員規模が大きい）、これらユニオンの多くは旧総評地方オルグ［総評時代に設置された中小企業対策オルグである。オルグとは労働者を組織化するひと、あるいは組合活動における組織化］の活動が地域にまいた種が開花したものである。一方、③フェミニズム運動などに取り組むなかで女性の労働組合の必要性から結成された女性ユニオン、外国人問題などシングル・イッシューに取り組む社会運動型のユニオン（おんなのユニオン神奈川、神奈川シティユニオン、高麗労連、名古屋ふれあいユニオンなど）などは市民運動の系譜が強い（コミュニティ・ユニオン研究会編、一九八八：コミュニティ・ユニオン全国ネットワーク編、一九九三）。一九八〇年代以降、各地で結成されたコミュニティ・ユニオンの「コミュニティ」には多様な意味が込められていた。それは、働く労働者一人ひとりの生活圏としての地域コミュニティ、職場単位での労働者の連帯を意味する職場コミュニティ、派遣ユニオン、ヘルパーユニオンなどの職能コミュニティであり、労働市場の周辺化された女性労働者、障がい者、外国人などマイノリティを包摂するコミュニティを意味した（高井、二〇〇三、一五七―一五八頁）。

一九九〇年には、各地で活動するユニオンが集まりコミュニティ・ユニオン全国ネットワーク（CUNN）が結成される。二〇一八年現在、三二都道府県下で七七のユニオンが参加し、組合員数は約二万人である。

近年、二〇〇八年のリーマン・ショック後の雇用悪化のなかで、非正規労働者の生存にかかわる「最後の砦」としてのその存在に注目が集まっている。具体的には、二〇〇四年以降、製造業派遣が解禁となった代わりに、契約期間を一年までとし、この期間を過ぎた派遣先の会社は自社での「直接雇用」を申し入れる義務が生じた。二年後の二〇〇六年にはそれまでの一年契約期間がさらに上限三年に延びるなか、リーマン・ショックは二〇〇六年に大量採用した派遣社員を直接雇用しなければならない時期と重なった（「〇九年問題」）。しかし、リーマン・ショック後、企業は正社員のリストラと中途解約（「派遣切り」）を進めていった。派遣社員が仕事を失う雇止めは、そのまま「住まいの喪失」（寮の退去）、「生活の喪失」を意味した。当時、「派遣切り」が社会問題として注目されるなか、それら相次ぐ「派遣切り」「雇止め」の労働問題に対応したのは労働問題専門の弁護士らの電話相談を実施した「個人加入」のユニオンであった。

今日の労働市場の再編過程でエスニシティやジェンダーという属性別に、一人ひとりの労働者が選別され、配置されるとき、もはやそこには集合的な「労働者階級」にとって代わった、個人化したばらばらな「彼」

や「彼女」しか存在しない。そのような労働の個人化のなかで、コミュニティ・ユニオンが地域を単位に出発しながらも、「個人加入」できる労働組合としての役割をより強めていったといえる。

労働市場の再編・雇用流動化は文字通り「社会の個人化」を徹底させるものであり、大量に生み出された「不安定就労層」が無数の「彼」「彼女」に解体され、職場での解雇やいじめ・ハラスメント、差別、労災などが「個人的な問題」として現れている。解雇問題に直面した「彼」「彼女」は我慢すること、あきらめることを強いられている。

そこで、まず、そのような、彼/彼女がたどり着くコミュニティ・ユニオンが、この個人化される「労働問題」に対抗する新しい労働運動をどのように展開しているかをユニオン運動の特徴からみておく。

4 ユニオン運動の特徴

何よりも、ユニオン運動の特徴としては、企業別の労働組合と比較して、「個人加入」の労働組合であることがあげられる。よって、その運動の形態も個人に焦点化しているため多様となっている。しかし、逆に、個人を組織化するローカルなユニオン運動だからこその長所短所として指摘されることが、ユニオン運動の特徴となる。

まず、長所としては、派遣労働の拡大や自由化する派遣法悪改正反対、地方自治体が公契約条例を制定し、最低賃金を引き上げを要求する生活賃金条例の要求、同一労働に対する不公正な賃金格差を是正する同一労働同一賃金の要求など、個別の企業の組合員の利益を守るのではなく、非正規労働者、移住労働者の生活と権利のために運動を展開していることがあげられる。その過程で、反貧困運動、市民運動などとの連帯を強め、社会的不平等や不正に対して社会的に発言するネットワーク構築や、社会への発信力を高めるなど社会運動の性格が強まっている。その一方で、短所としてたびたび指摘されるのが、個別相談活動を中心とした「駆け込み寺」に相談に来る労働者の多くが問題解決後に組織を離れる点である。この組合員の流動性の高さが、組織拡大につながらないことや運営基盤の脆弱性をもたらしているとされる。そのため、ユニオンの多くが、個別の労働者の相談への対応から「個別紛争解決」で大きな役割を発揮しながら、持続的な労働条件の改善や雇用保障のシステムの実現において十分な成果をあげてないと指摘される（田端、二〇〇三、一九九頁）。

これらの指摘は、労働組合（組織体）としての「ユニオン」の性格を示すものである。しかし、社会の個人化へ抗する運動として、労働運動（圏）に反貧困、反グローバリゼーションの社会運動が参入し、労働運動を構成する人びとも失業者、移住労働者などが加わることで変容しており、運動体としてのユニオンそれ自体も変化してきているといえる。

5　ユニオン運動の展開

筆者らが質問紙調査に先だって実施した「CUNN全国調査（二〇一三―二〇一四年）」の対象ユニオン（六二ユニオン）の聞き取り調査から設立時期について整理すると、大きく三つの時期に「ユニオン・ウェイブ」が生まれていることがわかる。まず、一九八〇年代に、総評解散のなかで、地域の労働運動、平和運動など地域組織の支援をうけ、地区労を母体に各地でユニオンが結成された時期（ファースト・ウェイブ）。次いで、一九五〇～六〇年代に総評の中小労連運動の流れのなか各地で生まれた一般労組が加盟する中小の拠点労組の協力のもとで、全国企業一般組合と個人加盟組合員の中小労連型の組織が、急増する非正規労働者の相談活動からユニオン化する時期がある（セカンド・ウェイブ）。さらに、一九九〇年代以降は、女性労働者、移住労働者問題などに対応するシングル・イッシュー型の個人加盟ユニオンが相次いで設立していく（サード・ウェイブ）。

具体的に、ファースト・ウェイブの時期は一九七〇〜八〇年代の地域労働運動からユニオン運動への「継承期」といえる。セカンド・ウェイブの時期は、ローカルなユニオン運動が社会問題を構築する時期といえる。そして、サード・ウェイブの時期は、ユニオン運動を結節点にして個人が社会につながる「公共空間」が生まれる時期として整理できるだろう（表1）。

●ファースト・ウェイブ：一九七〇〜八〇年代

一九五〇年代から六〇年代、全国一般は地方評議会（以下、地県評〔都道府県別に設置された総評系のローカルセンター〕）や地区労の組織支援と、中小企業対策オルグを全国に派遣し、地方組織を形成していった。のちに一九八九年の連合結成時に、総評傘下の地方組織は、連合加盟の「全国一般労働組合」「全労連全国一般労働組合」、全労協加盟の「全国一般労働組合協議会」の三つに分裂し、地県評や地区労は縮小し、解散するなかで、い

表1　ユニオンの設立時期

運動の動き	設立時期	特徴	設立数
ファースト・ウェイブ	1970~80年代	ユニオン運動の生成	17
セカンド・ウェイブ	1990年代	ユニオン運動の社会化	24
サード・ウェイブ	2000年代	ユニオン運動と公共空間	21
		計	62

※「CUNN 全国調査（2012年）」および各地のユニオンのインタビュー調査から作成★4。

※「CUNN 全国調査（2012年）」のうち、1950〜60年代に設立したのが3ユニオン、設立データがないのが3ユニオン。また、88年のバブル期に68ユニオン、最初のピークとして8ユニオンが設立。次に景気後退の1998〜2002年に設立が相次ぐ。

くつかの地方組織が多様な労働者の組織を模索し、コミュニティ・ユニオンや企業内組合へ転換していく。

七〇年代から八〇年代頃、もともと地域のなかで零細企業の相談、パートの相談をたくさんやってきた。一〇人規模の小さな組織をつくっていた。地区労と産別がだめになるなか、別の組合をつくるべきと思いはじめていた。東京なら東部とかいくつかの「地域」を単位にいくつか組み合わせて、労働者の組合をつくろう。「地域」を「職場」にする組合をということで、交渉はじめて、地域の労組、ひとつの労働者のコミュニティをつくる、共済制度という三点セットでスタートした。当時、共済制度は、葬式代くらい出したいという労働者のコミュニティの助け合いの精神からはじめたもの。〝みんなはひとりのために、ひとりはみんなのために〟というスローガンは、〝みんな〟はユニオンを意味し、〝ひとりはみんなのため〟には、個々人がユニオン活動を続ける、組合費を払うということがユニオン＝みんなのた

★4　「CUNN全国調査（二〇一二年）」の共同研究者の伊藤泰郎（広島国際学院大学）は、設立経緯の記録のある四九ユニオンについて、遠藤（二〇一二）の分類にある「地域組織援助型」（地域組織を母体に設立）、「一般労組転化型」（一九八〇～九〇年代に非正規労働者を組織化）、「特定労働者指向型」（女性・若者・移住労働者の組織化）をもとに、「地域組織援助型」が三一ユニオン（そのなかで正規労働者の組織率が七〇パーセント未満の一九ユニオンが「一般労組転化型」への転化タイプ）、「特定労働者指向型」を一二ユニオンと分類している。

めになるという意味があった。〔江戸川ユニオン副委員長の筆者インタビューノート（二〇一三年八月二八日）より〕

一九八〇年代にはいると、それら各地の労働運動のなかで、中央の全国労働組織とは違う新たな運動のかたちが生まれくる。この時期の特徴的な活動としては、未組織労働者の労働・生活相談からはじまった「パート一一〇番」の活動が全国に展開していくことがあげられる。この時期、既存労働運動の分裂のなかからユニオン運動の新たなかたちが生まれたという意味で、ユニオン運動におけるファースト・ウェイブが起きたといいえる。

当時、パートから社外工、不安定雇用層の組織化へと団体交渉を活用する戦術が広がり、各地で小規模の労働組合が組織化されていく。労働者の「受け皿」になっていったのが地区労や県評の支援をうけた各地のユニオンであった〔大原社会問題研究所、二〇一〇、四二―四三頁〕。地区労を基盤とした「ユニオンひごろ」（一九八三年設立）、「江戸川ユニオン」（一九八四年設立）からはじまり、地域労働運動と平和運動のネットワークから「札幌パートユニオン」（一九八五年設立）、「おおだてユニオン」（一九八九年設立）、「パートユニオン盛岡」（一九八九年設立）などが相次いで設立され、一方で、地区労解散により存続の危機から自立的なユニオン運動として活動拡大していったのが、「大分ふれあいユニオン」（一九八八年設立）や「武庫川ユニオン」（一九八八年設立）などであり、総評時代からの地域労働運動の遺産が「ユニオン」という新たな地域労働運動へ継承され、あるいは変容していったといえる。この時期、各地のユニオンが個々の労働者の生活空間として「地域」を焦点化した時期といえる。

連合ができる頃、地区労組織をどのように残すかが議論になった。当時、地域の労働運動をどう残すかは〝根性論〟の問題だった。九州だと、宮崎ユニオン（一九八七年結成）、都北ユニオン（いまは存在しない）、鹿児島ユニオン、あいらユニオンなど設立するながれで、先にできた江戸川ユニオンなどを勉強して学んだ。地県評をスポンサーとして設立した。設立時、二重加盟や家族も加盟の形で一三〇名のスタートだった（実際は二〇〜三〇名）。とにかくハッタリでスタートしないといけなかった。ユニオンはある意味で〝象徴〟として、企業や地元の労働者を守るために必要だった、という〝根性論〟でつくった。（大分ふれあいユニオン・副委員長の筆者インタビューノート（二〇一一年九月一五日）より）

●セカンド・ウェイブ：一九九〇年代〜

一九八〇年代から九〇年代には、「江戸川ユニオン」（一九八八年設立）、「よこはまシティユニオン」（一九九〇年設立）、「北海道ウイメンズユニオン」（一九九三年設立）、「わたらせユニオン」（一九九四年設立）など、各地でコミュニティ・ユニオンの結成が相次ぐなか、一九八九年に、総評解散後、それまで地域の活動家たちの声にこたえるかたちで毎年開催されていた「地域労働運動を強める全国集会」（一九七〇年代後半〜八八年）が終了したのをうけ、各地で活動していたユニオンが結集しコミュニティ・ユニオン全国ネットワーク（以下、CUNN）の第一回集会（青森・弘前市）が開催された。翌一九九〇年に大分でCUNNの結成総会・交流会が開催され、正式にCUNNが成立した。CUNNのウェブサイトには、当時、ユニオンが内包する「コミュニティ」の意味が簡素に説明されている。

「コミュニティ」とは「社会」「生活協同体」、「ユニオン」は労働組合です。これまでの日本の労働組合の多くが企業ごとに正社員だけを対象に組織されてきたのに対して、コミュニティ・ユニオンは、地域社会に密着して、パートでも派遣でも、外国人でも、だれでも一人でもメンバーになれる労働組合です。

働く事業所はさまざま、職種はもちろん、雇用形態も正社員、パート、アルバイト、派遣、契約、嘱託、フリーター、そして失業者もいます。だから、どこまでいっても同じ顔しかでてこない金太郎飴ではなくて、それぞれのユニオンがさまざまで豊かな「顔」をもっています。★5

ここでいう「コミュニティに根ざした労働組合運動」（高木、一九八八）が社会的に認知されたのが、一九九五年の阪神・淡路大震災後の「阪神大震災・労働・雇用ホットライン」の開設と武庫川ユニオン、神戸ワーカーズユニオン、関西のユニオンのネットワークが中心となった「被災労働者ユニオン」の設立だった（高井・関口、二〇一二）。前者の「阪神大震災・労働・雇用ホットライン」は一九九五年二月五日から三月一〇日まで開設され、約二五〇〇件の労働相談を受け付け、「雇用保険の遡及加入」「雇用保険調整給付金の前倒し支給」などの成果をあげた。また、被災地で結成された被災労働者ユニオンは約二五〇人を組織化し、「震災解雇」のパート・派遣切りに対応した。当時、「阪神・大震災・労働雇用ホットライン」の活動は、一九九〇年代以降の雇用破壊・流動化の問題を顕在化させ、社会問題化した点で、被災地のユニオンのネットワークをとおした活動の成果として、その後のユニオン運動の方向性をしめす重要な意味をもった。

被災地の各ユニオンは、地域のなかで行政や既存労組が対応しなかった個々の派遣労働者や移住労働者の労働相談を引き受けて問題解決するプロセスで、ユニオン運動の目標を確認し、社会へ発信する役割を担っていったといえる。個別のユニオン活動が地域をまきこむ社会運動へ展開されるという意味で、ユニオン運動の「社会化」というセカンド・ウェイブがおきた時期だといえる。

震災前までのユニオン活動は、個別の事案、労働相談で「駆け込み寺」の役割しか担っていなかったので、ユニオン運動になっていなかった。それが、大震災が起きて、大量解雇が発生し、労働組合としてどういう活動ができるか悩んだ。ユニオン設立七年間、ずっと地域で声を聴いてきた。声を聴くことしかできないということで、二月三日から相談活動に踏み切った。電話五台をひいて、ずっと鳴りっぱなしの状態。当時、労働相談をやっているところがなかったから。反響がおおきかった〔当時、圧倒的にパートの解雇が多かった。正社員を守るためにパートを解雇するというかたち〕。企業も被災している状況で、労働者の生活をつなげるために、雇用保険の遡及的加入をめざした〔九九パーセントが未加入〕。相談受けて、資格あるから、ハローワークに行って、申請するようにしたが、個人だと追い返される。集団でハローワークに行って、後日、〝風穴をあけた〟。通常では雇用保険適用されないケース〔マッサージ師など〕のひとも、当面の生活保障として撤回を求めた。〝当時、気が変になるくらい高揚感があった〟個別の問題だけ対応していたら労働運動にならないが、地域全体でやれば雇用保険の加入も可能になった。震災後、武庫川ユニオンの知名度があがった。コミュニティ・ユニオンの役割が見えた。個別、個別でつながるなかで、地域の相場を結成していく。相談から社会の問題、いろいろな問題を発信する役割を担うことだとわかった。組合活動は両輪でやらないといけない。労働運動と地域の活動をとおして、社会の

★5　https://sites.google.com/site/cunnet/home/about_CUNN（最終閲覧日二〇一五年一月一九日）

問題を可視化する必要がある。〔武庫川ユニオン委員長の筆者インタビューノート（二〇一〇年三月四日）より〕

一九八〇年代後半から九〇年代にかけてのユニオン運動は、未組織の女性〔福祉・医療従事者〕や移住労働者、派遣労働者の労働相談の「受け皿」となる活動を展開していた。いずれのユニオンの取り組みも、各地域のなかでの労働相談の小さな取り組みが、ＣＵＮＮという全国のユニオンの横のネットワークを媒介して、全国からの支援・全国でのたたかいに発展することで、個別の地域から不特定の人びと、社会へとつながる新しいタイプのユニオン運動の社会空間を形成していった。

九〇年代以降、労働相談の質的変化がおきてきたと思う。一九八八年のユニオン発足当初、パート労働者の相談内容は税金相談〔配偶者控除〕、年休相談などだったのが、一九九二年のバブル崩壊後は整理解雇の相談が急増し、二〇〇五年以降からは正社員と同じ働き方〔労働時間・仕事内容〕をしているのに低賃金で、なんとか正社員になりたいという相談が増えはじめた。かつて、パートは中高年の主婦が中心だったのが、いまは、若い層に拡大している。既婚者の多くが結婚で仕事を辞めて、また子育て後に仕事に復帰するＭ字型就労〔日本の女性労働の特徴として、結婚・子育てがひと段落したら仕事に復帰するため、女性の年齢階層別の労働力率が二〇歳代と五〇歳代をピークにＭ字型カーブを描く〕だが、世帯主の賃金が低くなっているため、子どもが三歳まで待たずに復職願望が強まっており、〝生活のためにパートに出る〟タイプがほとんど。また、中高年の男性でもリストラなどから再就職が難しくパート・非正規へというのが増えている。新卒のパート化〔高卒・大卒〕も顕著。とにかくフルタイムで働くパート労働者・非正規が全体的に増えている。だから、かつては職場で組合といったら目立つし、イジメにあうし。パートのくせに生意気という雰囲気があったから有期雇用で切られても我慢していたのが、いまは、若い世代なんかは生活がかかっているから、がんばろうという気持ちが強い〔夫がいても低賃金や派遣が多いから〕。我慢しないで怒るケースが増えている。相談にくるひとには、個人で不満いっても怒っても、それだけでは非正規であるゆえの問題は変わらない。組合に加入して、個人の問題解決だけでなく法律を変えるような運動の必要性をいう。パートも派遣もみんな横のつながりがない状況。労働組合の役割は、そんな彼女ら彼らにどんな選択肢を出せるかが問われている。〔なのはなユニオン委員長の筆者インタビューノート（二〇〇七年六月八日）より〕

●サード・ウェイブ：二〇〇〇年代

二〇〇八年のリーマン・ショック後の雇用悪化による「派遣切り」が社会問題化するなか、相次ぐ「派遣切り」「雇止め」の労働相談に対応したのが、各地のユニオンの「ホットライン」の開設とインターネットを駆使した労働相談であった。

すでに一九九〇年代から、労働市場の再編化が、労働者を属性別にフレキシブルな労働力として配置・活用することに対して、ユニオン運動もフレキシブルなかたちが求められていた。その結果、フレキシブルな雇用問題に対応すべく社会的属性にもとづく管理職ユニオンや女性ユニオンなどが生まれていた〔小谷、二〇一三〕。そのなかには、既存の労働運動内部からの動きも少なくなかった。ふれあい江東ユニオン、すみだユニオン、江戸川ユニオンで「東京東部地域ユニオン協議会下町ユニオン」をつくり、介護職やビル設備など、正社員からパートや再雇用者など職場でのつながりがもてないフレキシブルな労働者の雇用問題に対応すべくケアワーカーズユニオン（二〇〇四年）やビルメンテナンスユニオン（二〇〇四年）などがつくられていく。

介護関係、とくにヘルパーさんは、〔労働者の〕権利意識がもてない状況にいる。愚痴や不満はいい合うが、こういう権利があるといってもなかなか動かない、それはちょっとという感じが多い。利用者さんへサービスして喜んでもらえるのが励みになっているとみんないう。登録ヘルパーの場合、まったく横のつながりがない。自宅から直勤で利用者宅へむかう〔バスとか自転車〕。同じ事業所内でもヘルパー同士、誰が働いているのかわからない、お互いの顔が見えない。そこで、下町ユニオンで公開の交流会を何回か開催した。当初、ヘルパー交流会というと、ヘルパーの世界ではスキルを学ぶ学習会と思って集まったひとが多かった。労働基準法さえ知らないひとが多く。カンファレンス時間や交通費など支払われないヘルパーの働き方の問題点を洗い出すために、現場でつぶされないために、〝なんでも書きましょうノート〟をつくり、交流会を開催した。介護現場は、〝がんばり〟〝思い〟や〝自己満足〟だけでなりたっている、それでは賃金ベースもあがらない、当時の交流会には口コミで二〇人くらい集まった。二〇〇四年にケアワーカーズユニオンを立ち上げた。〔下町ユニオン・ケアワーカーズユニオン運営委員の筆者インタビューノート〔二〇〇七年七月六日〕より〕

一方、非正規労働の増大は若者の就労状況に大きな変化を与えており、新卒のフリーター、若者の貧困問題が社会問題化してきた。そのなかで首都圏を中心に若者に対象をしぼったユニオン運動の新たな動きとして、アルバイト、フリーター、学生を中心に首都圏青年ユニオン〔二〇〇〇年〕が先陣をきって設立される。首都圏青年ユニオンでは、「すき屋のワンオペ問題」などで、アルバイトやフリーターが立ち上がり残業未払い問題を解決したことで注目された。[★6] そのほかにフリーター全般労組〔二〇〇四年〕、ユニオンぼちぼち〔二〇〇五年〕、派遣ユニオン〔二〇〇六年〕、移住労働者を組織化するスクラムユニオン広島〔二〇〇二年〕、女性のユニオン運動として、女性地域ユニオンおかやま（二〇〇二年）、女性ユニオン名古屋（二〇〇七年）などが各地で誕生した。これら、一九九〇年代から二〇〇〇年代に生まれた新しいタイプのユニオンは、いずれも、国民年金未加入、非正規、パート、不安定就労の若者や、セクハラ、パワハラなど職場のハラスメントを我慢してきた女性労働者、「名ばかり管理職」で夜勤手当も残業代も支給されず、リストラの危機にさらされていれも中間管理職ということから、既存労働組合が組織化してこなかった層である。当時、既存労組が対応しきれなかった未組織労働者の駆け込み先として、新しい役割を担うユニオンが生まれていった。

一九九三年に、地区労の女性仲間たちや弁護士、教員などで人権ネットワーク事務所として女のスペース・おんを立ち上げる。スタート直後は電話相談を中心に活動していたが、ＤＶや離婚など、女性の人権問題のなかに労働相談が多数あり、そこからユニオンを立ち上げる。労働現場の女性差別問題、

★6　首都圏青年ユニオンは、居酒屋チェーンにおいて、管理職であることを理由に残業代など割り増し賃金が支払われず長時間労働を強いられた「名ばかり店長」問題や、二四時間営業の牛丼チェーン店において、深夜営業の接客・清掃・調理などをすべて一人で任される「ワンオペ問題」や、二四時間以上連続勤務する店長や恒常的に月に五〇〇時間残業、深夜の割増賃金が支払われなかった問題において残業未払い問題を解決したことで注目された（「朝日新聞」（朝刊）二〇〇七年一月一〇日記事、「朝日新聞」（朝刊）二〇一二年一二月二六日記事より）。

職場のセクハラ問題などの労働問題に対応してきた。正社員や男性中心の既存の労働組合に加入できない非正規・パート女性労働者、組合のない職場の女性労働者中心に個人加盟のユニオンとしてスタート。同時に、女性パート労働者の場合、男性組合員からは、家庭の事情だろうとなんだろうと自分で選んだ働き方とみなされてきた。女性は政治参加できない、組合幹部にも女性は少ない。それが、リーマン・ショック後、男性までも日雇い派遣で働いていた実態、非正規雇用の拡大がやっと社会問題化するようになった。同時に女性の貧困問題も可視化したが、男性中心の労働組合はそれらを検討してこなかった。〔おんなのスペース・おん理事の筆者インタビュー・ノート（二〇一三年九月二〇日）より〕

また、一九九〇年代後半から二〇〇〇年代にかけて、未組織の労働者を組織化するユニオン運動は社会の個人化に抗する運動へ〔文、二〇一二〕、さらに、個々の労働相談の先に労働市場全般の課題、社会全体の課題へ取り組む方向に舵をきっていったといえる。ユニオン運動が労働運動の枠を超え、拡大、自由化、無期雇用化する派遣法改正への反対や男女雇用機会均等法の順守や職場におけるセクハラ、パワハラといった女性労働問題などにかかわる市民運動や反貧困運動、移住労働者の連帯運動などとネットワークをもつことで、ユニオン運動の社会運動としての性格が強まっていくなか、従来の労働運動に参加する層とは異なる移住労働者・女性・非正規労働者・若者・障がい者といった人びとと公共空間をつなぐユニオン運動のサード・ウェイブがおきた時期といえる。たとえば、「移住労働者と連帯する全国ネットワーク」（一九九七年結成）や「労基法改悪NO！　全国キャラバン」（一九九八年設立）など、各地のユニオンとナショナルセンターを巻き込んだ労働法制をめぐるキャンペーンや、二〇〇八年一二月末の「年越し派遣村」に結集した「反貧困ネットワーク」（二〇〇七年結成）との共闘など反貧困の社会運動との連帯が生まれた〔湯浅、二〇〇九：大原社

会問題研究所、二〇一〇：高井・関口、二〇一二)。

一方で、長年、地域のなかで「労働と生活をつなぐトータルユニオン」をめざして活動してきたユニオンひごろ(一九八八年結成)、ユニオンとうなん[★7](一九八三年結成)と北大阪ユニオンが結集して新たになにわユニオン(二〇一〇年)として単独労組に統合するという動きも、ユニオン運動のなかで新たな方向といえる。

以上の三つのユニオン・ウェイブについて概観してきたが、ユニオン運動がその当初から「パート一一〇番」「震災ホットライン」をはじめ、毎年各地で開催される「パート・派遣ホットライン」、近年では「ブラック企業・ブラックバイトを許さない! ホットライン」など、労働現場でせっぱつまった人びとの労働相談に対応し、個別紛争を社会問題化し、個人化する労働者、未組織の労働者を組織化するなかで、地域社会や社会全体へ問いかけ、行動する労働運動のニュー・ウェイブを生みだしてきたといえる。

6　ユニオン運動から社会的な連帯へ

個人加盟ユニオンの運動は、既存の労働運動の周辺で、流動化する労働者のせっぱつまった状況での異議

★7　当時、ユニオンとうなんでは、地域の労働者の生活を守るコミュニティ・ユニオンのトータルユニオン構想のなかで菜の花診療所(一九九二年)をオープンし、のちに在宅医療・訪問医療の中核を担うようなる。〔なにわユニオン特別執行委員の筆者インタビュー・ノート(二〇一三年七月一三日)より〕

申し立てから社会を変えようとする動き、あるいは、新たな運動の方向を模索するなかから生まれた運動であり、いまだ運動と位置づけられない「運動的なるもの」〔長谷川・町村、二〇〇四、一五頁〕からはじまった社会運動のひとつといえる。

そこで、本章では、雇用流動化の現在の状況からユニオン運動がどのように生まれたのかを各地の個人加盟ユニオンの設立背景に注目しながら整理した。従来、「ユニオン」という名称は、コミュニティ・ユニオン、地域ユニオン〔連合の地域組織〕、ローカル・ユニオン〔全労連系〕など「地域に基盤をおき、企業を超えて、労働者を組織化する個人加盟を原則とした地域合同労組」〔大原社会問題研究所、二〇一〇、四〇頁〕を背景に設立したものを中心に使用されてきた。よって、個人加盟を原則としても、地域の中小企業の労働運動の流れを組み企業別支部や職場分会を組織化するユニオンが多い。本章では、各地のユニオンが既存労働運動ではなく、近年の労働市場の分断化と個人化に呼応する、管理職、派遣などの職位、性別、エスニシティ、若者、学生など社会的属性別に組織化された文字通りの個人加盟ユニオン〔橋口、二〇一一；小谷、二〇一三〕としての活動から、合同労組、県評・地評などの地域労働運動の遺産を「ユニオン」という新たな地域労働運動へ継承したり、あるいは変容したりしながら、新しい社会運動、ユニオン運動を展開してきたことを概観してきた。そのユニオン運動の新たな展開のなかで、ユニオン活動に関わる個々の労働者がユニオンをどのような場所〔居場所、拠点、通過点〕につくっていくのか。そのときに、職種やジェンダー、エスニシティを超えた他者とどのような連帯の可能性を生み出していくのか。また一方で、ユニオンの労働運動がグローバル化や社会の個人化へ抗する社会運動の公共空間をどのように生成していくのか、その可能性について、以下の章から探っていきたいと思う。

I コミュニティ・ユニオンに、誰が、何を求めているのか

CUNN全国調査より

COMMUNITY UNION

第1章 誰が参加しているのか
――CUNN全国調査の概要と基礎集計

伊藤泰郎

1 コミュニティ・ユニオンを対象とした質問紙調査

コミュニティ・ユニオンの組合員に関するこれまでの調査は、主として個別のユニオンを事例として聞き取り調査などの質的な手法により実施されてきた。既存の労働運動の枠に収まらない運動への参加者を分析する上では、こうした手法が有効であり、着実に成果を上げてきた。

一方、首都圏青年ユニオンの組合員を対象とした橋口〔二〇一〇、二〇一一〕や、東京管理職ユニオンと女性ユニオン東京の組合員を対象とした小谷〔二〇一三〕は、質問紙調査などの量的な手法による調査も併用して組合員の分析を実施している。しかし、個別のユニオンの枠を越えて広く調査を実施し、あるまとまりとしてコミュニティ・ユニオンの参加者の特徴を明らかにすることを試みた調査は、東京と九州のユニオンを対象に二〇〇〇年と二〇一〇年の二時点に実施した福井〔二〇〇二、二〇〇三、二〇一二a、二〇一二b〕や、武庫川ユニオン・ユニオンみえ・名古屋ふれあいユニオンを対象に二〇一〇年に実施した文・朝倉〔二〇一二〕など、いまだ限られている。[★1]

こうしたこれまでの研究状況を踏まえ、本書の研究グループでは、コミュニティ・ユニオンの組合員を対象とした全国規模の質問紙調査を実施した。コミュニティ・ユニオンの多様性を念頭に置きつつも、多くのユニオンを横断した計量的な分析によって新たに見えてくることもあるはずである。

この章では、調査の概要について述べるとともに、回答者の性別、年齢、学歴、婚姻状態と家族形態、回答者が抱える困難から、コミュニティ・ユニオンの組合員の特徴を分析する。あわせて、政治意識、集団参加とサポートネットワークについても分析したい。

2　調査の概要

今回の「組合員の雇用と生活および組合活動に関するアンケート調査」（CUNN全国調査）は、コミュニティ・ユニオン全国ネットワーク（CUNN）に参加するユニオンの組合員全員を対象者として、二〇一三年一一月から二〇一四年五月に実施された。

CUNNは、一九八九年に初めて開催されたコミュニティ・ユニオン独自の全国交流集会がもととなり、翌一九九〇年の第二回全国交流集会で結成が確認されたコミュニティ・ユニオンの全国組織である。[★2]中央組織を持たず、各ユニオンがネットワークにより結びついた組織形態をとっている点が特徴であり、東北、首都圏、東海、関西、兵庫、中四国、九州といった地方ごとのネットワークも結成して活動を進めている。

調査時点でCUNNに加盟していたユニオンは三五都道府県の六九ユニオンである。調査に先立って、二〇一二年から二〇一三年にかけてほぼ全てのユニオンに対して活動状況などの個別の聞き取り調査を実施したが、この調査で明らかになったCUNNに加盟するユニオンの総組合員数は一万六七三六人である。この人数を質問紙調査の母集団の規模として扱うことにするが、コミュニティ・ユニオンは比較的組合員の流動性が高いことや、それゆえにユニオンによっては聞き取り調査において概算で組合員数を回答した場合もあったことも述べておきたい。

調査はCUNNに加盟するユニオン全てに依頼し、六〇ユニオンから協力が得られた。調査方法は集合法と郵送法の併用であり、自記式の調査票を用いた。協力が得られたユニオン宛てにまとめて調査票を送付し、調査の実施方法については各ユニオンに一任した。特に大規模なユニオンでは組合員数よりも少ない数の調査票を送付したケースもあったため、実際に送付した調査票の総数は一万弱である。定期大会や総会、学習会などで調査票の配布・回収を実施したユニオンもあれば、機関紙などを送付する際に調査票を同封してもらい、郵送によって回答者から本研究グループが直接調査票を回収したユニオンもある。対象者には外国出

★1　福井の二〇〇〇年調査は回収数七六六票（配布数二二〇五票）、二〇一〇年調査は回収数四九〇票（配布数二五〇〇票）、文・朝倉による二〇一〇年調査は回収数二一五票（配布数六二二票）であった。

★2　「ユニオン全国ネットとは?」、コミュニティ・ユニオン全国ネットワーク公式サイト〔二〇一八年四月二七日取得 https://cunn.online/about/〕

身の組合員も含まれていたため、日本語の調査票に加え、ポルトガル語・スペイン語・フィリピノ語・中国語の調査票も必要に応じて用いた。対応する言語の調査票がないことも想定して、日本語の調査票にはふりがなをつけた。

回収数は一三六二票、回収率は八・一パーセントである。ユニオンへの調査票の送付は二〇一三年一二月までにほぼ完了しており、調査票の表紙に返送締め切りを「二月二五日頃まで」と明記していたが、ユニオンによっては回収にやや時間がかかり、二月二六日時点での回収数は一一〇六票（回収数に占める比率は八一・二パーセント）であった。また、外国語の調査票による回答は一二ユニオンの五四票であり、回収数に占める比率は四・〇パーセントであった。

表1―1は、ユニオン所在地別の回収率と構成比である。CUNNに加盟するユニオンは関東甲信越や関西が多い。組合員数は、東海が四二六八人（二五・五パーセント）で最も多く、次いで関東甲信越四一一六人（二四・六パーセント）、九州三〇二〇人（一八・〇パーセント）、北海道二二九一人（一三・七パーセント）となっている。北海道や東海、九州といった地域は加盟ユニオンが少ないが、組合員数が一〇〇〇人を超える大

表 1-1　ユニオン所在地別の回収率と構成比

地域	ユニオン数	組合員数	回収数	回収率	組合員の構成比①	回収票の構成比②	②-①
北海道	5	2,291	83	3.6	13.7	6.1	-7.6
東北	4	446	118	26.5	2.7	8.7	6.0
関東甲信越	25	4,116	301	7.3	24.6	22.1	-2.5
東海	6	4,268	281	6.6	25.5	20.6	-4.9
関西	18	2,315	303	13.1	13.8	22.2	8.4
中四国	4	280	62	22.1	1.7	4.6	2.9
九州	7	3,020	212	7.0	18.0	15.6	-2.5
全体	69	16,736	1,362	8.1	100.0	100.0	—

※全体の回収数には組合名無記入の2名を含む
※回収率と構成比は％

規模なユニオンが存在するため、これらの地域の組合員数は多くなっている。

回収率が高かった地域は東北（二六・五パーセント）、中四国（二二・一パーセント）、低かった地域は北海道（三・六パーセント）である。組合員の構成比と回収票の構成比を比較すると、地域別の回収率の相違がデータにいくらか影響を与えており、地域別の集計を見る場合は留意が必要である。

表１―２はユニオン規模別の回収率と構成比である。ＣＵＮＮに加盟するユニオンの半数程度は、組合員数が一〇〇人ほどかそれ以下の規模であるが、組合員数一〇〇〇人以上の大規模なユニオンもいくつか加盟しており、組合員数五〇〇人以上の八つのユニオンだけでＣＵＮＮの組合員数の六〇・二パーセント（一万〇〇七八人）を占めている。

地域別の回収率の相違は、組合員数が多いユニオンの回収率が今回の調査において低かったことが背景にある。組合員数一〇〇〇人以上のユニオンの回収率は一・一パーセントとかなり低い。組合員数六四〇〇人に対し

表 1-2　ユニオン規模別の回収率と構成比

地域	ユニオン数	組合員数	回収数	回収率	組合員の構成比①	回収票の構成比②	② - ①
1000 人以上	3	6,400	71	1.1	38.2	5.2	-33.0
500 人～	5	3,678	254	6.9	22.0	18.6	-3.3
300 人～	6	1,985	308	15.5	11.9	22.6	10.8
200 人～	9	2,156	208	9.6	12.9	15.3	2.4
100 人～	12	1,410	268	19.0	8.4	19.7	11.3
50 人～	8	575	119	20.7	3.4	8.7	5.3
50 人未満	17	532	132	24.8	3.2	9.7	6.5
全体	60	16,736	1,362	8.1	100.0	100.0	—

※全体の回収数には組合名無記入の２名を含む
※組合員数が複数の組合の合計でしか分からなかった場合は、1 つの組合として組合数をカウントした
※回収率と構成比は％

て回収票は七一票である。また、組合員数五〇〇～九九九人のユニオンの回収率は六・九パーセントと全体と比較してやや低い程度であるが、このカテゴリーに含まれる組合員数が八位のユニオンの回収率が二九・七パーセントであったことが影響しており、このユニオンを除けばやはりこのカテゴリーについても回収率は低い。したがって、大規模なユニオンに所属する組合員の回答によって回答全体が大きく影響を受けることはなかったと言える一方で、母集団を代表するデータとしては不十分なものになったことは否めない。こうしたことを念頭に、以下では調査データを分析していく必要があるだろう。

3　今回の回答者の属性

●性別と年齢

回答者の性別は、男性が五五・七パーセント、女性が四四・三パーセントであり、男性の比率の方が高い。二〇一二年の厚生労働省による「労働組合基礎調査」では組合員の六九・六パーセントが男性であることから、コミュニティ・ユニオンの組合員は男性の比率が低く、女性の比率が高いことが特徴であると言える。

表1―3は性別年代別の構成比である。平均年齢は全体では五〇・一歳、男性が五一・〇歳、女性が四九・〇歳であり、女性の方がやや若い。年代別では特に六〇歳代以上で男性の比率の方が高い。表1―3には比較のために二〇一〇年の国勢調査の就業者についても示したが、三〇歳代以下の層の構成比が低く、五〇歳代と六〇歳代が高いことが分かる。二〇〇五年に厚生労働省が実施した「労働組合活動実態調査（労使関係総合調査）」によれば、組合員の平均年齢が三五～三九歳であるとする組合の比率が四二・八パーセントで最も高く、四五～四九歳は七・二パーセント、五〇～五四歳は三・六パーセントであった。この調査の結果と

比較しても、コミュニティ・ユニオンの組合員の年齢はかなり高いと言える。

●学歴

表１―４は性別年代別の学歴である。年齢と同様に二〇一〇年の国勢調査の就業者についても示すとともに、高等教育については今回の調査と国勢調査の値の差（①－②）についても示した。

国勢調査の従業者と比較すると、今回の回答者は全体として学歴が高い。年代別の高等教育修了者の比率が国勢調査の値を下回ったのは、男性の四〇歳代と女性の二〇歳代以下のみであり、他はおおむね一〇パーセント台から二〇パーセント台の差がある。国勢調査の就業者と比較した場合、女性の方が男性よりも学歴が高い傾向は強く、五〇歳代以上で特に顕著であった。

ちなみに、この表で示した「高等教育」には専門学校を含めており、その比率は今回の調査では男性が一〇・〇パーセント、女性が二一・三パーセントである。女性は、ほぼ全ての年代で専門学校を最終学歴とする者の比率が二割程度を

表 1-3　性別年代別構成比（%）

	20 歳代以下	30 歳代	40 歳代	50 歳代	60 歳代	70 歳代
今回調査						
男性	3.6（26）	15.6（114）	22.7（166）	30.0（219）	25.2（184）	2.9（21）
女性	7.6（43）	14.2（ 81）	24.8（141）	32.3（184）	19.7（112）	1.4（ 8）
全体	5.3（69）	15.1（196）	23.6（307）	31.0（403）	22.8（296）	2.2（29）
国勢調査（2010）：就業者						
男性	14.4	23.1	21.7	20.7	15.7	4.5
女性	17.4	21.8	22.5	21.0	13.7	3.7
全体	15.7	22.5	22.0	20.8	14.8	4.2

今回調査：χ^2=18.520、p=0.002
※カッコ内は人数であり、全体は性別を無回答の者も含む
※国勢調査の 20 歳代以下に 18 ～ 19 歳は含まない

表 1-4　性別年代別学歴（%）

男性							
今回調査							
	全体	20 歳代以下	30 歳代	40 歳代	50 歳代	60 歳代	70 歳代
小学校・中学校	6.3	3.8	5.3	4.9	4.7	9.5	15.0
高校	41.9	19.2	29.2	47.9	37.9	51.4	60.0
高等教育①	51.9	76.9	65.5	47.2	57.5	39.1	25.0
N	719	26	113	163	214	179	20
国勢調査（2010）：就業者							
小学校・中学校	10.7	5.5	5.6	5.6	10.4	23.3	36.8
高校・旧中	44.7	39.9	41.7	45.8	47.3	48.8	43.8
高等教育 + 在学者②	44.6	54.7	52.7	48.7	42.3	28.0	19.4
①－②	7.5	22.2	12.8	-1.5	15.2	11.1	5.6

女性							
今回調査							
小学校・中学校	4.9	7.0	4.9	2.1	2.8	12.1	0.0
高校	36.6	39.5	22.2	38.3	37.6	46.7	0.0
高等教育①	58.5	53.5	72.8	59.6	59.7	41.1	100.0
N	573	43	81	141	181	107	8
国勢調査（2010）：就業者							
小学校・中学校	8.9	3.6	3.4	3.4	8.8	25.8	41.1
高校・旧中	46.5	31.9	38.4	50.3	55.8	57.4	49.7
高等教育 + 在学者②	44.5	64.5	58.2	46.3	35.4	16.8	9.2
①－②	14.0	-11.0	14.6	13.3	24.3	24.3	90.8

全体：χ^2=5.779、p=0.056、男性：χ^2=39.872、p=0.000、女性：χ^2=37.543、p=0.000
※全体は年齢を無回答の者も含む
※高等教育には高校卒業後に進学した専門学校を含む
※国勢調査の全体は 20～79 歳であり、20 歳代以下に 18～19 歳は含まない

占めていた。女性の回答者の場合、専門学校を最終学歴とする者の七〇・二パーセントは現職が「医療・福祉」であり、女性の就業者に占める「医療・福祉」の比率は四二・四パーセントであった。[★3] このことから、女性の学歴が高い理由のひとつとして、コミュニティ・ユニオンの組合員に「医療・福祉」の就業者が多いことも考慮に入れる必要がある。

●婚姻状態と家族形態

表１―５は性別年代別の婚姻状態である。二〇一〇年の国勢調査の就業者についても示したが、今回の調査との比較からは、コミュニティ・ユニオンの組合員の特徴が浮かび上がる。

この表では、有配偶者と離死別の比率について、今回の調査の値と国勢調査の値の差も示した。まず、配偶者がいる者の比率（①－②）から見ていきたい。男性の七〇歳代と女性の二〇歳代以下を除けば、男女ともにいずれの年代も有配偶率は国勢調査と比較して低く、特に男性は四〇歳代、女性は四〇歳代と五〇歳代において二〇パーセント近くの差がある。次に、女性の離死別の比率（③－④）であるが、全ての年代において今回の調査の方が高く、五〇歳代では一〇パーセント程度の差がある。

表１―６には性別年代別の家族形態を示した。二〇一〇年の国勢調査の就業者とは、「単独世帯」と今回

★３　第二章の「仕事の内容」（本書七一頁）の分析では「医療・福祉」と「教育」を合わせた数値を示しているが、ここでは専門学校を最終学歴とする者の特徴を示すために「医療・福祉」だけを分けて集計した。

表 1-5　性別年代別婚姻状態（%）

男性							
今回調査							
	全体	20 歳代以下	30 歳代	40 歳代	50 歳代	60 歳代	70 歳代
未婚	24.7	80.8	42.5	36.1	18.9	4.9	0.0
有配偶①	68.8	19.2	55.8	55.4	75.6	85.3	95.2
離死別③	6.5	0.0	1.8	8.4	5.5	9.8	4.8
N	728	26	113	166	217	184	21
国勢調査（2010）：就業者							
未婚	27.9	77.4	36.0	20.8	11.7	5.4	1.6
有配偶②	67.2	21.8	61.2	74.0	81.7	87.0	89.1
離死別④	4.9	0.8	2.8	5.1	6.5	7.6	9.3
①－②	1.6	-2.6	-5.4	-18.6	-6.1	-1.7	6.1
③－④	1.6	-0.8	-1.0	3.3	-1.0	2.2	-4.5

女性							
今回調査							
	全体	20 歳代以下	30 歳代	40 歳代	50 歳代	60 歳代	70 歳代
未婚	27.1	67.4	42.5	30.5	16.5	12.8	25.0
有配偶①	53.3	25.6	47.5	53.2	57.7	63.3	37.5
離死別③	19.6	7.0	10.0	16.3	25.8	23.9	37.5
N	576	43	80	141	182	109	8.0
国勢調査（2010）：就業者							
未婚	28.4	80.4	35.6	15.8	7.3	4.8	3.5
有配偶②	59.0	17.7	56.7	72.2	77.5	72.0	62.4
離死別④	12.6	1.9	7.7	12.0	15.2	23.2	34.1
①－②	-5.7	7.9	-9.2	-19.0	-19.8	-8.7	-24.9
③－④	7.0	5.1	2.3	4.3	10.6	0.7	3.4

全体：χ^2=58.597、p=0.000、男性：χ^2=131.318、p=0.000、女性：χ^2=73.104、p=0.000
※全体は年齢を無回答の者も含む
※国勢調査の全体は 20 ～ 79 歳であり、20 歳代以下に 18 ～ 19 歳は含まない

表1-6　性別年代別家族形態（%）

男性							
今回調査							
	全体	20歳代以下	30歳代	40歳代	50歳代	60歳代	70歳代
単身①	16.2	26.9	20.2	19.3	15.7	10.9	4.8
本人と親	11.8	26.9	20.2	21.7	7.4	2.2	0.0
夫婦と子	33.3	7.7	28.1	38.0	40.1	30.1	19.0
本人と子③	1.5	0.0	0.0	1.2	1.8	2.7	0.0
夫婦のみ	21.9	11.5	19.3	9.6	16.6	36.6	71.4
三世代	9.6	11.5	8.8	5.4	11.1	12.6	4.8
その他	5.6	15.4	3.5	4.8	7.4	4.9	0.0
N	729	26	114	166	217	183	21
国勢調査（2010）：就業者							
単独世帯②	14.2	25.3	14.5	13.1	12.5	9.8	7.0
父子世帯④	0.3	0.0	0.3	0.6			
①－②	2.0	1.6	5.7	6.2	3.2	1.1	-2.2
③－④	1.2	0.0	-0.3	0.6			

女性							
今回調査							
	全体	20歳代以下	30歳代	40歳代	50歳代	60歳代	70歳代
単身①	16.1	9.3	14.8	15.6	12.0	24.3	50.0
本人と親	14.7	37.2	23.5	14.9	13.1	2.7	0.0
夫婦と子	22.0	14.0	29.6	29.1	16.9	19.8	12.5
本人と子③	10.2	4.7	4.9	12.8	13.7	8.1	12.5
夫婦のみ	19.1	7.0	8.6	7.8	27.3	33.3	12.5
三世代	10.4	14.0	12.3	11.3	7.7	9.9	12.5
その他	7.5	14.0	6.2	8.5	9.3	1.8	0.0
N	577	43	81	141	183	111	8
国勢調査（2010）：就業者							
単独世帯②	12.4	20.0	11.6	7.9	9.1	14.7	18.1
母子世帯④	3.0	1.5	5.7	5.9			
①－②	3.7	-10.7	3.2	7.7	2.9	9.6	31.9
③－④	7.2	3.2	-0.8	6.9			

全体：χ^2=65.523、p=0.000、男性：χ^2=142.533、p=0.000、女性：χ^2=108.374、p=0.000
※全体は年齢を無回答の者も含む
※国勢調査の全体は20～79歳であり、20歳代以下に18～19歳は含まない

の調査の「単身」（①－②）、「父子世帯」「母子世帯」と今回の調査の「本人と子」（③－④）を比較した。なお、国勢調査の「父子世帯」「母子世帯」の定義は、「未婚、死別又は離別の男親（女親）と、その未婚の二〇歳未満の子供のみから成る一般世帯」であるが、今回の調査では子どもの年齢に関する設問がないため、「本人と子」には子どもが二〇歳以上の回答者が含まれており、年代が上がるほど国勢調査の「父子世帯」「母子世帯」より高い値になっていることには留意が必要である。そのため、年代別の値は四〇歳代までしか示さなかった。

家族形態について言えることは、まず表中では①－②で示した単独世帯の比率が高いことである。女性の二〇歳代以下は例外であるが、男性は三〇歳代と四〇歳代、女性は四〇歳代と六〇歳代以上で特に高い。また、表中で③－④で示した母子世帯の比率が高く、女性の二〇歳代以下と四〇歳代で値が高くなっている。男性の四〇歳代の値からは、父子世帯の比率も高いと言えるかもしれない。以上に加えて、男性の四〇歳代の「本人と親」の比率が高いことも指摘できる。

婚姻状態と家族形態から見たコミュニティ・ユニオン組合員の特徴は、特に中高年において単身者が多いことである。また、離死別の女性も少なくないことや父子世帯・母子世帯の比率の高さからは、組合員の中に生活に困難を抱えている層が一定程度含まれていると考えられる。

4　組合員が抱える困難

それでは、実際にコミュニティ・ユニオンの組合員はどのような困難を抱えているのだろうか。今回の調査では、「いま困っていること」について、その他を含めた一四の項目について複数回答で質問した。表

１―７は、回答が多かった項目についてその結果を上位七つまで年代別に示したものである。いずれも性別で回答に差がなかったため、回答者全体について示した。

最も回答が多かったのは「お金のこと」であり、四八・九パーセントと全体の半数近くを占めていた。内閣府による二〇一二年の「国民生活に関する世論調査」では、日常生活の悩みや不安について質問しているが、「現在の収入や資産について」を回答した者の比率は二三・四パーセントであり、今回の調査結果はそれを大きく上回る。今回の調査で「雇用のこと」を回答した者が二四・七パーセントであることから、背景には雇用の不安定さやそれに対する不安があると考えられるが、前述した単身者や父子世帯・母子世帯の比率の高さも関係しているであろう。

また、「身体の健康のこと」は三七・四パーセント、「うつやストレスなどの心の健康のこと」は一八・三パーセントであり、表には示さなかったが、いずれかに当てはまる者の比率は四四・三パーセントであった。国民生活に関する世論調査で「自分の健康について」を回答した者の比率は三三・四パーセントであり、これについても一〇パーセント程度上回

表 1-7　年代別の困っていること（複数回答：%）

	全体	20 歳代以下	30 歳代	40 歳代	50 歳代	60 歳代	70 歳代	有意差
お金	48.9	47.8	56.5	60.1	48.4	33.6	31.0	***
自分の老後	42.5	17.9	29.8	42.9	48.4	47.9	44.8	***
身体の健康	37.4	20.9	31.4	39.3	39.2	40.2	37.9	*
雇用	24.7	22.4	32.5	30.7	27.8	11.5	3.4	***
家族の病気や介護	20.8	6.0	9.9	21.8	26.8	23.1	24.1	***
職場の人間関係	19.3	20.9	21.5	25.7	22.0	9.1	0.0	***
心の健康	18.3	14.9	29.8	23.4	17.2	8.7	6.9	***
N	1,271	67	191	303	395	286	29	

χ^2 検定 ***p＜0.001 **p＜0.01 *p＜0.05
※全体は年齢を無回答の者も含む

る。特に、三〇歳代から五〇歳代にかけての層でその差は大きく、「うつやストレスなどの心の健康のこと」を挙げた者が三〇歳代では二九・八パーセント、四〇歳代では二三・四パーセントと非常に高かったことは注目すべきであろう。コミュニティ・ユニオンの組合員は、金銭的な困難さに加えて健康上の不安を抱える者も多いと言える。

国民生活に関する世論調査と比較可能な項目としては、他に「自分の老後のこと」と「職場の人間関係」がある。前者とは値の差はあまりないが、後者については今回の調査の方が一〇パーセント程度高く、特に三〇歳代・四〇歳代・五〇歳代において差が大きいことも述べておきたい。

5　集団参加とサポートネットワーク

●政治意識

コミュニティ・ユニオンの組合員の集団参加やサポートネットワークはどのようなものであろうか。集団参加、特に社会運動や政治活動への参加を分析する上では、政治意識をおさえておくことは重要である。今回の調査では、支持政党について「好きな政党」というワーディングにより質問した。表1―8は年代別の集計結果である。

まず、第一に指摘できることは、コミュニティ・ユニオンの組合員は無党派層が多いことである。「好きな政党はない」と回答した比率は全体で五五・八パーセントであった。朝日新聞が二〇一二年一二月二六～二七日に実施した世論調査では、「支持政党なし」と回答した者の比率は二九パーセントであり〔朝日新聞二〇一二年一二月二八日〕、それと比較するとかなり高い。朝日新聞と同様に「支持する政党」というワーディングを用いたとすれば、その値はもっと高くなった可能性も考えられる。

第二に指摘できることは、年代によって支持政党が大きく異なることである。年代が上がるほど、「好きな政党はない」の比率は下がり、おおむね五〇歳代を境目として上の年代と下の年代では支持政党は大きく異なる。下の年代の特徴は無党派層の比率がかなり高いことである。比率としては低いが「好きな政党」の一位は自民党である。上の年代においても朝日新聞の世論調査と比較すると無党派層の比率は高いと言えるが、「好きな政党」の上位が社会民主党や新社会党であることが特徴であり、その比率は高い。

●集団参加

今回の調査では、集団参加についてその他を含めた一二の項目について複数回答で質問した。表1―9はそれぞれの参加率である。前述の年代による政治意識の違いを踏まえ、四〇歳代以下と五〇歳代、六〇歳代以上の三つの年代別に集計するとともに、雇用形態についても正規・非正規・無職の三つのカテゴリーに分けて集計した。

表1-8　年代別の好きな政党（%）

	全体	20歳代以下	30歳代	40歳代	50歳代	60歳代	70歳代
1位	社民　11.5	自民　7.4	自民　10.9	自民　8.1	社民　14.7	新社　20.1	新社　25.0
2位	新社　7.6	公明　4.4	民主　6.0	民主　8.1	新社　7.0	社民　17.6	社民　25.0
3位	自民　6.7	新社　2.9	共産　5.5	共産　7.8	共産　6.7	民主　7.5	共産　10.7
4位	民主　6.3	社民　1.5	社民　3.8	社民　7.1	自民　6.2	自民　3.9	民主　7.1
5位	共産　5.8	みんな　1.5	公明　2.7	公明　2.7	民主　5.7	共産　3.6	自民　3.6
好きな政党はない	55.8	82.4	66.1	62.5	53.7	39.4	28.6
N	1,266	68	183	296	387	279	28

χ^2=213.955、p=0.000
※全体は年齢を無回答の者も含む

多くの集団で年代が高い方が参加率は高く、いずれの集団についても不参加である者の比率は、四〇歳代以下が四二・二パーセント、五〇歳代が三四・二パーセント、六〇歳代以上は一八・六パーセントであった。雇用形態別では、正規と非正規の差はなく、無職層の参加率が高い。六〇歳代以上で無職である者の比率は五三・八パーセントであり、仕事をリタイアした年齢が高い層が集団に参加するための時間的な余裕など有していることは確かであるが、理由はそれだけではないだろう。六〇歳代以上の「政党や政治家後援会」の参加率が三一・四パーセントと明確に高いことは、政治意識の違いを反映していると言える。

表 1-9　年代別および雇用形態別の集団参加率（複数回答：%）

	全体	年代				雇用形態			
		40歳代以下	50歳代	60歳代以上	有意差	正社員・自営など	非正規	無職	有意差
町内会・自治会	35.4	27.5	35.7	49.0	***	35.1	35.8	36.1	
PTA・父母会	8.3	14.1	6.2	0.0	***	9.7	8.3	3.9	*
宗教	6.0	5.5	6.9	6.1		5.3	7.8	5.2	
生協・消費者団体	4.2	2.8	4.1	6.7	*	3.5	4.5	5.2	
政党・後援会	11.7	3.1	8.7	31.4	***	7.8	10.0	23.5	***
ボランティア：福祉	8.2	6.1	6.9	13.5	***	5.9	8.5	13.9	***
ボランティア：外国人	2.2	1.7	1.8	3.5		1.8	2.0	3.5	
社会・地域問題	11.7	5.5	11.1	24.4	***	7.5	10.8	24.3	***
サークル：地域	14.5	10.3	14.1	23.1	***	12.9	14.5	18.7	
サークル：職場	5.1	5.1	5.1	5.1		6.5	4.3	2.2	*
サークル：その他	9.4	7.5	12.9	9.3	*	9.4	8.5	10.4	
その他	1.6	1.3	4.5	2.2		1.3	1.8	2.6	
不参加	34.0	42.2	34.2	18.6	***	36.6	35.3	25.7	*
不参加（町内会・PTA 以外）	52.9	63.3	50.6	34.9	***	56.4	55.6	38.3	***
N	1,273	545	389	312		626	399	230	

χ^2 検定 ***p＜0.001 **p＜0.01 *p＜0.05
※全体は年齢・雇用形態を無回答の者も含む

また、六〇歳代以上は「福祉関係のボランティア活動」や「ユニオン以外の社会や地域の問題に取り組む活動団体」などの参加率についても高く、広く社会的活動への参加意欲が高いことがコミュニティ・ユニオンへの加入の背景になっていると思われる。

●サポートネットワーク

コミュニティ・ユニオンの組合員には、金銭的な困難さに加えて健康上の不安を抱える者が多いことは既に述べたが、そうした困難を抱えた場合に頼れる相手はいるのであろうか。今回の調査では、「人生で大切なことを決める際に相談できる人」について質問したが、表1―10は、そうした人がいない者の比率を性別年代別にまとめたものである。相談相手がいない者は、回答者全体では一四・六パーセントであり、女性よりも男性の方がいない者の比率が高く、年代別では四〇歳代が最も高く二〇・三パーセントであった。性別に見た場合、男性は年代別の回答に有意な差はなく、四〇歳代の値の高さは女性の回答によってもたらされていた。

表には示さなかったが、相談相手がいる場合、その相手として最も多く挙げられたのは「家族や親族の人」の七七・三パーセントであり、次いで「職場や仕事で知り合った人」の五〇・二パーセントであった。

表1-10　性別年代別の相談相手がいない者の比率（%）

	全体	20歳代以下	30歳代	40歳代	50歳代	60歳代	70歳代	有意差	N
全体	14.6	7.5	10.9	20.3	14.2	11.5	11.5	**	1,268
男性	17.3	16.0	13.3	23.5	17.8	13.6	16.7		709
女性	10.9	2.4	7.7	16.7	9.9	8.1	0.0	*	558
有意差	**	*			*				
N	1,284	67	191	300	395	288	26		

χ^2検定 ***$p<0.001$ **$p<0.01$ *$p<0.05$
※全体は性別・年齢を無回答の者も含む

「ユニオンで知り合った人」は三五・九パーセントで三番目に多い。一般的にサポートネットワークにおいては「学校時代に知り合った人」が重要な位置を占めており、今回も三五・五パーセントの回答者が相談相手として挙げているが、「ユニオンで知り合った人」はそれと同じくらいの値を示している。コミュニティ・ユニオンへの加入は、労働問題の解決にとどまらず、困った時に頼れる相手を獲得する上で重要な契機になっていると言ってよい。

「ユニオンで知り合った人」が相談相手である組合員は、どのような属性を有しているのであろうか。表1―11から雇用形態別年代別に見てみたい。

年代別では、六〇歳代と七〇歳代で値が高いが、これは政治意識や集団参加と共通する背景が考えられる。雇用形態別では、比率が高い順に、無職が四八・三パーセント、非正規が三七・二パーセント、正社員・自営などが三〇・九パーセントであった。大まかには雇用が不安定な層ほど値が高いと言えるが、年代別で値が高かった六〇歳代と七〇歳代は無職の比率が他の年代より高いことから、さらにこれを年代別に見てみる必要がある。雇用形態別で有意な差が存在した年代は、二〇歳代以下と三〇歳代、六〇歳代であった。二〇歳代以下と三〇歳代において雇用が不安定な層ほど値が高いこ

表 1-11　雇用形態別年代別のユニオンで知り合った人が相談相手である者の比率（%）

	全体	20歳代以下	30歳代	40歳代	50歳代	60歳代	70歳代	有意差	N
全体	35.9	19.7	34.6	32.2	35.6	44.2	61.5	***	1,256
正社員・自営など	30.9	12.5	29.2	28.5	36.5	37.3	100.0	*	620
非正規	37.2	20.0	38.8	41.3	33.9	39.5	75.0		393
無職	48.3	50.0	56.5	29.6	38.3	54.5	55.0		228
有意差	***	*	*			*			
N	1,264	65	185	295	390	281	25		

χ^2 検定 ***p＜0.001 **p＜0.01 *p＜0.05
※全体は雇用形態・年齢を無回答の者も含む

とは、コミュニティ・ユニオンが困難を抱える若年層の受け皿になっていることを示していると思われる。

６　基礎集計から分かること

以上を踏まえ、ＣＵＮＮ全国調査から明らかになったコミュニティ・ユニオンの組合員の特徴をまとめておきたい。

コミュニティ・ユニオンは女性の組合員が比較的多い労働組合であり、年齢と学歴が高い層によって組織されている。女性については、専門学校の卒業者の比率の高さを考慮する必要があるが、特に五〇歳代以上で学歴が高い。

ほとんどの年代で有配偶率が国勢調査の就業者の集計と比べて低く、家族形態などとあわせてまとめると、組合員の属性については以下のことが言える。①男女ともに四〇歳代の有配偶率がかなり低く単独世帯も多いこと、②男性の四〇歳代は、他の年代の組合員と比較して学歴が低く、有配偶率の低さに加え親と同居している者の比率が高いこと、③さらに女性は五〇歳代の有配偶率の低さと六〇歳代以上の単独世帯率の高さが顕著であること、④女性は全ての年齢層で離死別の比率が高く、母子世帯比率も高いと思われること。

コミュニティ・ユニオンの組合員は、金銭的な困難さに加えて健康上の不安を抱える者も多い。今回の調査において、特に三〇歳代と四〇歳代でうつやストレスなどの心の健康を困っていることとして挙げた者が多かったことは、改めて指摘しておきたい。

コミュニティ・ユニオンは、おおむね五〇歳代を境目として、上の年代と下の年代とでは加入する層が大きく異なっている。政治的に無党派層が多い点は共通しているが、上の世代は年齢が高くなるほど無党派層が減少し、革新系の少数政党を「好きな政党」とする者の比率が高まる。政党や政治家後援会の参加率も高い。ボランティア活動や市民運動などに参加する者も多く、労働運動も含めたそうした活動の経験を背景にコミュニティ・ユニオンに加入した者も多いと思われる。

一方、下の年代については、三〇歳代以下の組合員の構成比が低いことが指摘でき、自身の労働問題などを契機に加入する者が上の年代と比べて多いと思われる。また、今回の調査からは、特に四〇歳代で十分なサポートネットワークを持たない者が少なくないことが明らかになった。これは女性において特に顕著である。コミュニティ・ユニオンは、上の年代にとっては活動の新たなネットワークを広げる場である一方で、下の年代にとっては困った時に頼れる相手を獲得する場となっており、特に困難を抱える若年層の受け皿になっていることがうかがえる結果が得られた。

第2章 誰の労働問題なのか
――コミュニティ・ユニオンはどのような問題に対応しているのか

内田龍史

1 コミュニティ・ユニオン組合員の全体像の把握

「日本社会」において、一九九〇年代半ばをピークとして、二〇一〇年代前半まで正規雇用者が減少し、他方で非正規雇用者が増加する一方であるなど、雇用の不安定化が進んできた（図2―1）。

正社員による企業別労働組合は日本型経営のひとつの特徴であったが、正規雇用者の減少にともない、正規雇用を前提としていた従来からの労働組合員の数は減少傾向にあり、組織率も低下している（図2―2）。そうした社会的背景のもと、パート・アルバイトなどの非正規雇用者や、外国人などが個人で加入できるコミュニティ・ユニオンの活動が注目されてきた〔福井、二〇〇五・二〇一二；木下、二〇〇八；遠藤編著、二〇一二；呉、二〇一二；李、二〇一二；熊沢、二〇一三；兵頭、二〇一三など〕。そこではコミュニティ・ユニオンの事例研究などをもとに、個人加盟ユニオンに代表されるような、新しいかたちでの労働運動への期待が描かれていた。

それでは、コミュニティ・ユニオンの組合員は、実際のところ、どのような労働環境のもとで、どのような問題に直面しているのだろうか。本章では、第1章に引き続き、「コミュニティ・ユニオン全国ネットワーク」（CUNN）加盟組合の参加者に対して二〇一三年に実施された質問紙調査★1（「CUNN全国調査」）のデータをもとに、「就業構造基本調査」などから明らかになっている日本社会全体の労働の状況と比較し、コミュニティ・ユニオン組合員の労働環境と組合活動参加の全体像について、性別・年齢階層・雇用形態に着目しつつその内実を明らかにする。

かかる検討によって、コミュニティ・

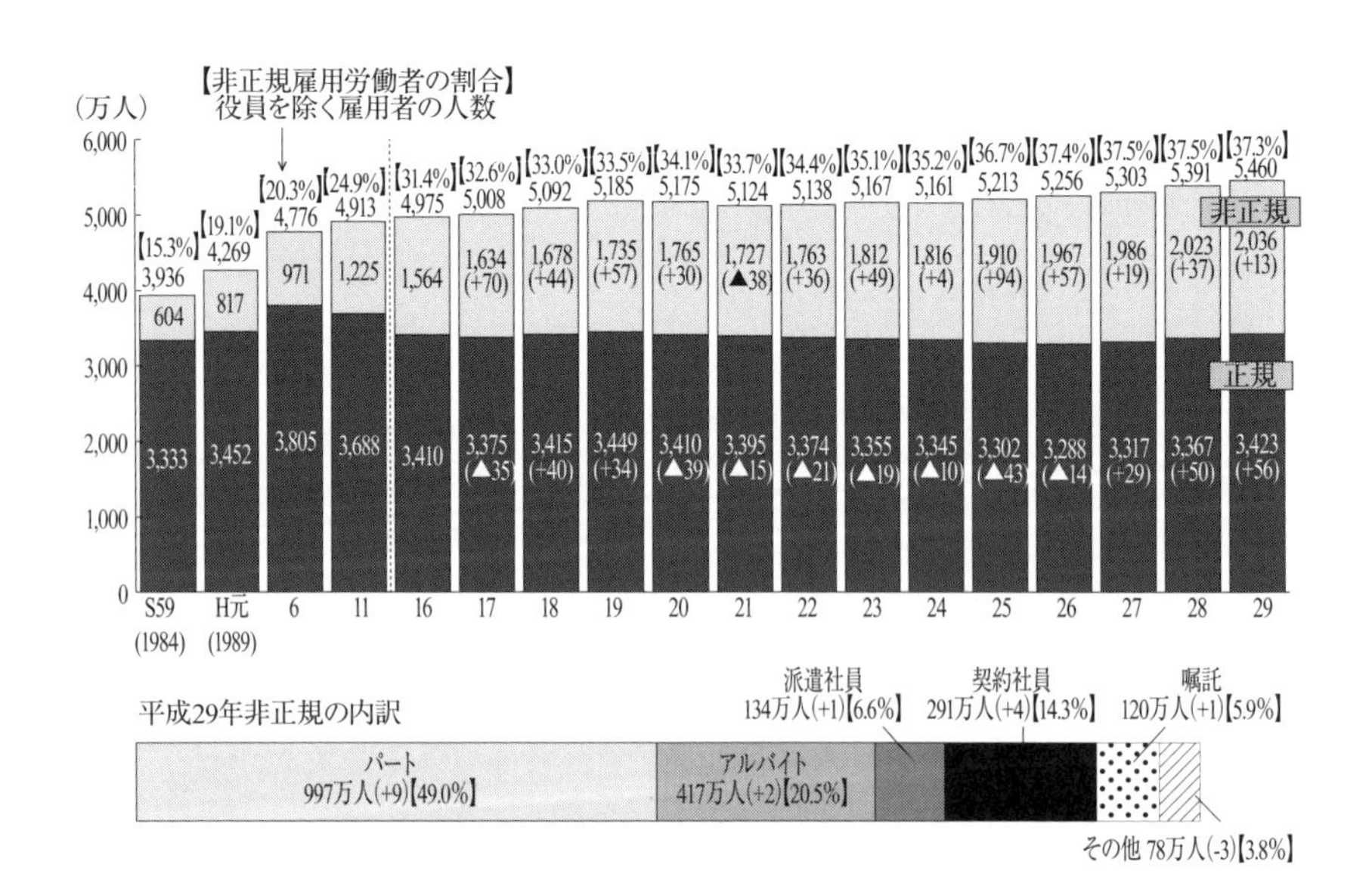

図2-1　正規雇用と非正規雇用労働者の推移

〔厚生労働省、「非正規雇用の現状と課題」http://www.mhlw.go.jp/file/06-Seisakujouhou-11650000-Shokugyouanteikyokuhakenyukiroudoutaisakubu/0000120286.pdf　2018年4月28日閲覧〕

ユニオンとは何であり、どのような意義があるのか、という問いに対して、コミュニティ・ユニオンはどのような問題に対応しているのか、誰の労働問題なのかという観点から、一定の回答を示すこととしたい。

２　コミュニティ・ユニオン組合員の労働の実態

本節では、「CUNN全国調査」から、コミュニティ・ユニオン組合員の労働の実態を描き出したい。

●就業の状況

表2―1は、有効回答者の有業率・無業率を示している。八二・一パーセントが「働いている」と回答している。「働いていない」人は一七・九パーセントであり、六〇歳代以上では三九・二パーセントと、

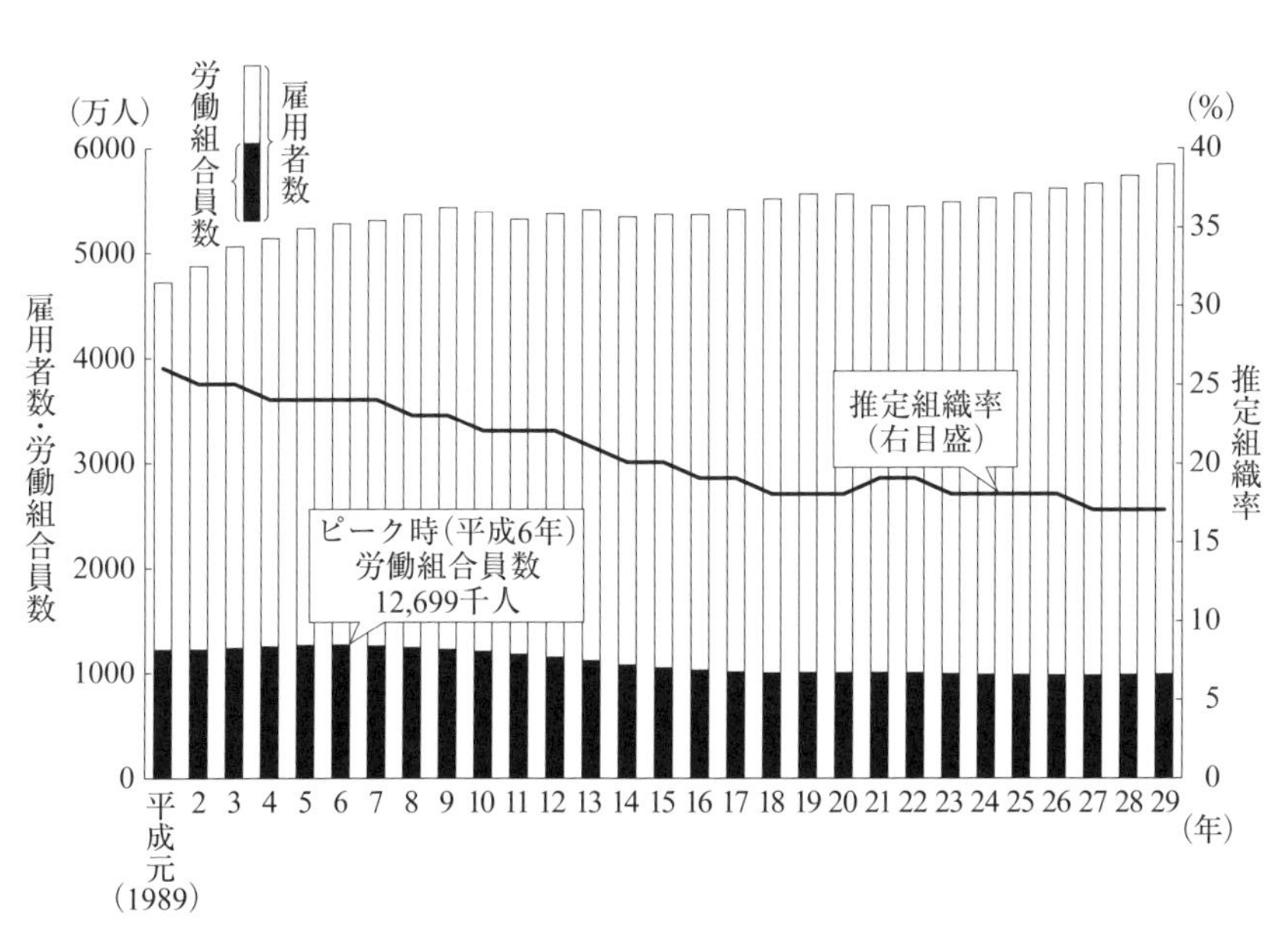

図2-2　雇用者数、労働組合員数及び推定組織率の推移（単一労働組合）
〔厚生労働省、2017、3頁〕

その割合が顕著に高くなっている。

なお、六〇歳代以上で「働いていない」人のうち八三・六パーセント（一〇二名）は定年退職者である。全体のうち、七・五パーセントは定年退職者が占めていることになり、第三章でも示されるが、定年退職者がコミュニティ・ユニオンの担い手として、一定の役割を果たしていることがわかる。

性別・年齢階層別に有業率（表2―2）をみると、男性では二〇歳代以下は一〇〇パーセントの有業率であるが、女性ではその割合は七六・七パーセントにとどまる。他方、六〇歳代以上では男性は五六・六パーセントであるのに対し、女性は六八・一パーセントと高くなっている。

●雇用形態

表2―3は、有業者の雇用形態を示している。「正社員」が五九・八パーセント、「臨時雇用・パート・アルバイト、嘱託、契約」が三五・四パーセントで、このふたつで雇用形態のほとんどを占めている。コミュニティ・ユニオンの特徴として非正規労働者の参加が指摘されることが多いが、実態としては正社員割合の方が高いことは注目に値する。

表 2-1　有業率・無業率

	働いている		働いていない	
	人数	%	人数	%
全体	1,111	82.1	242	17.9
男性	595	81.0	140	19.0
女性	488	83.7	95	16.3
20歳代以下	59	85.5	10	14.5
30歳代	173	88.3	23	11.7
40歳代	279	90.9	28	9.1
50歳代	355	88.1	48	11.9
60歳代以上	197	60.8	127	39.2

年齢：χ^2=129.978、p＜0.001

表 2-2　性別・年齢階層別有業者数・割合

	男性		女性	
	人数	%	人数	%
20歳代以下	26	100.0	33	76.7
30歳代	101	88.6	72	88.9
40歳代	155	93.4	124	87.9
50歳代	192	87.7	163	88.6
60歳代以上	116	56.6	81	68.1

女性：χ^2=28.844、p＜0.001

表２―３には比較可能なデータとして二〇一二年の「就業構造基本調査」の数値を示しているが、本調査での「正社員」にあたる「正規の職員・従業員」が雇用者（役員を除く）に占める割合は六一・八パーセント、「労働者派遣事業所の派遣社員」が二・二パーセント、非正規雇用である「パート」「アルバイト」「契約社員」「嘱託」（ここまであわせて三三・七パーセント）「その他」（二・二パーセント）をあわせると三五・五パーセントであるから、日本社会全体の雇用形態の割合と比較してもほとんどかわらない。

とはいえ、雇用形態は性別によって大きく異なる。本調査において、自営・経営者を除き、性別に雇用者に占める「正社員」「非正社員」[★2]の割合（表２―４）をみると、男性では「正社員」が六八・四パーセントを占めるのに対し、女性では五一・六パーセントであり、女性は「非正社員」割合が四八・四パーセントと半数近くを占めていることになる。

こちらも二〇一二年の「就業構造基本調査」と比較してみよう。「就業構造基本調査」によれば、男性の「正

表 2-3　雇用形態

	本調査						就業構造基本調査（2012）		
	全体		男性		女性		全体	男性	女性
	人数	%	人数	%	人数	%	%	%	%
正社員	651	59.8	394	67.4	242	50.4	61.8	77.9	42.5
派遣社員	33	3.0	20	3.4	13	2.7	2.2	1.5	3.1
臨時雇用・パート・アルバイト、嘱託、契約	385	35.4	162	27.7	214	44.6	33.7	18.8	51.7
外国人研修生・技能実習生	5	0.5	−	−	5	1.0			
その他	4	0.4	2	0.3	2	0.4	2.2	1.8	2.8
自営・経営者	11	1.0	7	1.2	4	0.8			
合計	1,089	100.0	585	100.0	480	100.0	100.0	100.0	100.0

性別：χ^2=30.643、$p<0.001$
※「自営・経営者」は「その他」の自由記述から作成したカテゴリーである．
※就業構造基本調査は雇用者（役員を除く）に占める割合。

規の職員・従業員」が雇用者（役員を除く）に占める割合は七七・九パーセント、女性のその割合は四二・五パーセントとなっている。すなわち、本調査対象者は、男性の「非正社員」割合が高く、女性の「正社員」割合が高い構成になっていることがわかる。

さらに詳しく年齢階層別（表2―4）にみると、本調査における四〇歳代以下は「正社員」が七割強を占めるのに対し、五〇歳代では六割強、六〇歳代以上では三割弱と、年齢が高くなるほど「正社員」の割合が低くなり、「非正社員」の割合が高くなっている。六〇歳代以上では、定年後の再雇用等で「非正社員」の割合が高くなっていると考えられる。

二〇一二年の「就業構造基本調査」と比較すると、全体では二〇代歳以下の正社員割合の高さが目立つ。性別に見ると傾向は異なり、男性では二〇歳代以下のみ正社員割合が「就業構造基本調査」結果を上回っているが、それ以外の年代ではいずれも低くなっている。女性では六〇歳代以上はその割合はほとんど変わらず、逆に五〇歳代以下では上回っているのである。

以上の結果から、日本社会全体の就業状況と本調査結果を比較すると、コミュニティ・ユニオンは三〇歳代以上の男性非正規雇用者と、五〇歳代以下の女性正規雇用者の割合が高く、これらの

表 2-4　雇用者に占める正社員比率（%）

	本調査			就業構造基本調査（2012）		
	全体	男性	女性	全体	男性	女性
全体	60.9	68.4	51.6	61.8	77.9	42.5
20歳代以下	73.2	76.9	70.0	61.1	68.3	53.3
30歳代	71.1	75.5	64.7	71.1	87.3	49.1
40歳代	71.3	78.3	62.5	67.9	90.8	40.3
50歳代	63.7	78.7	45.9	65.3	88.1	38.5
60歳代以上	27.3	28.4	25.6	30.9	36.2	24.5

年齢：χ^2=113.035、$p<0.001$
男性年齢：χ^2=99.858、$p<0.001$
女性年齢：χ^2=37.514、$p<0.001$

層の受け皿としての特徴を持っていると言えよう。

なお、表では示さないが、本調査においても「非正社員」は、「正社員」と比較して勤め先の規模が小さい、雇用保険加入割合が低い、年金は国民年金や未加入割合が比較的高い、健康保険は国民健康保険加入や未加入割合が高いといった特徴があり、相対的に不安定な職場環境にあることが指摘できる。

●仕事の内容

仕事の内容（表２―５）は、全体では「医療・福祉・教育」が最も割合が高く三分の一強を占め、以下、「事務・管理」「製造・建築」「運転・配送」などのいわゆるブルーカラー労働の割合が高くなっている。性別に見ると、男性では「医療・福祉・教育」が二六・二パー

★１　調査の詳細については本書第一章を参照。

★２　「非正社員」は、「労働者派遣事業所の派遣社員」「パート」「アルバイト」「契約社員」「嘱託」の合計。

表 2-5　仕事の内容

	全体		男性		女性	
	人数	%	人数	%	人数	%
医療・福祉・教育	386	36.4	150	26.2	231	49.3
製造・建築	132	12.5	96	16.8	32	6.8
事務・管理	162	15.3	64	11.2	96	20.5
運転・配送	96	9.1	88	15.4	6	1.3
清掃・警備	65	6.1	40	7.0	24	5.1
サービス	80	7.5	53	9.3	26	5.5
販売	64	6.0	40	7.0	23	4.9
その他	75	7.1	41	7.2	31	6.6
合計	1,060	100.0	572	100.0	469	100.0

性別：χ^2=137.511、p＜0.001

※調査票で用意した 16 の選択肢に加え、「その他（　）」の選択肢に記入してもらった仕事の内容を再分類した。

セントと最も割合が高く、以下、「製造・建築」（一六・八パーセント）、「運転・配送」（一五・四パーセント）、「事務・管理」（一一・二パーセント）などが続く。女性では「医療・福祉・教育」が四九・三パーセントとほぼ半数を占めており、続く「事務・管理」（二〇・五パーセント）をあわせるとこれらでおよそ七割を占める。

分類が異なるので厳密に比較はできないが、二〇一二年の「就業構造基本調査」からおおむね産業分類に該当する「医療・福祉・教育」と「製造・建築」とを照らし合わせると、本調査対象者は、全体として「製造・建築」の割合が低く、「医療・福祉・教育」の割合が高くなっている（表2―6）。性別に見てもこれらの傾向は同様である。

ここで、産業別の労働組合組織率を参照してみよう。図2―3は、本調査が実施された時期にあたる、「平成二六年労働組合基礎調査の概況」（厚生労働省、二〇一四）による産業別労働組合推定組織率を示している。本調査で割合の高かった「医療、福祉」は六・九パーセント、「教育、学習支援業」は一八・〇パーセントと、組織率は高くない。特に「医療、福祉」分類の有業者は、二〇〇七～二〇一二年にかけておよそ一一六万人増加しており、現代の就業構造の特徴を顕著にあらわす就業形態である（図2―4）。にもかかわらず、労働組合の組織化が進んでいないのが実態であり、であるからこそコミュニティ・ユニオンがその受け皿となっているのだと考えられる。

また、第一章で示されたとおり、本調査対象者は国勢調査結果と比較して学歴が高いが、「医療・福祉・教育」関係の職業は相応の学歴と専門性が求められるため、専門・短大卒以上の学歴が七割以上と高いこと

表2-6　就業構造基本調査（2012）
産業分類（抜粋、%）

	全体	男性	女性
医療・福祉・教育	17.6	9.0	27.9
製造・建築	24.4	32.6	14.5

※医療・福祉・教育：「医療、福祉」+「教育、学習支援業」、「製造・建築」：「製造業」+「建設業」とした。

が指摘できる（図２―５）。

性別・年齢階層別に仕事の内容（図２―６）にみると、女性はいずれの年代でも「医療・福祉・教育」の割合が最も高いが、六〇歳代で「清掃・警備」が二二・一パーセントとやや割合が高くなっている。男性は年齢が高くなるほど「医療・福祉・教育」の割合が低くなり、かわって「運転・配送」「清掃・警備」の割合が高くなっている。

仕事の内容別に正社員割合（表２―７）をみると、清掃警備はわずか二三・四パーセントと割合が低い。逆に正社員割合が最も高いのは「事務・管理」（七一・二パーセント）であり、続いて「医療・福祉・教育」（六六・八パーセント）となっている。男性と女性を比較すると、いずれの仕事においても女性は正社員割合が低い。

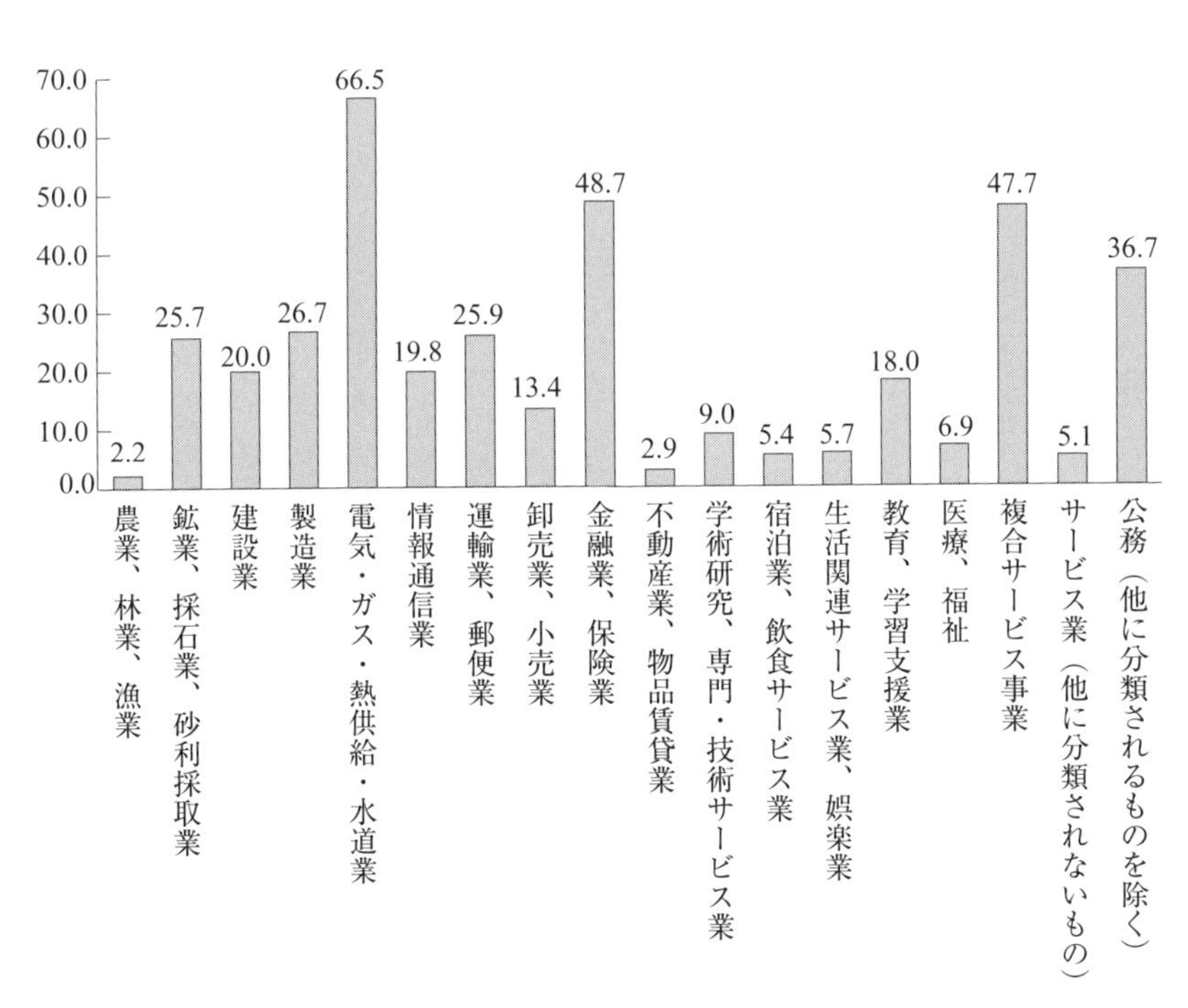

図2-3　産業別労働組合推定組織率（単位労働組合）

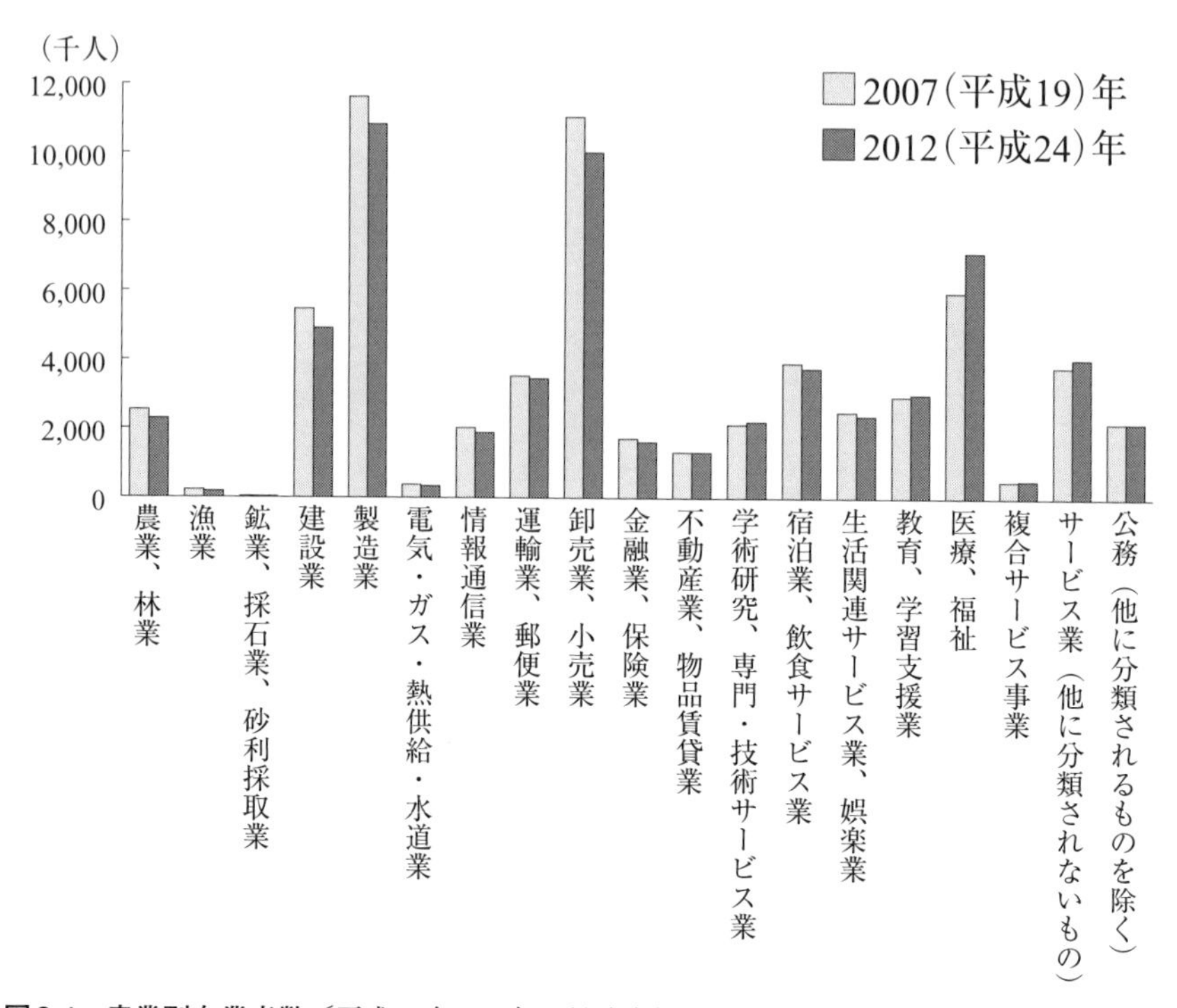

図2-4　産業別有業者数〔平成19年・24年、総務省統計局、2013、7頁〕

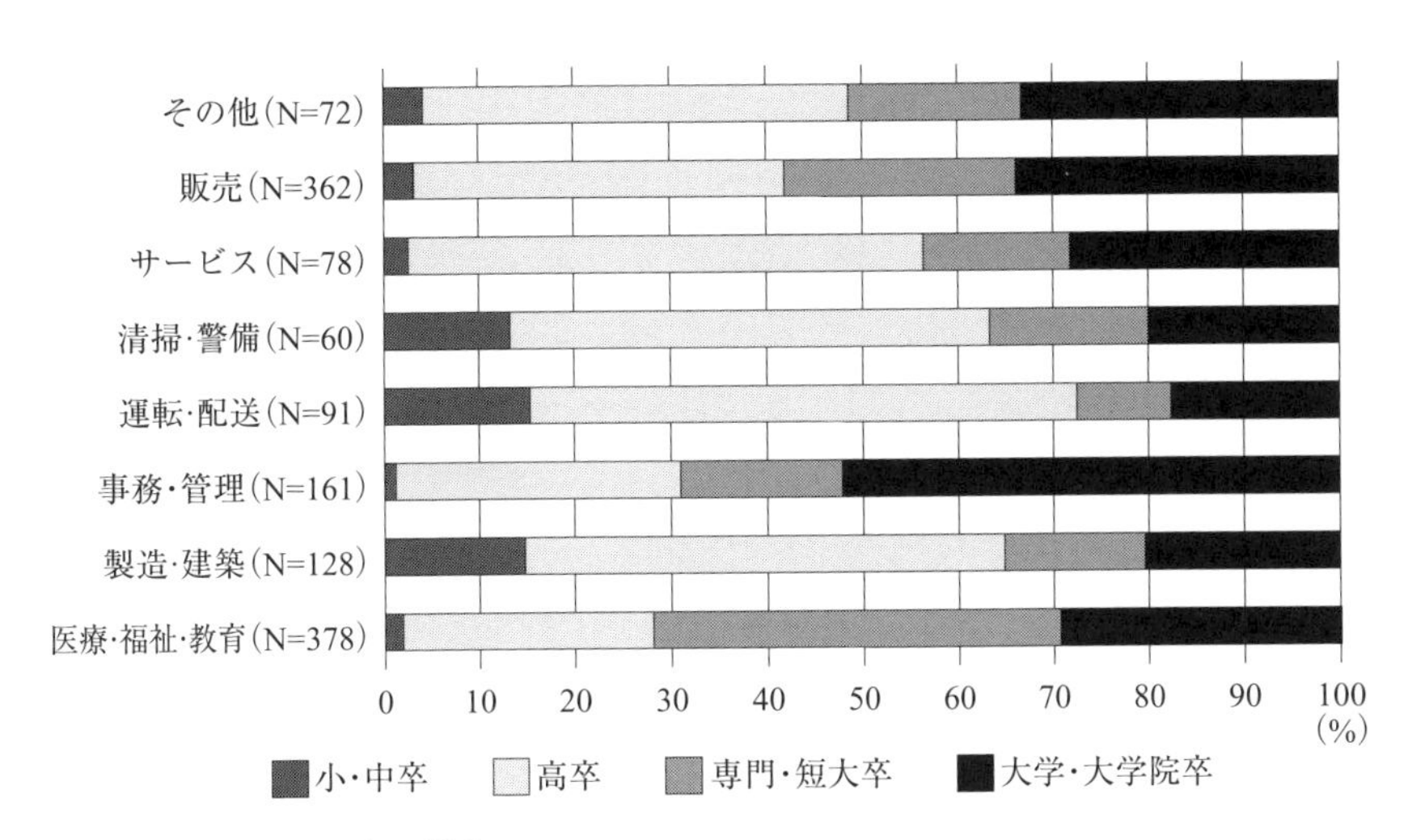

図2-5　仕事の内容別学歴構成

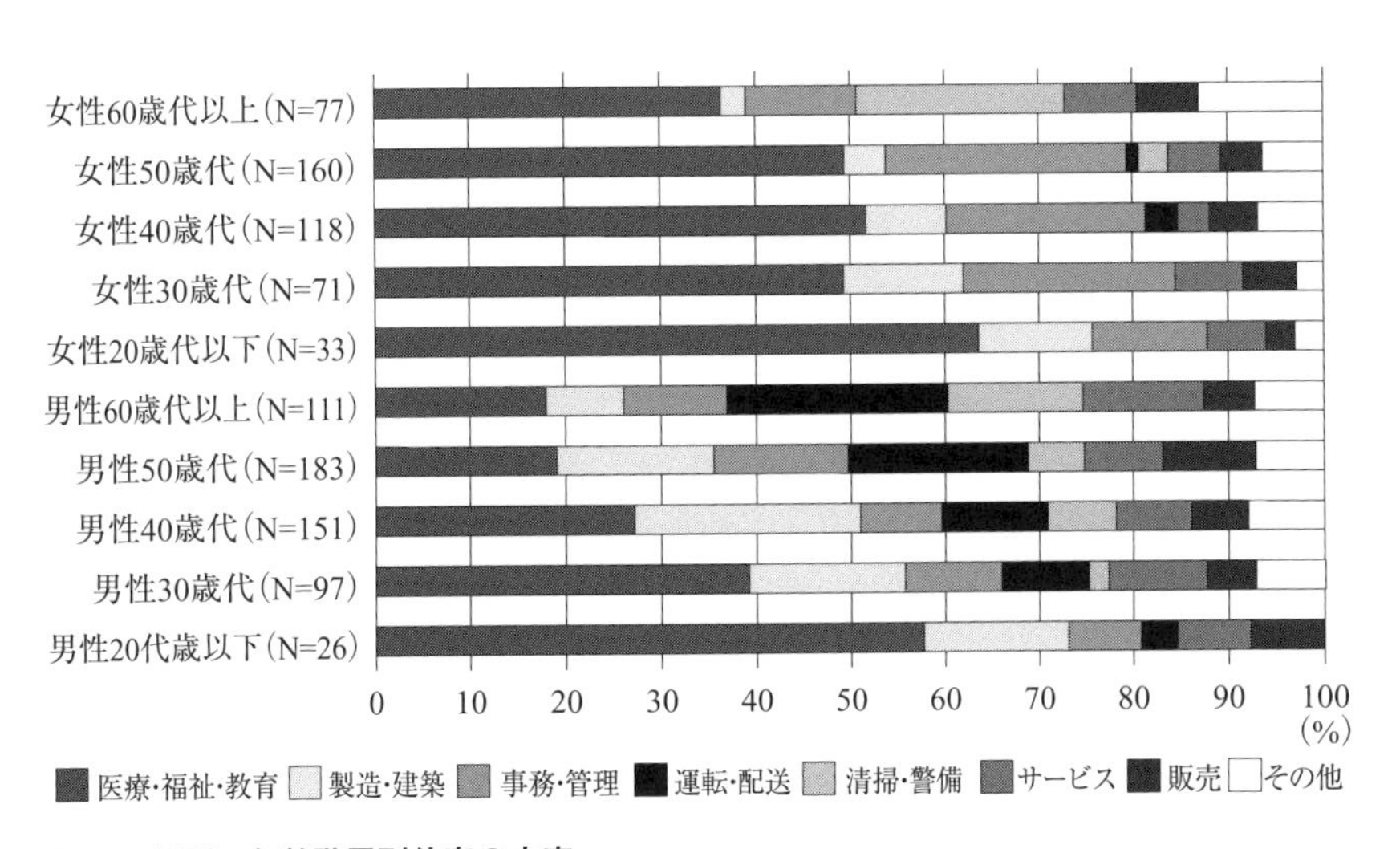

図2-6　性別・年齢階層別仕事の内容

●勤務先規模

表2―8は、勤務先の規模を示している。働いている人のうち、全体では「三〇～九九人」が二八・一パーセントと最も割合が高くなっており、三〇〇人未満で八割を越えている。

本調査とはカテゴリーが異なるので厳密な比較はできないが、二〇一二年の就業構造基本調査と照らし合わせると、本調査対象者は「一～四人」の零細規模の割合が低い一方で、「一〇〇〇人以上」の大企業や、「公務員（官公庁）」の割合も低くなっている（表2―8）。

なお、「平成二六年労働組合基礎調査の概況」（表2―9）によれば、民間企業の単位労働組合［当該組織の構成員が労働者の個人加入の形式をとり、独自の活動を行ない得る下部組織をもたない組合］の組織率は一六・三パーセントであるが、企業規模一〇〇〇人以上では四五・三パーセントであるのに対し、企業規模九九人以下では一・〇パーセントにすぎない。小規模企業ではそもそも労働組合が組織されていないことがほとんどなのである。

●職場労組の有無と加入状況

表2―10は、職場労組の有無と加入状況を示している。全体

表 2-7　仕事の内容別正社員数・割合

	全体		男性		女性	
	人数	%	人数	%	人数	%
医療・福祉・教育	256	66.8%	118	78.7%	136	59.6%
製造・建築	74	60.2%	61	64.9%	11	42.3%
事務・管理	111	71.2%	51	82.3%	59	64.1%
運転・配送	58	61.1%	56	64.4%	2	33.3%
清掃・警備	15	23.4%	15	37.5%	-	-
サービス	42	53.8%	32	62.7%	9	34.6%
販売	33	53.2%	28	71.8%	5	21.7%
その他	40	58.8%	26	74.3%	11	36.7%

全体：χ^2=53.691、p＜0.001、男性：χ^2=33.530、p＜0.001

表 2-8　勤務先規模

	本調査						就業構造基本調査（2012）		
	全体		男性		女性		全体	男性	女性
	人数	%	人数	%	人数	%	%	%	%
1～4人	88	8.1	42	7.2	46	9.6	17.3	18.2	16.2
5～29人	272	25.0	150	25.7	115	24.1	17.0	16.8	17.2
30～99人	305	28.1	174	29.8	124	25.9	10.5	11.1	9.6
100～299人	239	22.0	107	18.3	127	26.6	8.5	9.3	7.6
300～999人	82	7.6	41	7.0	37	7.7	8.3	9.1	7.2
1000人以上	69	6.4	50	8.6	18	3.8	17.5	19.1	15.2
公務員	31	2.9	20	3.4	11	2.3	7.8	7.8	7.9
その他の法人・団体							11.4	7.2	17.0
合計	1,086	100.0	584	100.0	478	100.0	100.0	100.0	100.0

性別：χ^2=22.423、p＜0.01
※就業構造基本調査では「公務員」ではなく「官公庁」となっている。

表 2-9　企業規模別推定組織率
（単位労働組合）

	%
99人以下	1.0
100～999人	12.4
1000人以上	45.3
計	16.3

〔厚生労働省、2014〕

では「労働組合はない」が五七・〇パーセントと最も割合が高くなっている。続いて割合が高いのは、「組合があり、加入している」の二一・五パーセントである。

雇用形態別に見ると、「正社員」では「労働組合はない」が六二・四パーセント、「組合があり、加入している」が二六・七パーセントと、これらが「非正社員」と比較して割合が高く、「非正社員」では「組合はあるが、加入資格がない」が二一・四パーセント、「労働組合があるかどうかわからない」が七・九パーセントと、これらの割合が相対的に高い。

なお、先述したように、本調査においても企業規模が小さいほど「労働組合はない」とする割合が高くなっている。その割合は、「一〇〇〇人以上」の規模では三〇・九パーセントであるのに対し、「一~四人」では七三・二パーセントにのぼる。

すなわち、零細・小規模の企業に勤めており、職場で組合が組織されていないことが、後に見るコミュニティ・ユニオン加入の一要因になっているのだと考えられる。

表 2-10 職場労組の有無と加入状況

	全体		正社員		非正社員		男性		女性	
	人数	%	人数	%	人数	%	人数	%	人数	%
組合があり、加入している	227	21.5	165	26.7	60	14.8	131	22.7	92	19.9
組合はあるが、加入資格がない	104	9.8	14	2.3	87	21.4	32	5.5	69	14.9
組合はあるが、加入していない	73	6.9	39	6.3	34	8.4	51	8.8	19	4.1
労働組合はない	603	57.0	385	62.4	193	47.5	342	59.2	254	54.9
労働組合があるかどうかわからない	51	4.8	14	2.3	32	7.9	22	3.8	29	6.3
合計	1,058	100.0	617	100.0	406	100.0	578	100.0	463	100.0

雇用形態別：χ^2=135.157、p＜0.01、性別：χ^2=36.701、p＜0.001

３　コミュニティ・ユニオンへの加入とその成果

本節では、コミュニティ・ユニオンへの加入と、その成果について検討を行なう。

●職場支部・分会への所属

コミュニティ・ユニオンへの加入はおおきくふたつの形態がある。①個人で加盟する形態（個人加盟）と、②コミュニティ・ユニオンが職場に支部ないしは分会を組織する形態（職場支部・分会所属）である。本調査結果からは、職場支部・分会所属（表２―11）が四六・〇パーセントであるのに対し、個人加盟（表では「所属なし」）が五四・〇パーセントと過半数を占めていた。

雇用形態別にみると、「正社員」よりも「非正社員」で、性別にみると、女性よりも男性で個人加盟の割合が高い。コミュニティ・ユニオンの特徴として指摘される個人加盟という側面からは、「非正社員」・男性の参加率が高くなっていると言える。

●コミュニティ・ユニオンへの加入契機

コミュニティ・ユニオンへの加入契機（表２―12）は「雇用や職場の問題がおきたときにそなえて」が三〇・二パーセントと最も割合が高い。労働問題に

表 2-11 職場支部・分会への所属の有無

	全体		正社員		非正社員		男性		女性	
	人数	%	人数	%	人数	%	人数	%	人数	%
所属あり	588	46.0	348	57.2	191	47.5	297	42.2	271	49.5
所属なし	691	54.0	260	42.8	211	52.5	406	57.8	277	50.5
合計	1,279	100.0	608	100.0	402	100.0	703	100.0	548	100.0

雇用形態別：χ^2=9.195、p＜0.01、性別：χ^2=6.449、p＜0.05

表 2-12 加入契機（複数回答）

	全体		正社員		非正社員		男性		女性	
	人数	%	人数	%	人数	%	人数	%	人数	%
解雇	229	17.5	76	12.2	90	22.4	126	17.7	103	18.4
退職強要	181	13.8	78	12.5	52	13.0	111	15.6	68	12.1
退職できない	12	0.9	5	0.8	2	0.5	9	1.3	3	0.5
賃金未払い	106	8.1	47	7.5	29	7.2	61	8.6	45	8.0
低い賃金のベースアップ	167	12.8	86	13.8	67	16.7	83	11.7	78	13.9
降格・減給	113	8.6	70	11.2	19	4.7	84	11.8	28	5.0
昇格・昇給の差別	84	6.4	44	7.1	28	7.0	48	6.7	33	5.9
配置転換・出向	73	5.6	47	7.5	14	3.5	49	6.9	23	4.1
労災	52	4.0	16	2.6	12	3.0	32	4.5	19	3.4
長時間労働	86	6.6	50	8.0	20	5.0	57	8.0	28	5.0
休みがとれない	66	5.0	29	4.6	27	6.7	36	5.1	30	5.3
セクシャルハラスメント	35	2.7	14	2.2	9	2.2	8	1.1	25	4.5
パワーハラスメント	244	18.7	122	19.6	60	15.0	120	16.9	120	21.4
職場のいじめ	119	9.1	58	9.3	32	8.0	58	8.1	59	10.5
社会をよくしたいため	171	13.1	67	10.7	42	10.5	120	16.9	49	8.7
自分が活躍できる場を求めて	104	8.0	30	4.8	29	7.2	75	10.5	26	4.6
既存の労働組合に不満を感じていたから	115	8.8	62	9.9	23	5.7	93	13.1	18	3.2
職場に労働組合がなかったから	237	18.1	127	20.4	67	16.7	137	19.2	94	16.8
雇用や職場の問題がおきたときにそなえて	395	30.2	200	32.1	158	39.4	173	24.3	209	37.3
ユニオンショップ協定	32	2.4	25	4.0	7	1.7	13	1.8	18	3.2
組合員の知人の勧め	23	1.8	16	2.6	2	0.5	15	2.1	8	1.4
仲間を支援	20	1.5	7	1.1	7	1.7	14	2.0	6	1.1
労働条件への不満	37	2.8	15	2.4	15	3.7	17	2.4	20	3.6
ジェンダー問題	4	0.3	2	0.3	1	0.2	-	-	4	0.7
労働運動への興味関心	7	0.5	2	0.3	4	1.0	3	0.4	4	0.7
結成時からのメンバー	7	0.5	1	0.2	-	-	4	0.6	3	0.5
その他（FA なし）	30	2.3	22	3.5	2	0.5	10	1.4	18	3.2
その他（分類不能）	24	1.8	9	1.4	9	2.2	17	2.4	6	1.1
合計	2,773		624		401		712		561	

※「ユニオンショップ協定」「組合員の知人の勧め」「仲間を支援」「労働条件への不満」「ジェンダー問題」「労働運動への興味関心」「結成時からのメンバー」は、「その他」の自由記述内容から作成したカテゴリーである。

関するものとしては、「パワハラ」（一八・七パーセント）、「解雇」（一七・五パーセント）、「退職強要」（一三・八パーセント）、「職場のいじめ」（九・一パーセント）、「賃金未払い」（八・一パーセント）などが目立つ。また「職場に労働組合がなかったから」も一八・一パーセントと割合が高くなっている。他方で、「社会をよくしたい」（一三・一パーセント）、「既存の労働組合に不満」（八・八パーセント）など社会運動的関心に基づく理由も一割前後の人があげている。

雇用形態別に見ると、有意に「正社員」の方が割合が高いのは「降格・減給」「配置転換・出向」「既存の労働組合に不満」「ユニオンショップ協定」「組合員の知人の勧め」であり、「非正社員」の方が割合が高いのは「解雇」と「問題がおきたときにそなえて」であった。

性別に見ると、有意に男性の方が割合が高いのは「退職強要」「降格・減給」「配置転換・出向」「長時間労働」「社会をよくしたい」「活躍できる場を求めて」「既存の労働組合に不満」であり、女性の方が割合が高いのは「セクハラ」「パワハラ」「問題がおきたときにそなえて」などである。

表では示さないが、年齢階層別に特徴が見られたのは、二〇歳代以下と六〇歳代以上である。二〇歳代以下で「賃金未払い」「休めない」「いじめ」「問題がおきたときにそなえて」の割合が高く、「職場に労働組合がない」の割合が低いこと、六〇歳代以上で「退職強要」「パワハラ」「ベースアップ」の割合が低く、「社会をよくしたい」「活躍できる場を求めて」「既存の労働組合に不満」の割合が高いことであった。

これら加入契機に着目した分析は、第三章で詳述される。

●コミュニティ・ユニオンの加入成果

ユニオンに加入して雇用や職場の問題に関して得られた成果（表２—13）は、「特にない」が三一・五パーセントと最も割合が高い。とはいえ、残りの七割弱は何らかの成果があったと回答していることになる。

成果があったものとしては「賃金のベースアップ」（一六・〇パーセント）、「未払い賃金が支払われた」（一五・四パーセント）、「解雇が撤回された」（一二・七パーセント）、「休みがとれるようになった」（一〇・二パーセント）、「パワハラが解決した」（九・九パーセント）などが上位にあげられている。

雇用形態別に見ると、有意に「正社員」の方が割合が高いのは「賃金のベースアップ」「降格・減給が撤回された」「昇格・昇給の差別がなくなった」であり、「非正社員」の方が割合が高いのは「金銭解決」のみであった。

性別に見ると、有意に男性の方が割合が高いのは「未払い賃金が支払われた」「降格・減給が撤回された」「配置転換・出向がなくなった」であり、女性では見られなかった。

なお、年齢階層別に特徴が見られたのは二〇歳代以下で「パワハラが解決した」の割合が高くなっていた。

本調査において、コミュニティ・ユニオンは、労働問題以外においても重要な役割を果たしているのではないかと想定し、雇用や職場の問題以外で得られた成果をたずねることにした。結果（表2―14）は、「頼りにできるところがあるという安心感」が五七・九パーセント、「労働者としての権利意識」が五二・五パーセントと過半数を占めている。以下、「労働法などの専門知識」（四三・三パーセント）、「日本人の仲間・友人」（二八・七パーセント）、「人間としての成長」（二三・二パーセント）などと続く。

雇用形態別に見ると、有意に「非正社員」の方が割合が高いのは「自分の尊厳の回復」「気軽に立ち寄れる場所・たまり場」「頼りにできるところがあるという安心感」であり、「正社員」では見られなかった。

性別に見ると、有意に男性の方が割合が高いのは「日本人の仲間・友人」「日本人以外の仲間・友人」「労働法などの専門知識」「気軽に立ち寄れる場所・たまり場」であり、女性では「頼りにできるところがある

表 2-13 ユニオンに加入して雇用や職場の問題に関して得られた成果（複数回答）

	全体		正社員		非正社員		男性		女性	
	人数	%	人数	%	人数	%	人数	%	人数	%
解雇が撤回された	143	12.7	60	10.6	50	14.9	87	13.9	52	11.0
職場に復帰できた	85	7.6	39	6.9	32	9.5	50	8.0	34	7.2
退職することができた	36	3.2	12	2.1	6	1.8	21	3.4	15	3.2
未払賃金が支払われた	173	15.4	67	11.9	57	17.0	119	19.1	53	11.2
賃金のベースアップができた	180	16.0	122	21.6	48	14.3	92	14.7	85	17.9
降格・減給が撤回された	70	6.2	46	8.2	11	3.3	51	8.2	18	3.8
昇格・昇給の差別がなくなった	36	3.2	27	4.8	7	2.1	20	3.2	15	3.2
会社都合の配置転換・出向がなくなった	53	4.7	26	4.6	17	5.1	37	5.9	15	3.2
労災が取得できた	33	2.9	8	1.4	9	2.7	20	3.2	13	2.7
長時間労働がなくなった	46	4.1	23	4.1	19	5.7	28	4.5	18	3.8
休みがとれるようになった	114	10.2	63	11.2	39	11.6	62	9.9	50	10.5
セクシャルハラスメントの問題が解決した	17	1.5	6	1.1	3	0.9	7	1.1	10	2.1
パワーハラスメントの問題が解決した	111	9.9	58	10.3	33	9.8	57	9.1	54	11.4
職場のいじめがなくなった	53	4.7	23	4.1	17	5.1	25	4.0	22	4.6
特にない	353	31.5	184	32.6	105	31.3	191	30.6	156	32.9
その他	40	3.6	14	2.5	10	3.0	15	2.4	22	4.6
金銭解決	35	3.1	6	1.1	13	3.9	19	3.0	16	3.4
退職強要停止	6	0.5	6	1.1	-	-	4	0.6	2	0.4
職場労働条件改善	29	2.6	12	2.1	13	3.9	13	2.1	16	3.4
個人労働条件改善	7	0.6	1	0.2	3	0.9	3	0.5	4	0.8
雇用継続	9	0.8	-	-	6	1.8	6	1.0	3	0.6
退職条件有利化	9	0.8	4	0.7	1	0.3	3	0.5	5	1.1
労働者発言力強化	20	1.8	11	2.0	6	1.8	14	2.2	6	1.3
裁判和解（詳細不明）	5	0.4	-	-	2	0.6	3	0.5	2	0.4
	1,663		564		336		624		474	

※「金銭解決」「退職強要停止」「職場労働条件改善」「個人労働条件改善」「雇用継続」「退職条件有利化」「労働者発言力強化」「裁判和解（詳細不明）」は、「その他」の自由記述内容から作成したカテゴリーである。

という安心感」の割合が高かった。

なお、年齢階層別に特徴が見られたのは、三〇歳代以上で「日本人の仲間・友人」「労働法などの専門知識」「人間としての成長」、三〇〜五〇歳代で「頼りにできるところがあるという安心感」の割合が高くなっていた。

これらの結果をまとめると、雇用や職場の問題以外で成果が得られたとするのは「非正社員」の方が割合が高い。また、男性では居場所や仲間が、女性では頼りにできるという安心感が得られたと回答する傾向が見られた。

4　排除に抗する場としてのコミュニティ・ユニオン

●知見

本調査から得られた知見をまとめておきたい。

コミュニティ・ユニオンの特徴として非正規労働者の参加が指摘されることが多いが、組合員の仕事の状況を見る限り、コミュニティ・ユニオンは「非正社員」を主軸として組織されているわけではなく、実態としては「正社員」割合の方が高い（表2―3）。この背景には、コミュニティ・ユニオンの組織化の戦略として、「正社員」の組織化としては「職場支部・分会」を設立し、将来的には職場単位での労働組合の自立をめざすことがあるため、「正社員」の割合が高くなったのではないかと推測される（表2―11）。

日本社会全体の就業状況と比較しても、「正社員」「非正社員」の割合はほとんど変わらないが、性別にみると異なった傾向が見られ、三〇歳代以上の男性「非正社員」と、五〇歳代以下の女性「正社員」の割合が高くなっていた（表２―４）。

仕事の内容は、日本社会全体の状況と比較して「医療・福祉・教育」の割合が高く、「製造・建築」の割合が低い（表２―５）。また、職場の規模が小さい零細企業に勤めている人が多いこと（表２―８）、そうした零細企業に勤務している人たちが多いこともあって、少なくとも全体の六割弱が実態として職場に労働組合が存在しないこと（表２―10）、それらを要因として、労働問題への対応やそのそなえとして（表２―12）の役割をコミュニティ・ユニオンが担っている実態が明らかとなった。

さらに、ユニオンに加入して、雇用や職場の問題に関して七割弱は「低い賃金のベースアップ」「未払い賃金が支払われた」「解雇が撤回された」など、何らかの成果があったと回答している（表２―13）。加えて雇用や職場の問題以外に関して得られた成果（表２―14）を見ると、コミュニティ・ユニオンは労働者としての権利意識を高める機能

表 2-14 ユニオンに加入して雇用や職場の問題以外に関して得られた成果（複数回答）

	全体		正社員		非正社員		男性		女性	
	人数	%	人数	%	人数	%	人数	%	人数	%
日本人の仲間・友人	351	28.7	136	23.6	110	28.9	224	33.1	120	23.1
日本人以外の仲間・友人	107	8.8	38	6.6	37	9.7	71	10.5	34	6.6
労働法などの専門知識	529	43.3	238	41.2	146	38.3	329	48.7	191	36.8
労働者としての権利意識	641	52.5	295	51.1	215	56.4	372	55.0	260	50.1
社会問題への関心の高まり	447	36.6	192	33.3	130	34.1	254	37.6	186	35.8
自分の尊厳の回復	222	18.2	83	14.4	76	19.9	132	19.5	85	16.4
人間としての成長	284	23.2	118	20.5	89	23.4	169	25.0	111	21.4
気軽に立ち寄れる場所・たまり場	154	12.6	50	8.7	59	15.5	101	14.9	50	9.6
頼りにできるところがあるという安心感	707	57.9	317	54.9	254	66.7	346	51.2	350	67.4
共済組合への加入	108	8.8	61	10.6	33	8.7	68	10.1	39	7.5
その他（FA なし）	23	1.9	9	1.6	6	1.6	9	1.3	11	2.1
その他（分類不能）	11	0.9	3	0.5	3	0.8	6	0.9	4	0.8
	3,584		577		381		676		519	

を果たしているほか、特に男性組合員には他の組合員との仲間関係や居場所を、女性組合員には頼りにできるという安心感を提供する傾向が見られた。

●考察

以上の知見のなかでも、コミュニティ・ユニオンの存在意義として重要なのは、①従来型の労働組合では対応できていなかった未組織労働者、とくに、既存労働組合が対応していない領域で組織化が行なわれてきたこと、さらに組合員にとっては、雇用や職場の問題解決のみならず、②労働問題以外での成果をもたらす存在になっていることがあげられよう。

①について、雇用形態をもとに分析すると、そもそも労働組合が存在していない零細企業の「正社員」が、職場分会などを通じて組織化されていること、また、既存の労働組合からは加盟を前提とされない「非正社員」が個人加盟として組織化されている傾向が確認された（表2―10・表2―11）。また、「医療、福祉」分類の有業者は、「正社員」の割合が他の産業と比較して低くなく、高齢化が進むなか、二〇〇七～二〇一二年にかけておよそ一一六万人増加している現代の就業構造の特徴を顕著にあらわす就業形態であるにもかかわらず、実態として労働組合の組織化が進んでいないのが実態である。であるからこそ、コミュニティ・ユニオンはそうした分野の受け皿となり、かつ、職場分会などで組織化を進めてきたと考えられる。

②については、「社会的排除」論（福原編著、二〇〇七など）などでも示されているように、不安定な雇用は経済的な貧困の要因になるだけでなく、社会的には孤立などの社会関係・ネットワークを狭め、政治的にはシティズンシップの獲得や保障から排除され、文化的には自尊心の毀損や動機づけの低下など、アイデンティティ問題を生じさせることが指摘されている。コミュニティ・ユニオンは、そうした排除に対する抵抗

の場になっているのではないかと想定していたが、労働問題以外で得られた成果を見ても、「労働者としての権利意識」以上に、特に「非正社員」において、「頼りにできるところがあるという安心感」を与える「居場所」としての役割を果たしていることが明らかとなった（表2―14）。

コミュニティ・ユニオン組合員にこうした成果をもたらすためには、コミュニティ・ユニオンの丁寧な活動や組織化が不可欠であり、実際にそのような活動が行なわれていることは、他の章で紹介されている。

第一節で述べたように、既存の大企業「正社員」を前提とする労働組合運動は、非正規雇用が拡大するなかで組織率が低下するなどの限界を迎えていることは疑いない。そうした現状において、コミュニティ・ユニオンからその組織化の戦略・戦術を学びつつ連帯することは、雇用の不安定化に抗するために不可欠なのではなかろうか。

第3章　何を求めて参加しているのか
——どのような人びとがコミュニティ・ユニオンを支えているのか

北川由紀彦

1　どのようにユニオンを支えているのか

一九八〇年代以降の非正規雇用の拡大、不当解雇や労働現場における長時間労働の蔓延などといった労働条件の全般的な悪化の趨勢の中にあって、個人加入が可能なコミュニティ・ユニオン（以下、ユニオンと略）は、職場にそもそも労働組合がない労働者や、職場に組合があっても加入資格がない非正規労働者などの「駆け込み寺」、あるいはそうした労働者の相談の「受け皿」となってきた／いることがしばしば指摘されてきた（たとえば、コミュニティ・ユニオン研究会編、一九八八：福井、二〇〇二：高井・関口、二〇一一：小谷、二〇一三）。ただし、他の様々な組織がそうであるのと同様、ユニオンの参加者[★1]（組合員）の構成、加入の経緯、参加状況も一様ではない。

極めて素朴に、また、現実の諸条件を一切度外視して極論すれば、全ての労働者が加入し、また全ての参加者が組合活動に継続的かつ積極的にコミットしているようなユニオンほど、強力なユニオンである、と言えるかもしれない。しかし、多様な労働・生活環境に置かれた労働者が一律に組合に加入し同じように活動に参加する、ということは現実にはあり得ない。一口にユニオンの参加者といっても、組合との関わり方は一様ではない。組合の日々の「目に見える」活動（企業との団体交渉や抗議アピールなどのための社前行動、連帯集会など）に継続的に参加する人びとがいる一方で、そうした目に見える活動への参加は限定的だが、組合費を納め続けることで静かに組合を支え続ける人びともいる。自身が解雇や職場でのハラスメントなどの労働問題に直面したがゆえにユニオンに加入する人びとがいる一方、自身が直面した労働問題の解決、転職、退職などを契機にユニオンから脱退していく人びともいる。こうした参加者の多様性と流動性こそが、ユニオンという組織の特徴の一つである。それでは、参加者はなぜユニオンを担って／支えているのだろうか。本章では、「コミュニティ・ユニオン全国ネットワーク」（CUNN）加盟組合の参加者に対して二〇一三年に実施された質問紙調査[★2]（「CUNN全国調査」）の分析を中心にして、参加者がなぜユニオンに加入し、どのようにしてユニオンという組織を支えてきているのか、また、どのような変化の兆しが見られるのかを考察していく。

2　ユニオンに集う理由

●加入期間から見た参加者の構成

まず、CUNN全国調査での全体の組合加入期間の構成比は表3―1の通りである。ユニオンの加入期間については、加入後、時間の経過とともに少しずつ減っていく「右肩下がり」の構成となることが先行する調査において指摘されている〔たとえば福井、二〇一二〕が、この調査においても、一年未満が最多で一五パーセントを占め、年数が増えると次第に減少する、という「右肩下がり」の傾向がみてとれる。ただし、一七年から二〇年にかけてややその割合が高まる傾向にあり、たとえば組合結成時からずっと組合員であるような長期加入者もある程度の厚みを持っていることが指摘できる。

なお、コミュニティ・ユニオンの参加者を対象とした先行研究では、職場分会に所属していることが組合からの脱退を抑制し加入期間を長期化させることが指摘されている〔福井、二〇〇二〕ので、その点について比較してみたものが表3―2である。分会への所属が加入期間の長期化と結びついていることが今回の調査でも確認された。

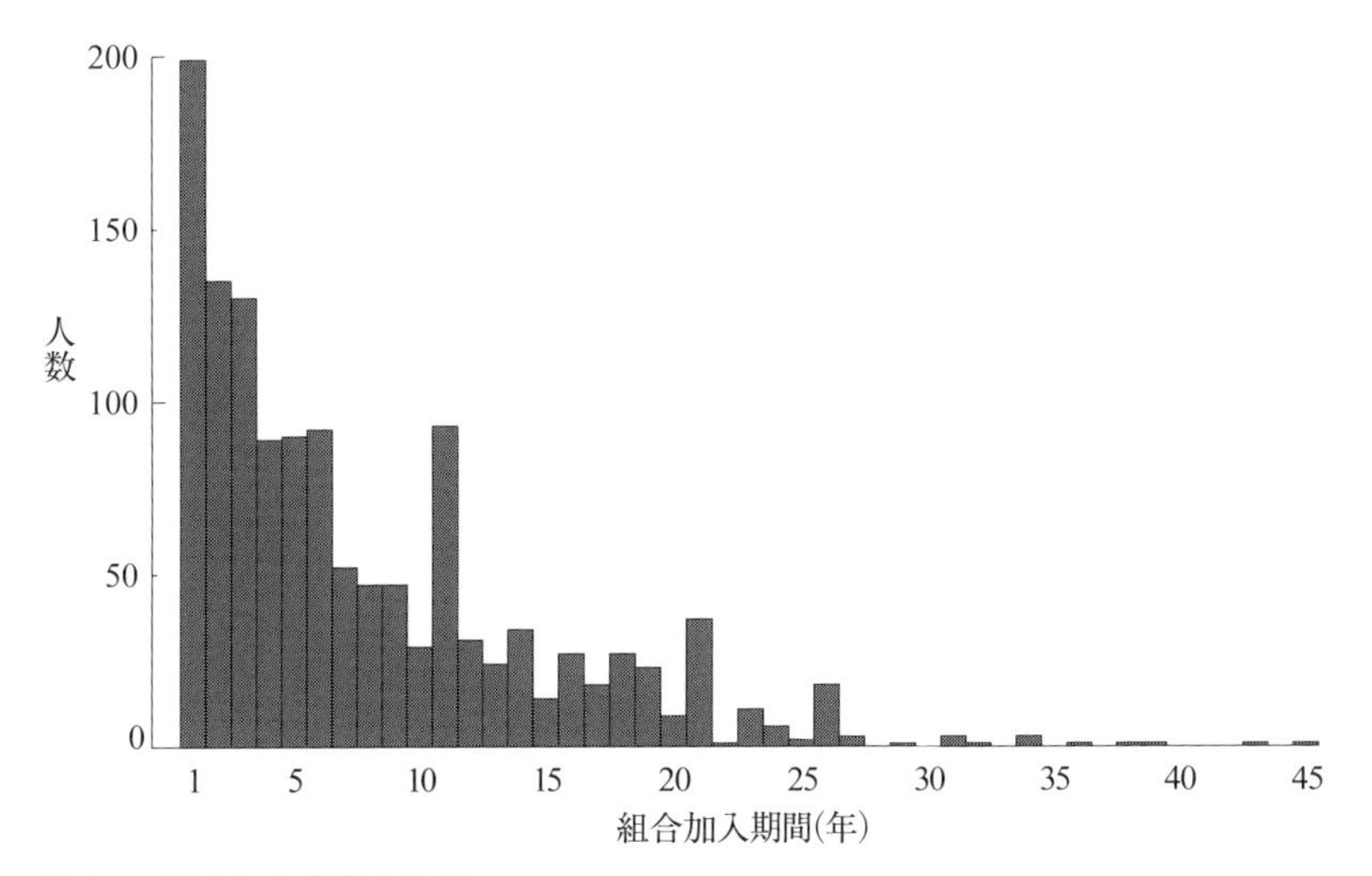

図3-1　組合加入期間の分布

表 3-1　組合加入期間（6 区分）の構成比

	%	累積 %
1 年未満	15.3	15.3
1 年以上 2 年未満	10.4	25.7
2 年以上 3 年未満	10.0	35.7
3 年以上 5 年未満	13.8	49.4
5 年以上 10 年未満	20.5	69.9
10 年以上	30.1	100.0
人数	1301	

表 3-2　職場分会所属の有無と組合加入期間（通算月数）

	平均値	標準偏差
分会所属あり	95.3	89.1
分会所属なし	78.0	77.3

表 3-3　今後の参加意思

	%
積極的に活動をしたい	28.1
積極的に活動はできないが加入は続けたい	64.7
自分の問題・事件が解決したらやめるかもしれない	3.4
やめるつもりでいる	3.9
人数	1311

●参加意思から見た参加者の構成

さて、このCUNN全国調査では、ユニオンの活動への今後の参加意思に関する項目を設けているので[★3]、最初に、その基本的な集計結果を確認しておきたい。まず、単純集計の結果は表3―3のとおりである。最も多いのは「積極的に活動はできないが加入は続けたい」（以下「加入継続」と略）で六割五分、ついで「積極的に活動をしたい」（以下、「積極」と略）三割弱、「自分の問題・事件が解決したらやめるかもしれない」（以下「解決待ち」と略）、「やめるつもりでいる」（以下「脱退見込」と略）がそれぞれ三～四パーセントとなっている。

ただし、「積極」グループには、そもそも組合への関心が高い人が多く含まれていることが推定され、組合活動への関心の高さは、今回のような調査への回答を促す方向に作用すると考えられる。したがって、今回の調査回答者の中における「積極」グループの比率は、参加者全体の中での実際の比率よりも高くなって

★1　本章では、「労働組合の組合員」と聞いたときに一般的にイメージされる人びとよりももっと多様な人びとがユニオンの構成員には含まれていることを意識して、ユニオンの構成員に関しては「組合員」ではなく「参加者」という語を基本的に用いる。ただし、組織の正式な構成員であるか否か、という点を重視する文脈では「組合員」という用語を用いることもある。

★2　調査の詳細については本書第一章を参照。

★3　質問紙での具体的な尋ね方は「あなた自身のコミュニティ・ユニオンでの今後の活動についてうかがいます。あてはまる番号一つだけに○をつけてください。」

いる可能性があることは念頭に置いておいたほうがよいだろう。また、本調査の対象者は「調査時点において組合員である」人であり、「かつて組合員であってすでに脱退してしまった」人は含まれていない。したがって、本章の分析における組合への参加意思グループ中の「解決待ち」「脱退見込」グループは、脱退する可能性がある／高い人であって、すでに脱退してしまった人とは異なっている可能性がある点については注意しておきたい。また、脱退をするつもりである、あるいは脱退するかもしれないという意向であるにもかかわらず調査に回答をしているという点で、「解決待ち」「脱退見込」といった意思を持っている参加者全体の中でも、所属している組合に対して相対的に高い関心（肯定的か否定的かはともかく）を持っている人達である可能性が高いことにも注意しておきたい。

また、この参加意思グループごとの年齢の分布などは表3―4のようになっている。「解決待ち」でばらつきが大きく、また、相対的に若い傾向にあることがわかる。「脱退見込」でもっと平均年齢が高くなっているが「積極」でもやや高齢であることがわかる。

ここで、「積極」「加入継続」について、年齢層（三区分）と組合加入期間の関係を示したのが、表3―5である。基本的には、年齢が高い人ほど加入期間も長いという関係がみられるのだが、その一方で、六〇歳以上の高齢層でも加入期間が短い人びとがある程度（二割前後）の厚みを持っている、と

表3-4　参加意思グループごとの年齢の分布

	10歳代	20歳代	30歳代	40歳代	50歳代	60歳代	70歳代	計	人数	平均値	中央値	標準偏差
積極	0.0	4.5	14.6	21.3	25.8	30.3	3.6	100.0	357	51.5	53	12.3
加入継続	0.1	5.4	15.3	24.8	33.1	19.5	1.7	100.0	815	49.5	51	11.4
解決待ち	0.0	13.6	18.2	22.7	27.3	18.2	0.0	100.0	44	45.5	45.5	13.8
脱退見込	0.0	3.9	9.8	29.4	29.4	25.5	2.0	100.0	51	52.1	53	10.7
合計	0.1	5.4	15.0	23.9	30.7	22.7	2.2	100.0	1267	50.1	51	11.8

いう点にも注意しておきたい。このことは、（たとえば創立時からのメンバーのような形で）組合に長年加入してきて組合の屋台骨となってきた中高年ないし高齢のメンバーがいる一方で、中高年ないし高齢者で比較的最近になって加入し担い手となっているメンバーもそれなりにいる、ということを意味してもいる。今回筆者がいくつかのユニオンに個別インタビューを実施した際には、定年退職者の経済的・時間的余裕や組合活動経験を期待して、そうした層の組織化を積極的に位置づけているユニオンもみられた。たとえば、関東地方にある茨城ユニオンでは、組合の「後継者問題」はいまのところないという。というのも、このユニオンでは、いわゆる団塊世代がリタイアしてから組合活動にボランティアで関わること、いわば「シニアパワー」を期待しているし、実際に現在では団塊の世代の参加者が多く、現書記長もそうした世代であるからだという（茨城ユニオン、二〇一三年三月五日）。また、栃木県のわたらせユニオンの場合は、「ここ（わたらせユニオン）はまだね、

表 3-5　参加意思（「積極」「加入継続」のみ）と年齢層（３区分）と組合加入期間

		3 年未満	3 年以上 9 年未満	9 年以上	計	人数
積極	45 歳未満	61.2%	21.4%	17.5%	100%	103
	45–59 歳	26.0%	29.9%	44.1%	100%	127
	60 歳以上	17.5%	30.8%	51.7%	100%	120
	計	33.4%	27.7%	38.9%	100%	350
加入継続	45 歳未満	45.0%	37.3%	17.7%	100%	249
	45–59 歳	36.7%	31.5%	31.8%	100%	371
	60 歳以上	20.4%	32.9%	46.7%	100%	167
	計	35.8%	33.7%	30.5%	100%	787
合計	45 歳未満	49.7%	32.7%	17.6%	100%	352
	45–59 歳	33.9%	31.1%	34.9%	100%	398
	60 歳以上	19.2%	32.1%	48.8%	100%	287
	計	35.1%	31.8%	33.1%	100%	1137

〔地元の〕地区労とつながっているから、地区労の加盟組合の〔組合員であって〕定年になった人たちがね、これはもう〔組合活動〕経験者だから、次〔はユニオンに〕入ってくださいよって、こういうことがまだ可能なんですよね」という〔わたらせユニオン、二〇一三年八月二三日〕。こうした組織化の方針もまた、「積極」層の年齢構成に影響を与えているものと考えられる。

●参加者になる理由

では、参加者は何をきっかけにユニオンに加入しているのだろうか。まず、加入契機〔複数回答〕の最も細かい区分での単純集計結果は、表3―6の通りとなっている。最も多いのは「雇用や職場の問題がおきたときにそなえて」〔以下「そなえ」と略〕としての加入で、およそ三割の人が挙げている。他に「職場に労働組合がなかったから」も一八パーセントの人が挙げている。労働問題に関するものとしては、「パワーハラスメント」「解雇」「退職強要」「低い賃金のベースアップ」「職場のいじめ」「賃金未払い」などが目立つ。他方で、「社会をよくしたい」「自分が活躍できる場を求めて」など社会運動的関心に基づく理由も一割前後の人が挙げている。

ただ、これだけではカテゴリーが細かすぎて傾向の把握がしづらいため、加入契機のうちのいくつかをまとめた変数を表3―7のように作成してみた。具体的には、「解雇」「退職強要」「賃金未払い」などの典型的な労働問題のいずれかを挙げた場合を「労働問題①」、職場における人間関係が特に関係するタイプの労働問題である「セクハラ」「パワハラ」「いじめ」「ジェンダー問題」のいずれかを挙げた場合を「労働問題②」、「そなえ」を挙示した場合を「保険系」、社会運動的関心などに関連する「社会をよくしたい」「自分の活躍の場を求めて」「労働運動への興味関心」のいずれかを挙げた場合を便宜的に「社会系」としている。また、

表 3-6　加入契機（小区分・複数回答）

	人数	%
解雇	229	17.5
退職強要	181	13.8
退職できない	12	0.9
賃金未払い	106	8.1
低い賃金のベースアップ	167	12.8
降格・減給	113	8.6
昇格・昇給の差別	84	6.4
配置転換・出向	73	5.6
労災	52	4.0
長時間労働	86	6.6
休みがとれない	66	5.0
セクシャルハラスメント	35	2.7
パワーハラスメント	244	18.7
職場のいじめ	119	9.1
社会をよくしたいため	171	13.1
自分が活躍できる場を求めて	104	8.0
既存の労働組合に不満を感じていたから	115	8.8
職場に労働組合がなかったから	237	18.1
雇用や職場の問題がおきたときにそなえて	395	30.2
ユニオンショップ協定	32	2.4
組合員の知人の勧め	23	1.8
仲間を支援	20	1.5
労働条件への不満	37	2.8
ジェンダー問題	4	0.3
労働運動への興味関心	7	0.5
結成時からのメンバー	7	0.5
その他（自由記述なし）	30	2.3
その他（分類不能）	24	1.8
有効ケース数	1308	

※％は有効ケース数に占める割合

「労働問題①」「労働問題②」のいずれかあるいは両方を挙げたものを「労働問題」としている。

ここで、このまとめた加入契機を挙げた割合を一覧にしたものが表3―8である。「労働問題」を六割の人が挙げている一方で、「保険系」も三割の人が挙げている。

さらにこれらの加入契機と参加意思との関係を一つの表にまとめたものが表3―9である。「社会系」挙示者では「積極」の割合が際立って高く、五割弱となっていることがわかる。加入の段階で社会運動的な関心を持っていた人たちは、組合員となって以降も、組合活動に積極的に関与する意思を持ち続ける傾向にあるとも言えようか。

加入契機についてさらにまとめてみよう。福井祐介は、先に触れた組合員への質問紙調査の結果から、コミュニティ・ユニオンの組合員に「問題解決志向型加入」と「労働問題予防型（保険的）加入」という二つの類型があることを指摘している（福井、二〇〇二）。そこで、加入契機として「労働問題」「保

表3-7　加入契機をまとめた変数

	労働問題		保険系	社会系
	労働問題①	労働問題②		
該当する項目	解雇 退職強要 退職できない 賃金未払い ベア(賃金ベースアップ) 降格減給 差別 配転出向 労災 長時間労働 休めない 労働条件への不満	セクハラ パワハラ いじめ ジェンダー問題	そなえ	社会をよくしたい 自分の活躍の場を求めて 労働運動への興味関心

表3-8　加入契機を挙げた割合（複数回答）

	人数	%
労働問題挙示	792	60.6
労働問題①挙示	721	55.1
労働問題②挙示	291	22.2
保険系挙示	395	30.2
社会系挙示	253	19.3
有効ケース数	1308	

※%は有効ケース数に占める割合

表3-9　加入契機と参加意思グループ

	積極	加入継続	解決待ち	脱退見込	合計	人数
労働問題挙示	26.8	64.0	4.5	4.7	100.0	770
労働問題挙げず	31.0	64.4	1.6	3.0	100.0	503
合計	28.4	64.2	3.4	4.0	100.0	1273
労働問題①挙示	26.4	64.5	4.4	4.7	100.0	702
労働問題①挙げず	31.0	63.7	2.1	3.2	100.0	571
合計	28.4	64.2	3.4	4.0	100.0	1273
労働問題②挙示	30.2	61.8	4.2	3.9	100.0	285
労働問題②挙げず	27.9	64.9	3.1	4.0	100.0	988
合計	28.4	64.2	3.4	4.0	100.0	1273
保険系挙示	26.4	68.7	1.8	3.1	100.0	383
保険系挙げず	29.3	62.2	4.0	4.4	100.0	890
合計	28.4	64.2	3.4	4.0	100.0	1273
社会系挙示	47.4	50.2	1.2	1.2	100.0	247
社会系挙げず	23.9	67.5	3.9	4.7	100.0	1026
合計	28.4	64.2	3.4	4.0	100.0	1273

険系」をそれぞれ挙示しているか否かによって、四つの加入型を設定した。具体的には、「労働問題」は挙示しているが「保険系」は挙げていないもの、つまり「そなえ」のためではなく、すでに直面している労働問題の解決を企図しての加入の側面が強いものを「労働問題型」、逆に、「保険系」を挙げているが「労働問題」は挙げていない、つまり「そなえ」としての加入の側面が強いものを「保険型」、両方を挙示しているものを「複合型」、「労働問題」「保険系」いずれも挙げていないものを「その他型」とした。この四つの加入型の単純集計が表3―10である。「労働問題型」が最も多く五割弱、「複合型」が一七パーセント、「保険型」がおよそ一三パーセント、「その他」が二割強となっている。

また、この加入型と「社会系」の挙示・非挙示との関連を見たものが表3―11である「労働問題」「保険系」のいずれも挙げていない加入型である「その他型」においては、「社会系」挙示率が五割強と際立って高いことが分かる。[★4]「その他型」の半数程度は、自身が直面している労働問題の解決や備えといった目的ではなく社会運動的関心に基づいて加入したケースであると見てよいだろう。

表3-10　加入型（4区分）の単純集計

	%
労働問題型	47.3
複合型	17.0
保険型	13.2
その他型	22.5
人数	1308

●ユニオンへの参加を続ける理由・離れる理由

それでは、ユニオンの参加者は、どのような理由でユニオンへの所属を続け、あるいは離れていくのだろうか。CUNN全国調査では、「加入継続」者の「継続理由」、「解決待ち」「脱退見込」者の「脱退（しようと考えている）理由」も尋ねている。まず、継続理由の単純集計結果は表3―12の通りである。最も多く挙げられているのは、もしものときの「そなえ」で、七割にのぼっている。次いで「ユニオンの活動を支援し続けたいから」が四割、「ユニオンの人たちとの関係を大切にしたいから」が三割五分という順になっている。

表 3-11　加入型（４区分）と社会系の挙示・非挙示

	社会系挙示	社会系挙げず	合計	人数
その他型	52.7%	47.3%	100%	294
労働問題型	5.8%	94.2%	100%	619
保険型	18.5%	81.5%	100%	173
複合型	13.5%	86.5%	100%	222
計	19.3%	80.7%	100%	1308

表 3-12　「加入継続」者の継続理由（複数回答）

	人数	%
雇用や職場の問題が起きた時にそなえて	585	70.7
ユニオンの人たちとの関係を大切にしたいから	303	36.6
ユニオンの活動を支援し続けたいから	334	40.4
労働者であれば加入は当然だから	156	18.9
共済組合に加入しつづけたいから	36	4.4
その他	22	2.7
知識の向上	4	0.5
ユニオンショップ協定があるから	5	0.6
助けてもらったから	4	0.5
有効ケース数	827	

※%は有効ケース数に占める割合

自分の安心感だけでなく、ユニオンの支援や他の参加者との関係維持といった、ゆるやかな連帯への意志もまた加入継続の動機づけとなっていることがうかがえる。

また、「解決待ち」「脱退見込」者の脱退理由は表3―13の通りである。最も多く挙げられているのは「組合費を払う余裕がないから」で四割、次いで「高齢になったから」二割強、「家事や介護、育児が忙しいから」「問題が解決できそうにないから」「活動場所が遠いから」がそれぞれ一五パーセント程度となっている。

では、「解決待ち」や「脱退見込」の人は、ユニオンに加入したことにどのような意味があったと認識しているのか。表は省略するが、「解決待ち」または「脱退見込」の人がユニオンで得られた成果として挙げたもの（複数回答）では、直接の労働問題の解決や向上に関する成果については、「なし」と答えた人が（有効ケース数八三ケース中）四七・〇パーセントと半数近くを占めた。[★5] しかしながら、労働問題以外の面での成果として「安心感」（有効ケース数七四ケースの五六・八パーセント、以下有効ケース数は同様）や「労働者としての権利意識」（四四・六パーセント）、「労働問題についての専門知識」（二三・

表 3-13　「解決待ち」「脱退見込」者の脱退理由（複数回答）

	人数	%
問題が解決できそうにないから	14	15.4
いまの自分の職場には特に問題がないから	10	11.0
組合費を払う余裕がないから	39	42.9
ほかの組合員との付き合いが面倒だから	9	9.9
自分の考え方とユニオンの考え方が合わないから	10	11.0
活動場所が遠いから	13	14.3
高齢になったから	20	22.0
家事や介護、育児が忙しいから	15	16.5
その他	12	13.2
有効ケース数	91	

※%は有効ケース数に占める割合

○パーセント）、「問題関心」（一八・九パーセント）、「尊厳の回復」（一六・二パーセント）、「（日本人の）仲間」（一三・五パーセント）、「人間としての成長」（一二・二パーセント）などが挙げられていた。

●参加者にとってのユニオン

ここまで、ユニオンへの加入期間、ユニオンの活動への参加意思、加入理由や継続理由、脱退の理由などに注目しながら、ユニオンがどのような人びとによって構成されているのかを見てきた。その概要をまとめてみよう。

組合活動への積極的な参加意思を表明しているいわば積極層には、〝働き盛り〟の人だけはなく、高齢の人びともある程度の厚みを持って含まれている。また、こうした高齢参加者の中には、現役労働者時代から長年にわたって組合員としてユニオンを支えてきた人がいる一方で、定年リタイアを契機として新たにユニオンに加入し、ユニオン以外での過去の（地区労など）組合活動経験などを武器に新たに支え手になった人びとも含まれている。このことは、ユニオンが、現役労働者の連帯と相互支援の場であるだけでなく、労働者・

★4　「その他」型の人が「社会系」以外に挙げた加入契機の主なものは、「既存の組合に不満」や「職場に労組がない」、「ユニオンショップ協定〔労働組合が使用者に対し、労働組合に加入しない労働者や、労働組合から脱退した・除名された労働者を解雇するよう約束させる協定〕」などであった。

★5　そもそも加入時に喫緊の労働問題を抱えてはいなかった人や解決待ちである人の場合は労働問題に関する「成果」は「なし」になりやすい点には注意しておきたい。

元労働者の世代を越えた連帯の場、さらには運動経験の継承の場としての側面も持っていることを示唆している。

加入の契機や、加入継続の理由などに注目すると、ユニオンが持つこうした広汎な社会的連帯の場としての側面はより明確になる。労働組合が労働者の諸権利を守るための組織である以上、自身が直面している労働問題の解決や、労働条件の悪化に対する備えを目的としての加入が多いことは当然といえば当然のことであるが、他方で、「社会をよくしたい」や「活躍の場を求めて」といった加入理由も一定の割合を占めていた。また、活動への積極的な参加まではできないが加入継続を希望する人びとの継続理由でも、「問題への備え」のほか、ユニオンの活動の支援やユニオンの人たちとの関係のように、やはり連帯を志向するような理由もそれなりの厚みを持っていた。また、今後ユニオンを離れていく（かもしれない）「解決待ち」「脱退見込」層に対しても、ユニオンは、安心感や労働者としての権利意識や専門知識の獲得などを成果としてもたらしてもいた。

さて、先程述べたように、現在のユニオンは、現役労働者だけでなく、定年退職者のように支援者的な位置づけの参加者によっても支えられている。そのこと自体は、ユニオンという労働組合のある種の豊かさでもある。しかしながら、そうした人びとも、加齢によりいつかは組合活動からもリタイアしていく――今回の調査でも、高齢になったことを脱退の理由に挙げる人が一定程度いたように。そこで次の節では、ユニオンの次代の主要な担い手となりうる、相対的に若年の参加者の特徴について少しだけ考察しておきたい。

３　新たな兆し

参加者全体の中では相対的に若年層にあたり回答者のおよそ三分の一を占める四五歳未満の参加者はどのような特徴を持っているのだろうか。まず、性別については、四五歳以上の層と比べて大きな違いはない（表3―14）。また、ユニオン活動への参加意志についても、「解決待ち」がやや多くなっているものの、「積極」「加入継続」の割合に大きな違いはない（表3―15）。

他方、ユニオンへの加入理由（表3―16）では、ハラスメントなどの「労働問題②」（前節参照）や労働条件悪化への備え（「保険系」）を挙げる割合が高くなっている一方、「社会系」を挙げる割合は相対的に低くなっている。こうした傾向は、参加意思「積極」層に限定して（表3―16の下段）比べてみても変わらないものの、四五歳以上の世代との差はより大きくなる傾向にある。つまり若年層では、自身が直面する労働問題の解決の必要性をより切実に感じてユニオンに集うようになってきていることが推測される。

今回の調査は経年調査ではないため、どのような人びとがユニオンの担い手になっていくのかについての動的な分析まではできないが、これらの結果は、ユニオンの担い手の中で、労働問題に直面している当事者の比重が増していく可能性を示唆してるのではないだろうか。

４　連帯の多様なかたち

以上、本章では、ユニオンの参加者への調査の分析を中心にみてきた。冒頭でも述べたように、一企業内にとどまらず、また、正規・非正規という雇用形態にかかわらず個人でも加入できるコミュニティ・ユニオ

表 3-14　年齢層と性別

	男性	女性	合計	人数
45 歳未満	54.2	45.8	100.0	406
45 歳以上	57.1	42.9	100.0	893
合計	56.2	43.8	100.0	1299

表 3-15　年齢層と参加意思

	積極	加入継続	解決待ち	脱退見込	合計	人数
45 歳未満	26.9	65.3	5.3	2.5	100.0	398
45 歳以上	28.8	63.9	2.6	4.7	100.0	869
合計	28.2	64.3	3.5	4.0	100.0	1267

表 3-16　年齢層と加入理由（複数回答）

		労働問題①挙示	労働問題②挙示	保険系挙示	社会系挙示	有効ケース数
全体	45 歳未満	57.3	27.3	35.9	14.1	396
	45 歳以上	55.0	20.7	27.0	22.1	864
	合計	55.7	22.8	29.8	19.6	1260
「積極」層のみ	45 歳未満	61.7	30.8	36.4	22.4	107
	45 歳以上	47.5	21.7	23.0	38.1	244
	合計	51.9	24.5	27.1	33.3	351

ンは、必然的にその内部に多様な参加者を擁するし、また、その参加者と組合との関わり方も多様となる。本章での分析を通じて浮かび上がってきたのは、まず、ユニオンが現役労働者・定年退職者という世代をまたいでの社会的な連帯の場になっているという事実であった。そこでは、労働問題に直面してユニオンに加入する人びとと、かつての自身の運動経験などもふまえつつそうした人びとを積極的に支えようとする人びとが協同する姿をうかがうことができた。そしてまた、ユニオンのそうした活動は、必ずしも積極的には動けなくともユニオンを応援したいという参加者の人びとによっても支えられていることを確認することができた。

他方で、これまでユニオンを支えてきた世代がさらなる高齢化により次第に退出しつつあり、代わって、より切実な労働問題を抱えてユニオンに入り、また積極的な担い手になりつつある人びとがいることも明らかとなった。こうした変化がどこまで深化していくのか、また、そのことによってユニオンが参加者に対して果たす役割がどのように変化していくのかについては、今後の課題としたい。

コラム　プライドと生命をまもるたたかい

「Fight For 15（時給一五ドルのために闘う）」という労働者の闘いがアメリカで二〇一二年から始まった。ユニオンみえの神部紅は、「ファーストフードグローバルアクション」に参加した体験を「第二九回コミュニティ・ユニオン全国交流集会・in ふくおか」で報告した。二〇一五年にはブラジルに二〇か国超のファーストフード労働者が集結した。SEIU（国際サービス従業員労組）の責任者はファーストフードのマクドナルドのフランチャイズの方法を「Cannibal Capitalism（人を食い物にする資本主義）」と批判している。そして、このような労働者の運動は業界をまたいだ広がりを見せているという。

神部の報告を受けて各地のコミュニティ・ユニオンのメンバーからは、「最低賃金の地域格差の問題」、「最低賃金以下の時給五〇〇円だけど会社がつぶれると仕事がなくなる」、「月六〇時間残業しても手取り一七万円」、「毎月の収入が変動する」、など生活できない低賃金と長時間労働、不安定雇用を訴える切実な声が次々と上がった。

かつて鎌田慧は『自動車絶望工場』〔講談社文庫、一九七四年〕で、トヨタの「期間工」として働いた体験をもとにトヨタの「苛酷な労働環境」を告発した。その三三年後、鎌田は「トヨタ絶望工場」は、日本の労働者ばかりか、世界各地の労働者に悪影響を与えると危惧し、そのトヨタという会社とそれに従属するだけの労働組合が「世界の労働者の人生を豊かにしようと考えるわけはない」〔『いま、連帯をもとめて』大月書店、二〇〇七年〕と言い切っている。

また、二〇一八年六月、働き方改革関連法が、残業時間規制の上限を「月一〇〇時間未満、複数月の平均で八〇時間」として、高収入の一部専門職を労働時間規制から外す「高度プロフェッショナル制度」の導入も盛り込んで成立した。そのきっかけともなった広告大手「電通」の社員で二〇一五年末に過労自殺した高橋まつりさんの母幸美さんは、「命より大切な仕事なんてありません」と訴えている。

労働環境は、非正規、正規を問わず、さらに業種・職種を問わず劣悪さを増幅させ、貧困は量的・質的に拡大している。「あんなに大事そうにおにぎりを持って食べている子どもを初めて見ました」とゼミの学生が、学習支援のボランティア活動で出会った子どもの様子を話していた。二〇一七年に発表された子どもの貧困率は一三・九パーセントであり、七人に一人が貧困であるという。なかでもひとり親世帯の貧困率は五〇・八パーセントであり、全国の約二八〇万人の子どもが貧困状態にある。夏休みになると痩せるという子どもたちや週五日アルバイトをしながら高校に通う学生たち、「ブラックバイト」に苦しむ大学生も多い。

一九世紀のイギリスの作家チャールズ・ディケンズは『オリバー・ツイスト』〔一八三七―三九〕で「キャラコの古着を着せられると、オリバーははっきり烙印をおされ、たちまちにして救貧院の孤児となった」「いやしい、いつも空き腹をかかえている苦役者――どこへ行っても打たれ、蹴られ――みんなから蔑まれ、誰からも不憫をかけてもらえない――へ落ちてしまったのである」とロンドンの貧困を小説に描いた。この烙印の押された救済は、支払い労働、貯金、慈善、家族や友人（の援助）など他の方策が尽きた時に、最低限のセーフティネットを提供するというものであった。救貧法は一六世紀から二〇世紀前半の歴史の産物である。改正救貧法（一八三四年）当時のロンドンでは人口の三割が貧困ないし欠乏状態であり、その原因は低賃金と不規則な労働であることをチャールズ・ブースが明らかにしている。

救貧法の時代のイギリスでは、児童労働はごく普通のことであった。子どもたちは紡績工場で一日一四、五時間、時には一六時間も働かされていた。その状況を改善しようと、ロバート・オウエン（一七七一―一八五八）は九歳未満の労働禁止、一六歳未満の一二時間以上労働を禁止した工場法（一八一九年）の成立に大きく貢献した。一八三四年にはそのオウエンの指導で「全国労働者組合大連合」が組織された。オウエンが創設したニュー・ラナーク（New Lanark）の紡績工場では、当時約二五〇〇人の労働者が働いていた。その労働者の多くが、ディケンズが描いた救貧院出身者たちだったという。オウエンは、労働者が相互に協力し、協同の関係にたつ社会を創ろうとした。

改正救貧法から一五〇年後、サッチャー政権下、一九八四年から一九八五年に炭鉱労働者たちがストライキを起こした。失業寸前で貧困に陥った彼らの労働組合運動に対して、レズビアン・ゲイの活動家たちが街頭でバケツを持ちカンパを募った。彼らは、「炭鉱夫支援同性愛者の会」（ＬＧＳＭ）と名乗り、「炭鉱労働者が虐げられる状況は同性愛者と同じだ」と訴え、彼らの支援によって炭鉱労働者のストライキが成功し、サッチャー政権を揺るがした。この事実をもとに製作された『ＰＲＩＤＥ』（邦題は『パレードへようこそ』）という映画が二〇一四年にカンヌ国際映画祭クィア・パルム賞を受賞した。この受賞は、炭鉱労組とＬＧＢＴとの連帯が炭鉱労組のたたかいを成功させ、炭鉱夫とＬＧＢＴのプライドを守ったことが大きな感動を呼び起こした結果である。当時の炭鉱夫の苛酷な労働環境とＬＧＢＴへの露骨な差別と偏見に満ちた社会において、彼らの連帯はまさに尊厳と生命をまもるたたかいであった。そしてそのたたかいは、今日の雇用環境の劣悪化、貧困の拡大のなか、今なお求められている。

「Fight For 15」は、公民権運動の延長だと言われ、労働組合は、女性、移民、宗教、そして退職者やゲイのグループと一緒になってたたかっている。神部は、ファーストフード業界は多額の利益を上げているにもかかわらず、多くの労働者はアメリカの貧困政策であるフードスタンプやメディケイド（低所得者向け医療保険制度）に頼った生活に陥っていると指摘し、日本でも年収二〇〇万円が得られない労働者、働いた分の賃金さえ支払われないブラックバイト、ケアワーカーやダンサーたちは自分たちの思いが社会に届かないと感じているという。

今、日本各地にアメリカで生まれたフードバンクが広がっている。しかし重要なのは食べものがあることではない。人間は生きるために食べるが、食べるために生きているのではない。プライドと生命を同時にまもるたたかいは、世界で、そして日本で広がりつつある。

（朝倉美江）

II コミュニティ・ユニオンがつくる公共圏

COMMUNITY UNION

第4章 たたかいの技法、たたかいのリアリティ
——ユニオンの組織化

文 貞實

1 ローカルなユニオン運動の戦術

ユニオン運動は、既存の労働組合運動の周辺で、流動化した労働者の異議申し立てに応答し、社会を変えようとする動きからはじまった社会運動のひとつである。

一九九〇年代以降、日本においては、グローバル経済下での国際競争へ突入するための急速な政治改革と規制緩和がすすむなか、正社員のリストラ、非正規労働の拡大に対抗する役割を担うべき企業別労働組合、既存の労働運動は停滞していた。そのようななかで、現実的な対抗軸として存在感が増したのは国境を越えた反グローバリズム運動のような大きなうねりだけではない。[★1]国内では、むしろ、ローカルな場所からさざなみのように生まれたユニオン運動が、新自由主義経済体制の描く世界に対して「ノー」という自由を希求

する運動として登場していた。

序章で述べたように、日本国内のローカルな労働運動における「ユニオン」という名称は、コミュニティ・ユニオン、地域ユニオン（連合）、ローカル・ユニオン（全労連系）など「地域に基盤をおき、企業を超えて、労働者を組織化する個人加盟を原則とした地域合同労組」（大原社会問題研究所、二〇一〇、四〇頁）を基盤に設立されたものを中心に使用されてきた。したがって、個人加盟を原則としても、地域の中小企業の労働運動の系譜から企業別支部や職場分会を組織化するユニオンが多い。しかし、近年は、労働市場の分断化・個人化に呼応する管理職、派遣などの職位、性別、エスニシティ、若者、学生など社会的属性別に組織化する文字通り新しいスタイルの個人加盟ユニオンが相次いで設立されている（橋口、二〇〇一；小谷、二〇一〇；伊藤、二〇一三）。

そのようななかで、今日のローカルなユニオン運動の組織化の特徴として重要だといえるのは、どんな小さな案件でも、相談にきた労働者の声に耳を傾け、職場での理不尽な扱いに対して一緒に怒り、不当労働行為とたたかうということである。実際に、相談者の声に耳を傾けた結果として、既存の産別や企業別組合の労働運動と比べて、「個別紛争解決」能力の高さが評価されてきた（呉、二〇一一）。

そうですね。だから共通しているのは、組合運動やってきている人というのはわりかし人とのコミュニケーション、人の話を聞く。相談員として、人の話を聞くとかですね。そういうことは比較的、積み重ねてきているので。じゃあ話を聞いてもらって、じゃあその次どう組み立てていくかというのは、また集団的に議論していくということですよね。電話なんかの場合は、受けるのは個になる。こっちも個人になるから、そこで個々人が人の話を聞くという、そういうものがひじょうに大事になるわけで。

じゃあそのあと会社にどうするかというときは、個々じゃなくて集団的にどうしようか、という議論になってきますから。そこはお互いに全ての能力を持ってなくていいわけで、お互いに議論して進めばいいけども。とっかかりのところは、やっぱり人の話を聞いて理解するという姿勢と、優しさといいますかね。〔ユニオンネットおたがいさま書記長の筆者インタビューノート（二〇一三年一〇月二〇日）より〕（傍点は筆者）

戦後の労働組合は、労働相談を出発点に相談者の職場での組合づくりや、団体交渉、職場環境の改善のために職場分会・支部を組織化するという目標を掲げ組合運動を展開していた。★2 しかし、現実には、個人加盟ユニオンの場合、相談者の多くは、職場で孤立しており、問題解決後、離職しユニオンから離れていくケースが少なくない。コミュニティ・ユニオンの設立時に調査研究した高木によれば、もともと、ユニオン運動

★1　反グローバル運動のなかで、先進諸国が推し進める自由主義経済政策に抗議し、サミット・プロテスト（抗議行動）に結集したのは、目的もイデオロギーも異なる国際的NGOから社会運動集団、市民団体、多様なマイノリティ帰属集団、反グローバルや反貧困、反原発運動などをテーマに活動するローカル／グローバルな団体から個々のばらばらな人びとであった。サミット・プロテストという集合的なグローバルなネットワーク化した社会運動に参加する人びと、個々人の「動機」は、ローカルな社会運動においてと同じように重要である〔矢澤、二〇一六、三一九頁〕。なぜならば、参加する人びと／組織の運動の「動機」が明確でなければ、社会運動として捉える必要がないためである。

は、組合員の流動性をある程度想定しており、「それぞれの組合員が自発的に組合と触れ合う部分」があれば、ユニオンとしての目的は達成されているという組織論を展開している。もちろん、この場合、「ユニオンの中心に活動家の存在があり、その周辺に数百人の組合員、過去から未来に組合に関わる数千人の地域の人々の存在があるという条件つき」の組織論がユニオンの特徴であると指摘する〔高木、一九八八、一三三頁〕。

近年、社会運動論の研究においては、社会運動を構造的に捉える資源動員論から、誰が運動に参加するのか、参加に至る過程や動機の解明に焦点をあてたミクロ分析が注目されてきた。一方、運動継続の理由や運動への動員が個々の組合員／メンバーの経験、活動家／リーダーたちの意味づけや、そこから生成される「集合的アイデンティティ」に結びつく点を重視するフレーム分析や、異議申し立ての意味を発見する運動の文化的研究に主眼をおく社会運動論の研究がトレンドといえる〔Tarrow, 1998=2006：野宮、二〇〇二：西城戸、二〇〇八〕。

しかし、どのようなアプローチであっても、出発点は、誰が運動（あるいは運動的なるもの）に参加するのか。どうして参加するのか。どのような状況で、何にむかって異議申し立てをするのかを明らかにすることである。

本章では、先行研究が指摘するように、ローカルなユニオン運動の組織化の特徴を踏まえながら、具体的には、労働者の「声」に耳を傾ける技法、それがどのようなたたかいの技法になっていくのかに注目する。ローカルなユニオン運動における「ローカル：local」の語源は、ラテン語の「場所の：locus」である。それが「地方の、地方特有の、局地的・局所的な」の意を表す。転じてみると、ローカルなユニオン運動という場合の「ローカル」は、一九八〇年代、ユニオン運動が各地で展開したとき、仕事の場であり生活の場である地域社会で地域の人びとを支える地域労働運動というローカルな性格を内包していたのが、今日では、労働市場の周辺にいる個人を組織化し、局地的／ローカルなたたかいを展開する公共空間の意味を帯びてきている。

２　ユニオン運動のたたかい方

●声に耳を傾ける

〔……〕耳を傾けることは単なる情報収集の道具ではないということ、あるいは相談の欄にチェックを入れるようなことではないということです。〔……〕積極的に耳を傾けることによって生まれるのは、

★2　ここで、戦後の日本の労働組合運動と限定していうのは、企業別組合運動をさしている。日本における企業別労働組合は、西欧のクラフト・ギルトやクラフト・ユニオンの歴史を継承し同業・同職集団の「労働社会」を基盤に組織化されていった産別労働組合とは異なる。戦後、日本の労働組合は企業別組合として、「工職差別撤廃」し、昇給経路の平準化した「職能給」が広がった結果（ブルーカラーのホワイトカラー化）、労働組合と企業が対峙することなく、新卒社員は昇進コースへ進み、管理職、経営者へと昇進するコースがうまれた。その結果、本来的な社会運動を意味する人びとを動員する「差別に対する怒り」が後退し、サラリーマン化した正規労働者中心の企業別組合活動に転換していったと指摘される〔二村、一九九四、七一―七二頁〕。

たとえそれが一時的なものであっても新たな社会関係であり、究極的には新たな社会なのです。〔Back, 2007=2014: 13〕

一九八〇年代以降、各地で相次いで結成されたコミュニティ・ユニオンは、結成当時から、①労働組合を必要とする層の組織化（女性労働者や中小零細事業所の労働者）、②解雇や離職をしても地域を生活基盤とする層が加入できる労働組合をめざし、③彼ら彼女らの生活課題に向き合い「相談」「助け合い」「交流」を重視した活動を各地で展開することで、④個々のユニオンが水平的なネットワークを結ぶ協力体制をとり、⑤将来的には産別組合への組織化の可能性も視野にいれた地域労働運動の展開をめざすものであった〔小畑、一九九三〕。一九八〇年代当時、各地のユニオン運動は、地域のなかの中小零細事業所の労働者など、労働組合を必要とする層の組織化をめざしていた。一九九〇年代以降は、とくに、労働市場の再編・流動化のなかで、初職から労働組合のない職場でずっと働いてきた若年層や派遣・パートなど不安定就労層の組織化に力点をおいていく。

〔自治労で〕ずっとパートの問題を担当してたんですよね。〔……〕一九九五年ぐらいかな。そのあたりから、何か変わってきたなというのはね、感じたんですよ。前はね、不安定ながらも正規のほうに吸収していけるね、正規の労働者にしていかんといかんので。いわゆる安定雇用、長期雇用を前提にした年功序列型の、いわゆる日本型経営といわれたような仕組みの中で働けるような人にしていくというかね、そういう方向でずっとやってきてたんですけれど。それがどうもうまくいかない。なんでやろ、なんでやろ、と思いながら、いろいろなところで顔出して。ユニオンにも参加して、ユニオンの全国交流会かな、東京へ行ったんが初めやったと思うけど。ああ、こういう運動もあるんやなというのがあって。〔……〕いわゆる僕らにすれば、安定して一つの会社で働くというのが、そういうのが労働者やというのがね。労働者の本来のあり方やというのがずっと頭にあったんで。しかしそうやないんやと、もう時代は。そういうところから、いわゆる不安定なままで労働者として頑張っていけるような組織。あるいは解雇されても闘っていけるような、解雇されてもというのが非常に大きかったですね。〔……〕ですからパート、不安定な雇用でどんどん会社を変わりはる人も、いわゆる解雇になって。いま仕事はないけども、そういう権利を主張していけるような場みたいなのがほしいな、そういう仕組みがほしいなと思ったときに、このユニオンに出会ったんでこれをやろうと思って。〔……〕」〔はりまユニオン書記長の筆者インタビューノート（二〇一三年一一月一五日）より〕（傍点は筆者）

今日の雇用不安な時代、どのような働き方であっても、職場で理不尽な思いをする層が増えている。働き方はアルバイトや派遣なのに〝店長〟といわれ、長時間働き、正社員であっても休日なしの連続勤務が当たり前のように横行している。多くの人びとが、働くなかで、直感的に何かが間違っていると気づいていても、何が間違っているのか、その責任は誰にあるのかを問わないまま、個々の労働者の責任ではなく、労働者の多くが不安定な働き方をする背景にある「構造的不正義」〔Young, 2011=2014〕に気付かないふりをすることで耐えてきた。それが、突然、その何かが間違っていると気づいた瞬間、人びとは動き出す。そのような人びとにとってのユニオンは、「失業」（解雇・雇止め）を契機に文字通りに「社会」から放り出され、無力さや絶望、怒りから周囲を見回し、労働基準監督署や弁護士事務所などに相談にいき、断られ、断られ、断られ、最後にたどり着く場所である。ユニオンは誰も耳を傾けない彼女ら彼らの声に耳を傾ける場所であり、文字通り様々なかたちで連帯を追求する場といえる。

　そこで、はじめて自分たちの話を聴いてもらい、応援してもらい、会社とたたかう。最初の労働相談における、「話す／聴く」という個別の行為を出発点に、次に、「たたかい」という集合的な行為へ進む運動のなかで、ユニオンメンバー間でのアクティブな関係がうまれていく。

　具体的には、ほかのメンバーの団体交渉、抗議行動、裁判傍聴に参加するだけでなく、新年会や学習会、レクリエーション行事などをとおした日常と運動の実践が結ばれていくといえる。


　だから基本的に相談スタッフも、交渉スタッフもたくさんいてるわけじゃないんですけど。やっぱりユニオンというのは団体というか組織やないですか、直接その相談者と関わって話し聞いたりとか、一緒に動くっていうメンバーはかぎられてるわけなんですけども。〔……〕いわゆるそういう何人かのメンバーとの付き合いじゃなくて。ユニオンのほかのメンバーも応援してる、っていうふうな実感をいかに持ってもらうかね。だからそのためにレクリエーションがあったりとか、学習会やってたりとか、飲み会とか、忘年会とかで、そういうのを定期的にやったりしてるんやけど。そういうところにやっぱり来てもらうとか、そういう中でやっぱり相談者が普段対応している人だけやなくて、こんな人がいてるんやというかたちのでね、組織的な付き合いになっていったときは、やっぱり定着率が高いのかなと、そういう感覚はありますよね。〔あかし地域ユニオン委員長の筆者インタビューノート（二〇一三年一一月一一月一六日）より〕

では、地域のなかでの各ユニオンの活動で、労働相談というユニオンへの「入口」をとおして、未組織の労働者に対してどのような組織化のあり方と、どのようなユニオンの運動スタイルが求められているのだろうか？　この疑問に対して、二つの視点から答えを探っていく必要があるだろう。具体的には、各ユニオンの多様な組織化戦略と個々の組合員のユニオン運動への意味づけ／リアリティの形成である。

●多様な組織化戦略

オルグ活動は、ひとがひとに働きかけ、働きかけた相手のひとを組織化するという活動であるだけに、人間の活動のなかでも、もっとも人間臭の強い活動のひとつである。そうであるだけに、オルグ活動は、従来のオルグにあたるひとの個人的な経験や勘或いは洞察などといった極めて私的な日常体験の積み重ねとして発展してきた。（村田、一九八二、一頁）

村田が指摘するように、ユニオンの組織化は、個々の労働者の日常的な体験、「個人的な経験」や「体験」がユニオン運動のなかで戦略化することをいう。そこで、現在のユニオン運動の組織化戦略について以下で整理する。

①ハビトゥスの利用

ここで、ローカルなユニオン運動の組織化／たたかい方の技法を整理すると、ひとつは、職場の「外部」にある制度（「労働行政制度」）を活用するもの[★3]があげられる。多くのユニオンが労働基準監督署・労働委員会を活用するたたかい方を実践しており、その結果、地域の中でのユニオンの存在感を高め、労働者の組織化に役立てており、交流集会や学習会でその方法を共有化している。もうひとつが職場の「内部」（なかまをつくる)を活用するものである。具体的には、現業職の労働者が集まる喫煙室で声をかけながら、組合結成のための人数を増やしていった組織化の事例では、管理職は禁煙者が多いのに対して、現場労働者は喫煙者が多いという労働者のハビトゥス〔習慣。階級間で異なる日常行為や経験の中で蓄積される性向・習慣(ブルデュー)。身体技法(モース)のこと〕を利用した技法がある。[★4]

最初に、未払い残業手当、長時間労働の相談に来た。もっとほかのひとは? 次の週に五人、また次の週に一〇人〔……〕倍々で相談者が増えた。この会社は消防車を作る会社で、ほとんどの従業員が現業職。二〇代の若者中心。仕事は好きだが、労働時間に不満はあったが、どうしょうもないとあきらめていた人が多かった。そこで、喫煙室でひとり、またひとりと声をかけて仲間を増やしていった。[★5] 事務職は喫煙してないから。〔札幌地域労働組合書記長の筆者インタビューノート(二〇一二年一一月二日)より〕

そのほかに福祉施設、清掃事業など女性の多い職場でカラオケという趣味(労働者のハビトゥス)をとおした女性労働者の組織化もある。各地のユニオンが、地域の労働行政の特徴を踏まえ、かつ労働者の働き方や趣味に働きかけながら、ユニークな組織化の戦略を採用しているといえる。

最初の相談段階では、組合つくる相談でないから、絶対無理と思っている。人がやめて欠員ででも、人を増やさないから人手不足で困るという相談からはじまっていろいろでてくる。絶対無理というならやってみようと思う。「組合をつくったら解雇」という念書をとられているから、逆に、面白い、やれると思った。とくに、女性の介護職の女性たちは、井戸端会議、カラオケ〔……〕コミュニケーションが多いから、組合つくるとき、それがパワーとなる。強さを発揮する。男性の場合、我慢して、我慢し

★3　たとえば、神奈川シティユニオンの資料によれば、神奈川県内の労働委員会申し立て全事件の中で神奈川シティユニオンの申し立て割合は二〇一一年六二パーセント、二〇一二年五七パーセント、二〇一三年四五パーセント、二〇一四年五六パーセントも比率を占め、労働委員会に特化した労働問題の解決方法を活用していることがわかる〔二〇一四年第二六回コミュニティ・ユニオン全国交流集会の資料より〕。

★4　札幌地域労組の書記長の話によると、高齢者施設の介護職員の組織化のケースでは、最初は、職場処遇の改善の相談だけだったのが、相談内容を聞いて、ユニオン側が「組合、つくれないかな」というと、「いいや、いいや、絶対無理です」「絶対つくれない訳があるんです」という、「私たちは、実はこの会社に就職した時に組合をつくりませんって念書を取られてます」という話が出てくる。「そんなの、うそだよ。だましたんだよ」っていうふうに説明する。労働相談のなかで、日常の生活について聞いていくなかで、それよりも、「みんなでカラオケ、行ったり、居酒屋、行ったりするの?」。いろいろ話を聞いていくうちに、だんだんと、カラオケなど職場の仲間うちのネットワークの存在が見えてきて、そこから団結していくことで、仲間を増やす組織化の取り組みが可能となっていったという。

★5　消防車を製造するT自動車（札幌）の労組結成過程での労働者のハビトゥスを活用した事例。

て自殺に追い込まれる深刻なケースでも〔……〕。〔札幌地域労働組合書記長の筆者インタビューノート（二〇一二年一一月二日）より〕

②　フェイスブック

また、移住労働者の組織化の技法として、フィリピン人労働者のフェイスブック利用の高さを踏まえてユニオンの情報伝達に活用する動きもある。ユニオンみえのフィリピン人組織SPUの結成に際して、またその後の会社側との交渉においてフェイスブックをフル活用している。

〔ユニオンが結成される前〕いままでは、日本人のラインリーダーは自分たちを低く見ていた。〔ユニオンができて〕態度がコロッと変わった。職場にハラスメントがたくさんあった。たとえば、五月の新入社員のオリエンテーションのとき、SPUメンバーははいってはけないと会社側が言ってきた。これからは、誰が、いつ、何を言ったかきちんとメモしないと、会社と交渉していけない〔……〕昨日、GL〔人材派遣会社〕の社長と話したとき、新入社員にもSPUの説明をする約束をしてきたばかり〔……〕何かあるとグループ内のフェイスブックにどんどん書き込みしてくようにしている。〔ユニオンみえ・SPUのリーダーの筆者インタビューノート（二〇一二年七月二六日）より〕

③　メディア

また、組合結成や活動においては、マスコミの記者会見が大きな役割を果たす。

東部労組の地下鉄売店運営会社の再雇用問題を争うはじめてのストライキ――東京の地下鉄の売店で働く

非正規の彼女たちは、仕事前や仕事を終えた時間に各駅の売店にビラを配り、隣駅の売店で働く組合員と仕事が終わった時間に、狭い売店内でしゃがみこんで話し合うことをとおして、とにかく、はじめての組合作りに取り組んだ。そしてストライキというなかで、「不安で、不安でしょがなかった」という。記者会見では、はじめて自分たちの職場の問題を外にむかって話すことで、ツイッターで「いいね」を七〇〇〇件もらい、社会のなかで彼女たちの味方をつくっていった。

もう、私たちは、ほんとにその準備期間も無かったし、とにかくもうね、本当にギリギリ、もう必死でやって、当日を迎えて、あの、なんとか終わってってね。何やったかわかんなかった感じですよ、正直言って。それをたまたま私たち運が良くてね、その初めてのときに記者会見をやったんですよね。誰も来なかったんですよ。記者、記者会見に。ほとんどがらがらで、ほら、組合なんて人気無いじゃないですか。それで、あの、その時にたまたまＪＲも風が強くて止まっちゃったりして。本当にね、ええと、Ｓさん〔新聞記者〕、私たちが組合を立ち上げたときから注目してくれて記事にしてくれたりしたから。その人と、あとはレイバーネットの人たち。私たち、その時、レイバーネット知らなかったんですけど、レイバーネットの方が二人来てくれて。で、ほんとにね、スカスカのね、記者会見だったんですよ。でも、時間通り始めて。少人数の、来てくれた方たちが、いろいろ質問してくれたんですよ、私たちに。私たち、それに答えたんですけど、結局、私たち初めて自分たちの職場の問題を、外の人に聞いてもらえたんですよ。すごく嬉しかったですね。その時に、最後に、こう、じゃあ、って、ガンバローっていって、みんなで写真撮ったのがさっきの写真なんですけど、すっごくみんないい顔してるんですよ。あんなにがらがらだったのにね。そしたらそのレイバーネットの人たちが、その日一日、行動を共にしてく

れたんですよ。[★6]〔メトロコマース書記長の筆者インタビューノート（二〇一六年八月一五日）より〕

④　団体交渉

また、「労働相談」にきた当事者は、自分自身の「団体交渉」のみ参加するのではなく、ほかのユニオンの仲間の「団体交渉」や裁判に参加する。新規加入の組合員を団体交渉にどんどん参加させていくことで、運動の経験をつませ活動家をつくる方向がある。今回の「CUNN全国調査（二〇一三―二〇一四年）」の結果でも、組合員の活動内容（団体交渉）の回答結果をみると、「参加している」が三〇パーセントという回答結果であった（本書「単純集計表」問8―2）。この参加団交の中身としては、聴き取り調査の知見によれば、自分自身の職場の団体交渉だけでなく、ユニオンの仲間の職場の団体交渉への参加も含まれていることがわかる。個人加盟ユニオンだからこその活動といえる。

もともとの加入のきっかけは、家内のパワハラ問題。それが解決したとき、委員長から自分たちの苦しみ、他の人も体験しているから、他のひとのためにやってみないかと誘われる。出来る範囲でやっていこうと思った。現在の活動の中心は団体交渉。とにかく苦しんでいるひとの側で闘いたい。勝たないといけない。正義が勝つのはうそで、勝ったほうが正義なんだと思う。でも、正義感だけでは勝てない。団体交渉で主導権をにぎっていかないといけない。〔岐阜一般労働組合の組合員への筆者インタビューノート（二〇一二年五月二五日）より〕

⑤ ネットワーク

二〇一八年現在、コミュニティ・ユニオン全国ネットワークのなかには、北海道ブロック（五ユニオン）、東北ネットワーク（四ユニオン）、首都圏ネットワーク（二〇ユニオン）、東海ネットワーク（六ユニオン＋一四団体）、関西ネットワーク（一三ユニオン）、兵庫パート・ユニオンネットワーク（一四団体）、中国・四国ネットワーク（四ユニオン）、九州ネットワーク（六ユニオン）というようなかたちで、各地のユニオンのネットワーク化がすすんでいる。

個別問題への対応から本社企業への抗議活動、ユニオン全国同時アクション（最低賃金引上げ運動）、ユニオン非正規春闘、全国一斉ホットライン、厚生労働省交渉などの取り組みや派遣法改正への国会への要望まで

★6　全国一般東京東部労組メトロコマース支部は、東京の地下鉄の駅売店で働く女性非正規労働者の労働組合として、二〇〇九年三月八日結成。売店数は八一店舗あり、雇用形態として、正社員、契約A、契約Bと賃金や労働時間、福利厚生において差別待遇がある。もともと売店の仕事が、地下鉄職員の寡婦のための就労機会を提供する目的ではじめられたので、現在働いているひとたちの多くが中高年単身女性、シングル・マザーであり、彼女ら家計維持にとって賃金ベースが低いという問題を抱えていた会社である。業務のスリム化のなかで、二〇一五年からコンビニチェーンと業務提携をスタートさせ、現在、契約Bの社員たちはリストラ対象となっている。組合結成時の契約社員B型が一一一名で、組合は六名でスタート。このときのストライキはのちにＤＶＤ化される。

多様な取り組みを、個別の小さなユニオンが水平的なネットワークとして共闘する「たたかい方」を実践している。[★7] これは既存の労働運動とは違うユニオン運動の特徴だといえる。この地域横断的なネットワークの取り組みは、ユニオン組織のない、いわゆる各地の「白地域」をカバーする役割も大きい。

そのほかに、地域のなかでのネットワーク化の取り組みとしては、ホームレス支援のＮＰＯなどと連携して「生活保護」申請などの取り組み（連合熊本ユニオン）や、個別の組合員の障がい者雇用の支援に特化する形でユニオン活動を維持しながら、ユニオンを中継点に地域内の障がい者運動と連携強化をおこなうネットワーク化（北摂地域ユニオン）もある。それぞれのユニオンの規模は小さくても、トータルでみたら数千人になるようなユニオンのネットワーク化の取り組みは、ユニオン運動の社会的なプラットホームとしての役割を示すといえる。

ユニオンの特徴？「誰でもはいれる労組」、「多様性」。多様な活動ができる。メンバーもさまざま。職場もさまざま、労使協定の問題も対応がさまざま。一人ならひとりのたたかい方、二人ならふたりのたたかい方がある。それがつながっていく〝連帯の中の多様性〟みたいなものをめざすたたかい方がある。ひょうごユニオンにとっては、ユニオン同士のつながりも、ユニオンメンバー個々人のつながりも同じ比率で重要だと思っている。課題も多い。職場のなかでの組織化が難しい。みんな仕事や職場で孤立しているから。だからこそ、地域のなかでつながることが大切で、集まる場所が大事になっている。〔……〕地域のなかに小さいユニオンをたくさんつくるのが理想。〔財源問題、世話役、他の労組との上下関係などめんどうなこと多いが〕自分たちでやることが大事だといえる。〔はりまユニオン書記長の筆者インタビューノート（二〇一三年一一月一三日）より〕

これらの組織化の技法の新しさは、既存労働運動や強固な組織をもつ社会運動とは異なる、まったく個別の異なった指向性や運動戦術をもつユニオン運動の新しい社会運動としての側面を示しているといえる。そもそも社会運動としての性格を有するからこそ、ユニオンの組織化の〈技法〉が多様であり、団体交渉や行政への異議申し立てやメーデーデモからはじまり、労働者である自分だけでなく、労働者にもなれない／労働者をやめた個々の人びとをもサポートする運動（障がい者雇用の支援、生活保護申請、メンタル問題への対応など）にもなっているのだといえる。

一方で、多くの労働者が職場で孤立している。正社員の場合でも、転職経験の多いひとは職場に同僚や友人を得ることが難しい。そのような彼ら彼女らにとって、ユニオンは、労働者として認められない存在、非正規・フリーター、学生、失業者など不安定な自分に意味を与える場所となる。たとえば、組合員のなかには職場や社会から排除されて、孤立して、なかまをつくれないひともいる。職場で同僚がいない、労働争議には義理で参加するけど、ユニオン内にもなかまをみいだせない組合員もいる。それでも、組合員だからこそ、ユニオン事務所に集まり、雑談し、食事をして、労働相談をして、ときには団体交渉もする、という日常の延長上でゆるやかなユニオン活動をおこなうことができる。たとえ、職場やユニオンにおいて友人をつ

★7　コミュニティ・ユニオン全国ネットワーク第二九回全国総会資料（二〇一七年一〇月七日、八日、福岡市で開催）より。

くれなくても、ユニオン運動に参加することで、「ひとり」でも生きて・たたかうことが可能となる。むしろ、今日、ユニオン運動に参加する個々の労働者にとっては、ユニオンはこの「生きて」いく〈技法〉を習得する場所としての意味が大きいといえる。ユニオン運動は、たとえ、なかまがいなくても、一人でもたたかう、たたかい方を実践する運動だからである。

ひとりでも〔ユニオンに加入できる〕、というのが僕は一番。自分はそういうね、自治労というような日本で一番大きな組合でずっとやってきたというのがあって。そこで息苦しさみたいなものがあったんで、〔ユニオンだと〕それは一番思ってるんですけどね、なんか多様なことができるといいます〔……〕メンバーも多様だし、たたかい方も多様なたたかい方ができるし、その人その人に合ったね。そうでしかないですし、ひとりは一人のたたかい方があるし。ですから、職場に労働組合をつくらんといけないという意見もね、ユニオンの中であるみたいですが。それとか、やっぱりそれはつくれば、職場でたとえば必ず三六の問題〔労働基準法第三六条規定〕とかね、労使協定の問題とか、なんとかいろいろなかたちがあるけど。でもそうできない立場の人がいっぱい困ってるやないですか、だけどそれは、ひとりやったら一人のたたかい方ができるし、ふたりやったらふたりのたたかい方ができるし。〔ユニオンの〕そういうところはひじょうに魅力を感じるというんですかね、それはなくしたくないな、っていうふうに思っていますけど。〔はりまユニオン書記長の筆者インタビューノート（二〇一三年二月一五日）より〕

●ユニオン運動の〈意味づけ〉

次に、組合員にとってのユニオン運動の〈意味づけ〉について検討してみよう。今日のユニオンは、労働組合という存在すら知らなかった世代、声をあげる機会をもてなかった女性労働者、移住労働者まで、多様な人びとが日常的な生活のなかで、個別の問題をきっかけにしてユニオンに関わり、メンバーになって自分の問題を解決するツールを手に入れる場所である。組合員のなかには、自分の問題が解決したら去っていくひともいる。逆にユニオンに踏みとどまるひとも少なくない。では、とどまる人びとは誰だろうか？　その違いはなんだろうか？　ということを考えてみたい。そこでまず、現在のユニオン運動に関わる人びとのユニオンに対するリアリティの基底が何かを検討する。

今日、労働市場の再編過程が加速化するなかで、雇用フロー化（労働者の選別・配置）は集合的な「労働者階級」を「彼」や「彼女」へとバラバラに解体し、不安な個人を生み出す過程である。バラバラな個人が、労働問題に直面し、せっぱつまった状況のなかでユニオンにたどり着く〔文、二〇一二〕。だからこそ、今日のユニオンが従来の労働組合活動とは異なる場になるのは、運動そのものが個人化した労働者と向き合っている表れであるからである。労働争議に参加しない、団体交渉もしない、それでも年に一回の総会に顔をだし、ユニオンで知り合った仲間の顔を見にくるひと、あるいはユニオンで運動のノウハウを学びながら活動家になるひと、労働者の権利など多くのことを学ぶことが新鮮でユニオンの事務所に集う若者たち、それぞれが様々な目的からユニオン運動の公共空間に集うといえる。

①　運動経験者の〈意味づけ〉

かつての学生運動、市民運動世代の人びとにとってユニオンは自分たちの運動経験を生かす場であり、運動の経験や思想的なもの、具体的な運動方法をユニオンで実践する場でもある。既存労働組合のなかで組織的に労働組合活動を学ぶ場が脆弱化しており、原発事故など社会問題として争点化している事柄にナショナルセンター〔労働組合の全国中央組織〕が取り組めない現状で、労働運動の文化や運動のノウハウの蓄積が失われることへの危機感をもつ世代がどのように次の世代に運動文化を伝えていくかが課題となっている。既存の労働組合運動のなかで場所や資源を活用することができないなら、ほかの場所や資源を活用しようと考えるのは当然だといえる。とりわけ労働運動の文化の継承という面からいえば、「運動文化を伝える人と受け取る人が存在して初めて意味をもつ。〔……〕「運動の学校」という「学舎」をどのようにつくり、「生徒」をどのように巻き込んで、「教師」が何を伝えるのか。その方法論（＝「しかけ」）は運動の現場で異なる」〔西城戸、二〇〇八、二七八頁〕と指摘されるように、具体的に、ユニオンでは、学生運動世代や労働運動の経験者たちが、若いメンバーと出会い、ユニオン（＝学舎）という新しい経験の場をとおして運動文化の継続の必要性を訴える。

　ユニオンの専従者は、いろいろカラーはあるけど、多くは、学生運動から職場や労働組合に入った、地区労働運動の中で、青年運動をやってきた。ひとつの価値観の転換をされたひとたちがユニオン運動を担ってきた。〔コミュニティ・ユニオン全国ネットワーク事務局長の筆者インタビューノート（二〇一二年九月一八日）より〕

　ＢＧ会〔ババ＆ジジ会〕は、昼間の学習会のこと。一〇人から一二人ほどが参加している。労働法の勉強会や食事会をする集まり。現在の専従四人はＮＴＴ労組、国労〔一九四六年結成された国鉄労働組合、国鉄分割民営化後も組合組織名は残っている〕、郵政労組〔一九四六年に結成された全逓信従業員組合が二〇〇七年に全日本郵政労働組合（全郵政）と統合して、現在では日本郵政グループ労働組合（ＪＰ労組）へ〕、日教組〔一九四七年に結成された日本教職員労働組合〕などの出身者でコアメンバーに六〇歳代が多いのは、年金生活だからユニオン活動ができる。二〇〇七年、リーマン・ショック前後の頃、きちんと今起きていることに向き合わなければいけないという思いから二〇〇七年一二月ユニオンを設立した。労働運動の経験者だから、労働相談は個人的に上手。相談は個別対応となるが、行動は集団でおこなうのが原則〔……〕なぜ、リタイアしたいま、ユニオン活動をするか？　それは、歴史を前に進める生き方をしたいから。アベノミクスの流れを止めるために。〔ユニオンネットお互いさまの書記長の筆者インタビューノート（二〇一四年二月一〇日）より〕

② 若者にとっての〈ユニオンの意味付け〉

序章で言及したように、二〇〇〇年代以降、ユニオン運動のニュー・ウェイブが起きている。では、このニュー・ウェイブを作り出す人びと、ユニオン運動に新たに参加する人びととの運動をめぐるリアリティが何であるかを考えてみよう。まず、その前に、一般的な「社会運動」の定義を踏まえておく。社会運動論の研究において「社会運動」の定義は、「複数の人びとが集合的に、社会のある側面を変革するために、組織的に取り組み、その結果、敵手・競合者と多様な社会的な相互作用を展開する非制度的な手段を用いる行為である」〔道場・成、二〇〇四、四頁〕と説明される。実際のユニオンの参加者が意識的にこのような運動のあり方や思想を理解し実践しているかどうかをここでは問題にしない。むしろ重要なことは、ユニオン運動に参加する人びとのリアリティが「社会運動」の性格を帯びている点である。

たとえば、若者の労働運動を分析してきた橋口によれば、「労働／生存組合」を名乗る「働くことを絶対視しない居場所」としての非正規・フリーターなどの「若者の労働運動」は、「矛盾に満ちた運動」である。「労働者」としてのアイデンティティや労働規範を共有せず、階級意識もない若者たちを惹きつけるために、「青年」や「フリーター」「プレカリアート」などの集合的アイデンティティを形成し、多くの組合員を獲得している。しかし同時に、多様なアイデンティティをもつ組合員間で葛藤も生じている。このように、不安定な若者たちにとっては、「労働者」アイデンティティを基盤に団結することが困難であることこそが「若者の労働運動」の特徴であり、この運動を運動たらしめているものである。〔橋口、二〇一一、二九八頁〕

この若者の労働組合の特徴は、そのまま、今日のユニオン運動の公共空間としての特徴に重なる。なぜならば、ユニオン運動は社会を変えようとする動き、あるいは、新たな運動の方向を模索する動きのなかから生まれる運動であり、既存の労働組合運動の組織モデルに統合されない葛藤と矛盾をかかえた未完の運動、いまだ運動と位置づけられない「運動的なるもの」〔長谷川・町村、二〇〇四、一五頁〕の社会空間を生成しているからである。

この間の筆者のユニオン調査によれば、一九九〇年代以降の労働市場の再編・流動化のなかで、学校をでた初職の時点から労働組合のない職場でずっと働いてきた人びとや、派遣やパートなど不安定な生活・労働しかしらない人びとが、派遣切りや労災、職場のパワハラなど理不尽な状況で追い詰められ、せっぱつまった状況でユニオンにたどり着くケースが少なくない。「アルバイトや派遣なのに〝店長〟といわれ、長時間働く」、「有給もなしの連続勤務や突然の解雇など自分の働き方がおかしい」、「しんどいというのはわかるが、どのようにその労働問題を解決していいのかわからない」。また、多くの人びとが直感的に何かが間違っているると気づいていても、何が間違っているのか、その責任は誰にあるのか、個々の労働者の責任ではなく、労働者の多くが不安定な働き方をする背景にある「構造的不正義」〔Young, 2011〕に目をつむってきた。

それが、ユニオンをとおして、自分たちの疑問が「わたしや、誰かが居住の不安や仕事の不安にさらされている立場に置かれているのは正しいことなのか」〔Young, 2011 = 2014 : 66〕という社会化されていく瞬間から、おかしいことをおかしいといっていいんだ、自分を責めなくていいんだ、ちゃんと休んでいいんだ、ちゃんと働いた分だけ給与をもらっていいんだ、と主張できる。ユニオンで経営者や社会にむかってちゃんと責任を問うための団体交渉ができる。そのための「武器」がユニオンである。かれら彼女らは、ユニオンを「なんか変な世のなかとたたかうツールであり、息をして生きていく武器」と位置付けている。

結成時〔二〇〇四年頃〕の一五名のメンバーは、労働者としての自己像をもてない、社会的にも労働者として位置づけられない層〔学生、フリーター、外国人など〕が学習会したり、メーデーのイベントを企画したりしたのがスタート。非正規が増え、派遣や請負などなんだか世の中に「不安定さを生きるひとたち」が増えている。単に不安定だから、かわいそうでなく、自分らで活動できる領域をもつ。意味づけられる活動をできないか。もともと職場を起点にはじめた組合ではない。自分らの問題に取り組むために「労組」というツールを発見した。〔……〕「プリカリアートのたくらみのために」スローガンのもとメーデーやったり、集会参加したら、原宿でのサウンドデモで渋谷警察に逮捕される〔デモに参加したコアメンバー〕。このままつぶしたら申し訳ないと、二〇〇六年に再結成しきちんと労働組合の体制をつくろうということになった。しかし、労働相談というより、「労働運動」「労働組合」がやりたいひとが集まった。「貧乏人の運動」をやりたいひとたち。自分の労働問題でないけど、サポートしたいというひとたちが集まった組織。既存の労働運動の流れが断ち切れて、「労働運動アレルギー」が減少し、市民運動では成果は望めない時代、非合法な時代に突入しているからこそ、いまだから、「やられたら、やりかえせ」。労働運動で会社とたたかえば、成果を得られる。会社を追いつめられる。だから、何もしらないなかでスタートして、労働相談がきたら、そうですねと話だけきいて、帰して、判例を調べて対処するなんてことやっていた。〔……〕享楽主義的な労働組合だったのが、だんだんとフリーターの電話相談をこなしてくなかで、労働運動らしい個別紛争処理、解雇事案などに対処していくようになって

いった〔……〕。〔フリーター全般労組・共同代表、第五回科研研究会での報告（二〇一三年八月三日）より〕

社会のなかで生きているということは、その社会のメンバーとして隣人と雑談する公園やコミュニティ文化を継承する祭り、子育て世代は子どもたちを介した親密圏、正社員なら「職場」というような帰属する場所をもつことをさす。消費者ならショッピング・モールという快適な空間を手に入れているだろう。それらの「公共的な」空間や親密圏は、隣人をもたない不安定居住の単身者や安定的な職場をもたない非正規労働者や失業者を、隣人や家族、同僚がいない存在、「何ももたない」存在として締め出している。今日ではあるべきはずの「私たちの場所」がないという不安がひろがっている。ここでいう「私たち」という集合的アイデンティティは、必ずしも「労働者アイデンティティ」のような規定されたものとして存在するのではなく、たとえば、ユニオンに「集まって」「労働法の勉強会する」「食事会をする」「労働相談をする」という日々のユニオン活動の社会的な行為・実践のなかで日々生成される。

若者支部〔パチンコ店、サービス業〕に力をいれている。月二回の定例会、月一回の学習会、裁判傍聴活動など定期的に集まる。月一回の学習会と飲み会は集まることで〝居場所〟をつくる目的でやっている。加入のきっかけはバラバラ。アルバイトでも、非正規でも有給や残業手当があることを学習会で知るようになる。そのうち、団体交渉でもしゃべれるようになる、電話当番もやるようになる。〔……〕ユニオンが〝一時的な団結〟の場になればいい。何か課題があるときわっと集まって取り組むスタイル。〔なかまユニオン執行委員長の筆者インタビューノート（二〇一二年八月一日）より〕

彼ら彼女らが、従来の労働運動でないユニオン運動、さらにはユニオン運動でない運動をする理由は、労働者として認められない存在、非正規・フリーター、学生、失業者などもやもやしていた自分の存在に意味を与えることである。たとえば、組合員のなかには職場で友人がいないひと、争議は義理でいくけどユニオンにも仲間をみいだせないひとも含めて職場や社会から排除されて、孤立して、仲間をつくれない存在もいる。それでも、組合員だからこそ、ユニオン事務所に集まり、雑談し、食事をして、労働相談をする、ときには団体交渉もするという日常の延長上でゆるやかなユニオン活動をおこなうことができる。ユニオン運動をすることで、今日もなんとか生きていける彼ら彼女らがそこにいる。そして、こうしたユニオンに集まる人びとの生活世界へユニオン活動が浸透することこそが、今日のユニオン運動のリアリティといえる。

この点について、クロスリーが「社会運動における「運動」とは、私たちの日常生活を形づくっている諸々の習慣――そこには言語的習慣や家庭内での基本的習慣も含まれる――の変容」〔Crossley, 2002＝2009：22〕を意味するものだと指摘するように、社会運動としての性格をもつユニオン運動においては、ユニオン活動に参加する人びとの日常が変化し、その先に社会の変革を目的とする抗議運動が生成される社会空間の可能性が生まれていくといえる。

３　声を聴くことのさきに

今日、社会全体を包囲するような圧倒的な資本主義の「大きな壁」や「構造的不正義」〔Young, 2011＝2014〕の前で立ち止まり、ぶつかり、途方にくれながら、それでもその「大きな壁」に少しずつ亀裂をいれるような小さなたたかいが生まれている。誰もがその「大きな壁」の前でまるで自分が存在しないかのようにふるまうなか、何かを感じて叫んだり、その壁にぶつかったりするとき、その存在を訴えるような叫びが届く場所が、ここでとりあげたユニオンだとしたら、次に、その場所にたどり着いた人びとは、誰もが自問するだろう。わたしには何ができるのだろうかと。

とりあえず、ユニオン運動のメンバーは、相談にきたひとの声を聴くことからはじめる。それから、動き出す。いったん動きだしたユニオン運動はとまらない。たとえば、民間企業を相手に国内初の「セクハラ労災」裁判をたたかった女性ユニオン（北海道ウイメンズ・ユニオン）の場合、「やめない！　負けない！　あきらめない！」というスローガンに、崖っぷちの状況でも「勝つまで負けない」「退職に追い込まれても、たたかいをやめない」という意味をこめた。では、どうしてやめないのか、たたかいを続けるのかといえば、北海道ウイメンズ・ユニオンの書記長いわく、最初は「一人でない」という支えられているという感覚と仲間がいるという感覚が大きかったという〔筆者インタビューノート（二〇一三年九月二〇日）より〕。そこから、実際に、「今度は支える側にならないと、恩返ししないといけない」というような責任を背負う気持ちをもつようになる。しかし、その気持ちだけでは運動は持続しない。

今日のユニオン運動を考えると、はじめに人びとの異議申し立てがあり、その先にある目的にむかって、ユニオンに加入し、活動し、たたかう。その瞬間、新しい社会運動が生まれるといえる。社会運動である以上、社会変革が目的だといえる。社会的不正義を是正すること、具体的に、派遣法悪改正に反対、同一労働同一賃金の実現など個別の闘争目標もあるだろう。そして、社会運動の目的にむかって動くための〈技法〉を身に着けなければならない。

先述の北海道ウイメンズ・ユニオンの書記長は、まずは、たたかいを学ぶために、各地のユニオン交流会や支援運動に顔を出すようになる。その過程で、ユニオン運動における新しいたたかい方の意味を知る。

それは、自由を否定する全体主義運動を考察したアーレントの言葉を借りるなら、「世界を変え、そのなかで何か新しいことを始める自由」〔Arendt, 1969=2000：4〕を手に入れるために「動く」ことをはじめなければならないということだ。

　そういうふうに、それこそ一つ、一つ勉強だったんですね。あちこちで勉強するほど、こうやってたたかうんだ、こうやって発言していけば、相手はそこを突いていけばことばに窮したりとか、こっちがこの法律を知っていれば追及していけるんだというのが一つ、一つあって。そうしたら最初はやっていくうちに、何か自分の問題解決したら、ほかの人のお手伝いができれば、ぐらいに思っていたんですよねそうしたら、〔……〕そんな自分の問題解決したらお世話になったところに恩返しぐらいの気持ちだと続かないよ、っていわれて、ユニオンまわしていくぐらいのさ、って元気ないとさっていわれて。たしかにそうだよな、お世話になったから恩返しじゃ続かないかもと思って。それでやっていくうちに、本当に楽しくなって。〔北海道ウイメンズ・ユニオンの書記長の筆者インタビューノート（二〇一三年九月二〇日）より〕

また、別のユニオンの書記長は、職場で三度、労働組合をつくったが、その度に切り崩しにあい、裏切られ、組合を潰された経験者であるが、それでも、最後にもう一度、新しい職場でユニオンを立ち上げる。かれがユニオンを立ち上げた理由は、職場や社会で抑圧されている労働者の声をしっかり聴く場所がユニオンであり、そのような労働者を抑圧する社会にむかって異議申し立てするたたかいを展開する／自由を手にいれるために、職場の外でも一人でも加盟できるユニオンを立ち上げたのだといえる。自由を手にした瞬間、一人のたたかいも、仲間とのたたかいも「面白い、楽しい」ものになる。自由をもたない苦しいたたかいは持続しないだろう。おそらく。

面白いし、楽しい。それはひとり、ひとり立ち上がったらね。こうやりなさい、ああやりなさいっていわなくてもね、ああこの人ってこんなことをいわれるかたなんだと。はっきりいうしね、ひとり、ひとり秘めているところがある。ただそれはいろいろな圧力の中で抑えている、それが発揮できない社会的な圧力。でも労働組合というようなことで、私も組合づくり三回やって二回失敗して、やめるんですよ、なかなか過半数いかない、あの部署の部分が一人もいないでつくるのはやばいとかって、ここはいま思いとどまろうといったら。ああもうこんな職場はいやだって、ばらばらと辞めちゃうでしょう、そうしたらまた、一から仲間づくりでしょう。で、二回やって、内部に内報者がいたりさ。で、そいつは出世したりね。三回つくったときに、初めて組合つくったときによかったね。よく、みんな立ち上がってくれたと。それがあるかぎりはね、やっぱり続きますね。やるときは、労組はやるんだなという。〔ユニオンくしろ書記長の筆者インタビューノート（二〇一四年一〇月一八日）より〕

4　社会につながる回路

今日の不安定な社会で、成功できるのはある特別な人間に限られるという。その「特別な人間」は三つの試練に耐えなければならない。一番目の試練が時間に関わる試練で、仕事を転々と、場所を移動しながら一時的な人間関係のなかで自分を律するもの。二番目の試練が才能に関わる試練で、能力主義に応じられる考え方・スキルを身につけること。そして、三番目の試練は、二番目の試練に関係するが、リストラや派遣切りで失った過去の職位や地位が現在の状況に何の保証も与えないことへの「諦め」。これら三つの試練に打ち勝つ人間だけが、現代の雇用流動化の時代と理不尽な社会を生き延びられるという〔Sennet, 2006 = 2008 : 11-12〕。しかし、私たちの周囲を見渡してみて、そんな「特別な人間」にはめったに出会えるものではない。現実は、多くの人びとが、三つの試練に耐える前にばらばらに労働市場の中に投げ出され、さまよい、もがいている。必死にもがくなかで人びとがたどり着く場所が「ユニオン／ユニオン運動」といえる。ユニオン運動の組織化は、ばらばらに分断された個人と個人をつなぐ回路であり、その個々人を社会につなぐ回路といえる。

なぜならば、彼ら彼女らにとってユニオンは自分の労働問題を解決するための技法を獲得し、場合によっては「生存」のためにたたかう最後の砦にもなる場所であり、一方で自分の問題を社会につなげ、新たな価値や創造を生み出すという社会運動の要件[★8]（対抗性／社会性）を帯びた社会運動の基盤となる場所だからである。

さらに、ここで指摘したい。ユニオンに集まる彼ら彼女らが、個々の労働者の日常的な体験や経験を出発点に、労働相談や団体交渉からはじまり、組合事務所に集まって、勉強会や食事会に参加するという日々の

★8　今日、社会運動の要件とは、①「社会問題」を認知させる機能を担うこと（対向性）、②多様な制度や文化、思想、価値を作り出すという社会のダイナミズムを維持する重要な役割（社会性）を果たすことと指摘されている〔西城戸、二〇〇八、一〇一一二頁〕。

ユニオン活動の社会的な行為・実践のなかでユニオン運動を意味付けることで、組織化の技法が日々生成されている。そこで、重要なことは、一緒にたたかう仲間が、同じ職場でなくても、ジェンダーが違っていても、エスニシティが違っていても、労働者であってもなくても、ユニオンを基軸にすることで、社会的に全く異なる経験や背景をもった人びとの間に複数の回路が生まれ、ユニオンという連帯を基盤とした社会運動の可能性が開かれることである。

第5章　東北地方のコミュニティ・ユニオンを支える基盤

山口恵子

1　コミュニティ・ユニオンと空間・場所

労働力の流動化や労働条件の悪化が進んでいる。非正規雇用は不安定で生活できるだけの収入の確保ができず、他方で正規雇用といえども長時間労働による過労死などのさまざまな問題が生じ、「「働きすぎ」と「働けない」の共存」〔熊沢、二〇〇七〕が進行している。こうした状況に抗し、改善していくはずの労働組合の組織率は、戦後より減少し続けている。しかし一方で、増大する非正規労働の状態も反映しつつ、個人加盟が可能なユニオンの役割が増し、活動が活発化している。

とりわけ二〇〇〇年代に入り、こうした個人加盟のユニオンに関する研究が蓄積されてきた。たとえば、コミュニティ・ユニオンの多様な社会的機能や意義に関する研究〔高木、二〇〇〇：福井、二〇〇三：呉、二〇一二〕、コミュニティ・ユニオンの紛争解決・予防の実態と経済的意義に関する研究〔呉、二〇一二〕、世代や性別、エスニシティなどの新しい統合軸を持った労働組合に関する研究〔橋口、二〇一一：小谷、二〇一三〕、それらを含めた個人加盟のユニオンに関する総合的な研究〔遠藤編、二〇一二〕などである。これらの研究の多くは、ユニオンの組織性や問題の解決方法、およびユニオンの役割などに焦点をあてており、その場所やローカリティ〔場所性、地域の個性〕は所与のものとされていることが多い。それは、「企業や産業ではなく地域に組織の基礎をおき、主として個人加盟の組織形態をもって労働組合活動を展開している労働組合群」〔高木、二〇〇〇、五四頁〕とされるコミュニティ・ユニオンでも同様である。組織の基礎とされる地域＝コミュニティは、それまでの労働運動の組織化の主流であった企業や産業などの社縁ではなく、地域という地縁であることが強調されるが、その場所の意味が掘り下げられることは少ない。もちろん、ユニオンが基本的に労働問題の解決とそこからの連帯を目指すものであるゆえに、当然の側面もあるだろう。

しかしここでは、ユニオンの成り立ちや存立過程における場所の意味をあらためて考えてみたい。それぞれの地域で産業や労働市場、生活状況は異なり、生じる労働問題にも特徴があり、それに取り組むユニオンの活動にも影響を与えていると考えられる。これについて岩舘豊は、「現代資本制の再編にともなう差別と排除に対して、意義を申し立て、抗おうとする集合的な行為は、どのような空間・場所によって支えられているのか。具体的な場所へと視点を置くことで見えてくる位相はどのようなものか」〔岩舘、二〇一三、一七七頁〕と問い、組合活動が集積する西新宿の雑居ビル内の事務所空間という物的な基盤に注目し、労働・生存運動拠点空間の形成過程や存立の技法、および活動拠点の集積の効果を明らかにした。そして、その事務所空間が「ユニオン・アクティヴィズムの居場所」として重要な役割を果たしていることを指摘している。しかしそこでの対象は、大都市の中心部に位置する西新宿であった。ユニオンのより新しい統合の形態や先進性を体現しやすい大都市部のユニオンが注目されるのは当然のことであろうが、地方には地方の位相があると考えられる。

以上を踏まえ、本章では、地方においてコミュニティ・ユニオンを支える基盤はいかなるものなのか、について、とりわけ東北地方を事例として、CUNN全国調査と聞き取り調査のデータ、および各種資料を用いて検討を行なうことを目的としている。具体的には最初に、地域によって組合員の動向にどのような差異があるのかを明らかにするために、量的調査の結果から、東北地方とそれ以外の地方とを比較・検討し、東北地方の組合員の特徴について明らかにする。次に、その東北の三つのユニオンである、パートユニオン盛岡（盛岡市）、おきたまユニオン（米沢市）、おおだてユニオン（大館市）を具体的にとりあげ、その成り立ちや組織・活動内容、組合員の動向を整理することから、ユニオンの成立基盤について読み解いてみたい。東北のユニオンに焦点をあてるのは、先行事例が乏しいということのみならず、東北は日本において労働需要がもっとも厳しい地方のひとつであり、また伝統的な規範や労働慣行が根強く残っている地方でもある。そうした場所でこそ、ユニオンの意味について検討することに意義あると考えられた。以下、順にみていこう。

2　東北のユニオン組合員の特徴について——量的調査による他地方との比較から

●地方別の比較から

まず、量的調査によるCUNN全国調査のデータを用いて、他地方と比較しつつ、東北のユニオン組合員の特徴について整理する。こうした量的調査のデータから地域差が読み取れる研究に、二〇〇〇年と二〇一〇年に実施された福井祐介による九州と東京のコミュニティ・ユニオンの比較研究がある〔福井、二〇一二〕。

それによると、九州と東京のユニオンの共通性としては、一〇年後も変わらず正規雇用と非正規雇用の比率が両地域とも七対三であること、勤務先が中小規模であることなどがあり、相違点としては、世帯収入の落ち込みが東京で顕著なこと、職場分会結成比率が九州で高いこと、東京の方が九州よりも多くの労働問題を抱え、具体的な行動に積極的であり、ユニオンで得られたものが多いということなどが明らかになっている。

本研究ではこれらの地方のユニオンも含めた全国のユニオンに調査を実施しているので、より広範囲な地方ごとの比較が可能である。よって、こうした先行研究の知見も念頭におきつつ、他の地方と比較しながら東北のユニオンの組合員の全般的な傾向を検討する。ここでは基本的には、地方別に、北海道、東北、関東・甲信越、東海、近畿、中国・四国、九州の七つのカテゴリー間での比較・検討を行なう。しかし、その明らかになった傾向が東北のユニオンの特徴なのか、それとも都市度の低い地域に共通する特徴なのかについては留意する必要があると考えられた。そこで、都市の規模ごと（都市度別）に、東京二三区・政令都市（高都市度地域）、中核市（中都市度地域）、その他の都市（低都市度地域）の三つのカテゴリー間の分析結果についても必要に応じて参照していくこととする。以下、組合員の属性、現在の就業状況、組合での活動経験の三つのパートに分け、順に検討を行なう。

●どのような人々が組合に参加しているのか

まずはどのような人々が組合に参加しているのか、回答者の属性について確認しておこう。表5―1は、地方別の組合員の性別を示している。東北では女性が六四・九パーセントと、ほかの地方と比べて最も高い割合を占めていた。都市度別での比較では、性別で有意差はなかった。また、表5―2から年齢層をみると、六〇歳代以上の高齢層の割合が高い関東・甲信越や中国・四国、および三〇歳代以下の若年層が多い東海と

表 5-1 回答者の性別（%）（人数 =1317）

	男性	女性
北海道	39.8	60.2
東北	35.1	64.9
関東・甲信越	64.1	35.9
東海	54.0	46.0
近畿	59.1	40.9
中国・四国	66.1	33.9
九州	55.5	44.5
全国	55.7	44.3

χ^2=40.097、p＜0.001

表 5-2 回答者の年齢（%）　（人数 =1299）

	20 歳代以下	30 歳代	40 歳代	50 歳代	60 歳代以上
北海道	2.4	12.0	28.9	32.5	24.1
東北	4.7	10.3	16.8	44.9	23.4
関東・甲信越	2.5	13.1	21.9	26.9	35.7
東海	10.5	20.7	31.6	22.2	15.0
近畿	2.1	14.4	20.9	35.3	27.4
中国・四国	3.3	16.4	21.3	26.2	32.8
九州	9.2	15.0	21.7	35.7	18.4
全国	5.3	15.1	23.6	31.0	24.9

χ^2=100.048、p＜0.001

いう傾向がみられるが、東北は五〇歳代が四四・九パーセントと他と比べると最も高い。年齢層については都市度別でも有意差があったが、内実が異なり、低都市度地域は年齢層がより低かった。よって属性では、女性で五〇歳代が多いという傾向がみて取れよう。

表は省略するが、そのほかの属性的な特徴としては、東北では「持ち家に住んでいる人」が九〇・八パーセント（全国平均六七・二パーセント）、「ずっと同一市町村に住んでいる人」が八〇・八パーセント（全国平均四七・六パーセント）、「町会に入っている人」が四七・七パーセント（全国平均三五・四パーセント）、「専門学校以下の学歴の人」が八一・七パーセント（全国平均六〇・三パーセント）と、他の地方と比べて最も高かった。こうした変数については都市度別でも同様に有意な傾向があった。よって東北というよりは、低都市度地域に共通して、長く同一地域で持ち家に住み、町会に入り、大都市と比べると低学歴の人が多いという傾向があるということであろう。

●現在の就業状況について

次に、回答者の職場環境はどのような状況にあるのだろうか。表5―3のように、東北では九三・二パーセントの人が就業しており、他の地域と比べてもっとも高い傾向にあった。表は不掲載であるが、現在の職種については、東北にて抜きん出て多いのが、「医療・福祉」五六・二パーセント（全国平均二八・〇パーセント）であり、「事務」一一・四パーセント（全国平均一一・八パーセント）と続いている。これは職場分会の有無とも関連があると思われるが、加えて地方の労働市場の特性を反映してもいるだろう。さらに現在の職についた経路については、「友人・知人を通じたもの」が四六・七パーセント（全国平均三一・八パーセント）、「親族の紹介によるもの」が一四・〇パーセント（全国平均八・六パーセント）と高くなっており、よりインフォーマルな方法で仕事を得る傾向がみられた。なお、これらの就業の有無、職種、就業経路については、都市度別でも同様の傾向があり、低都市度地域に共通するものであるようであった。

　一方で、現在の仕事の雇用形態については、少々異なる傾向がみられた。表５―４によると、働き方は、東北は「正社員」が三〇・三パーセントと低く、「臨時・パート・アルバイト・嘱託・契約・派遣」等の非正規雇用が六八・八パーセントと最も高くなっていた。これは、現在加入して

表 5-3 現在の仕事の有無（%）（人数 =1351）

	就業	不就業
北海道	74.7	25.3
東北	93.2	6.8
関東・甲信越	67.9	32.1
東海	91.1	8.9
近畿	81.6	18.4
中国・四国	75.8	24.2
九州	90.0	10.0
全国	82.2	17.8

χ^2=80.275、p＜0.001

表 5-4 現在の雇用形態（%）（人数 =1089）

	正社員	臨時・パート・アルバイト・嘱託・契約・派遣	外国人研修生・技能実習生	その他
北海道	37.7	59.0	0.0	3.3
東北	30.3	68.8	0.0	0.9
関東・甲信越	61.7	36.7	0.0	1.5
東海	79.3	19.9	0.0	0.8
近畿	60.6	37.8	0.0	1.7
中国・四国	44.7	42.6	10.6	2.1
九州	59.3	39.7	0.0	1.1
全国	59.8	38.4	0.5	1.4

χ^2=207.481、p＜0.001

いるユニオン以外の労働組合の有無について尋ねたときに、東北は、組合はあるが加入資格がない、という回答が三九・〇パーセント（全国平均九・八パーセント）と顕著であったこととも関連しているだろう。すなわち、東北では非正規雇用の仕事についている人が多いため、加入資格がないという回答が多いことが予想される。都市度別ではこの雇用形態で有意な差はなかった。

次に、表5―5より、月の収入額と労働日数などの労働条件についてみてみよう。他の地域と比べて、東北は月収が一九・五万円と最も低く、他方で月の労働日数は二〇・八日と、平均（二〇・三日）より多い。つまり東北では、雇用形態は非正規雇用であるが、いわゆる常用に近く、働いている割には収入が低いことが分かる。このことと関連すると思われるが、都市度別では労働への各種満足度には全く差がないが、地方別では東北では収入への不満度はやや高い傾向があった。ただし東北では、雇用保険や厚生年金、国民健康保険、職場健康保険などには、平均値よりも高い割合で加入していた。収入にはそもそも地域間格差があることはよく知られているが、これらの労働条件に関して、都市度別では有意な差はなかった。よって、東北は常用に近い非正規雇用でその割に低収入という特徴があることは指摘できるだろう。なお、不就業の状態や各種の困難については、都市度別でも地方別でもほぼ有意な差はなかった。

表 5-5 現在の労働条件

	月収（万円）人数 =1003	月労働日数（日）人数 =1036
北海道	21.4	21.7
東北	19.5	20.8
関東・甲信越	25.5	19.6
東海	24.6	20.3
近畿	24.6	19.5
中国・四国	24.4	21.1
九州	19.8	20.8
全国	23.2	20.3

月収 $F(6,996)=7.871$、$p<0.001$
月労働日数 $F(6,1029)=4.694$、$p<0.001$

●労働組合での活動経験

最後に、労働組合での活動経験をみてみよう。組合への加入期間については、表5—6のように、東北では「九年以上」の長期加入者が五〇・九パーセントと、他の地方と比べて最も多くなっている。加入年数の平均値は九・四年（全国平均六・八年）である。これは都市度別でも有意な差があったが、内実が異なり、低都市度地域は三年未満の短期加入が多かった。東北は長期加入の傾向が強いといえるだろう。

組合への参加の仕方は、表5—7のように、「分会への所属あり」が東北で六六・七パーセントと、東海

表5-6 組合加入期間（%）　（人数=1300）

	3年未満	3年以上9年未満	9年以上
北海道	43.4	24.1	32.5
東北	15.2	33.9	50.9
関東・甲信越	41.2	32.9	26.0
東海	44.8	25.6	29.6
近畿	20.1	41.5	38.4
中国・四国	50.8	32.8	16.4
九州	40.8	28.4	30.8
全国	35.6	32.1	32.3

χ^2=86.775、p＜0.001

表5-7 職場分会への所属の有無（%）（人数=1279）

	所属あり	所属なし
北海道	16.3	83.8
東北	66.7	33.3
関東・甲信越	23.0	77.0
東海	70.1	29.9
近畿	42.9	57.1
中国・四国	32.8	67.2
九州	54.7	45.3
全国	46.0	54.0

χ^2=179.700、p＜0.001

の七〇・一パーセントに続いて高い傾向があった。これはユニオンの成り立ちや歴史とも関係があることが考えられ、次節にて詳細に検討する。また表は不掲載であるが、組合を知った認知経路について、東北は六九・六パーセント（全国平均四五・八パーセント）が「組合員から教えてもらった」と回答しており、かなり高かった。ちなみに東海も六五・〇パーセントとこの回答が高く、職場分会の有無との関係が考えられる。なお、これについても都市度別でも有意な差があり、低都市度地域に共通するものであった。

そして、実際の組合員の活動への参加状況について、表は省くが、東北においては、「月一回以上」が一八・〇パーセントと他の地方と比べて最も少ないが、「三ヶ月に一回～半年に一回程度」は五二・三パーセントと高くなっていた。つまり、頻繁ではないがコンスタントには参加しているということであろう。

なぜ人々は組合に参加したのだろうか。表5―8によると、加入のきっかけは、東北について最も顕著な特徴は、四九・六パーセント（全国平均三〇・二パーセント）が「雇用や職場の問題がおきたときにそなえて」と回答していることである。また

表5-8 ユニオンに加入したきっかけ（複数回答：%）

	解雇	退職強要	未払い	ベア	配転出向	休めない	セクハラ	パワハラ	いじめ	活躍の場	既存の組合への不満	職場労組なし	そなえ
北海道	25.6	17.1	18.3	3.7	6.1	8.5	11.0	40.2	22.0	4.9	4.9	18.3	9.8
東北	11.5	3.5	1.8	31.9	1.8	6.2	1.8	7.1	3.5	8.8	1.8	14.2	49.6
関東・甲信越	21.9	19.2	8.8	6.4	6.7	3.0	2.0	21.2	10.4	13.1	8.1	20.2	20.5
東海	10.9	9.4	9.4	15.7	2.6	9.4	3.4	19.1	8.6	4.9	5.6	14.6	41.2
近畿	13.0	17.6	4.9	9.2	9.5	3.2	1.4	16.5	7.7	8.5	19.7	13.7	27.1
中国・四国	26.2	11.5	9.8	14.8	6.6	8.2	4.9	24.6	14.8	14.8	19.7	14.8	21.3
九州	23.8	11.9	8.9	15.8	4.0	2.0	1.0	13.4	5.9	2.5	1.0	28.7	34.2
全国	17.5	13.9	8.1	12.8	5.6	5.1	2.7	18.7	9.1	8.0	8.8	18.1	30.2

「低い賃金のベースアップ」も東北は三一・九パーセント（全国平均二二・八パーセント）と高かった。ほかの項目については総じて低かった。「そなえ」と「ベースアップ」の回答については、都市度別においても同様の傾向があり、低都市度地域に共通して存在する特徴のようであるが、とくに東北は顕著に比率が高かったことは指摘しておきたい。

では、組合に加入して、組合員はどのようなメリットがあったと感じているのだろうか。表5―9のように、雇用や職場の問題に関して組合で得られた成果については、東北では「特になし」と回答している人が四九・五パーセントを占めた。これは都市度別では有意な差はなく、東北の特徴が表れていると考えられる。しかし、このことは組合に成果や意義がないということではなく、組合に何を求めるかということが多様であることを反映していると考えられた。これについては次節で詳述する。

一方、雇用や職場の問題以外で、組合で得られたものは何だろうか。表5―10によると、東北は仲間関係や「知識習得」「権利意識」「社会問題への関心」「尊厳回復」などの項目は総じて他地方に比べて低く、むしろ「安心感を得ることができる」点や、「共済組合への加入ができる」点が高くなっていた。都市度別の

表 5-9 雇用問題に関してユニオンで得られた成果（複数回答：%）

	解雇撤回	職場復帰	支払	ベア	配転出向撤回	休暇	パワハラ	いじめ	特に成果なし
北海道	17.5	8.8	22.5	3.8	5.0	8.8	22.5	12.5	16.3
東北	6.9	1.0	4.0	19.8	1.0	9.9	2.0	2.0	49.5
関東・甲信越	15.8	6.5	17.3	1.9	3.5	6.2	6.2	3.8	27.7
東海	7.4	7.0	16.1	33.1	2.9	17.8	15.3	5.8	27.3
近畿	11.2	5.0	10.5	11.6	7.4	6.6	7.0	3.9	35.3
中国・四国	18.2	20.0	25.5	18.2	10.9	9.1	9.1	5.5	18.2
九州	13.6	10.7	14.7	18.1	4.0	9.0	8.5	2.3	28.8
全国	12.2	7.2	14.7	15.3	4.5	9.7	9.5	4.5	30.1

低都市度地域でも、「共済組合への加入」以外は同様の傾向がみられた。

今後のユニオンの活動への参加については、表5―11によると、東北は「積極的に参加したい」人は一八・四パーセントと最も低く、一方、「加入は継続したい」人が七五・四パーセントと最も高い。これは都市度別では有意差がなく、東北の特徴が表れているといえるだろう。

●小括

以上をまとめると、量的調査の結果からは、高・中都市度地域に比べて低都市度地域の回答には次のような特徴があった。持ち家で同一市町村に長らく住み、低学歴であった。現在は仕事をしており、医療・福祉系で働く人が多かった。ほかの組合員を通じてユニオンを知り、活動には頻繁ではないがコンスタントに参加している。そして、組合に入ることは安心感を得るという側面が大きいようであった。

こうした低都市度地域の特徴と一部重なりつつも、他の地方のユニオンに比べて、東北のユニオンの回答に特徴的だったのは、次の諸点である。常用に近い非正規雇用でその割に低収入

表 5-10 雇用問題以外に関してユニオンで得られた成果（複数回答：%）

	日本の仲間	外国の仲間	専門知識	権利意識	問題関心	尊厳回復	居場所	安心感	共済加入
北海道	45.1	1.2	43.9	74.4	54.9	42.7	25.6	68.3	1.2
東北	23.1	1.9	16.7	38.9	25.0	7.4	9.3	61.1	14.8
関東・甲信越	35.1	9.9	55.3	57.4	42.9	21.3	15.6	54.3	6.4
東海	19.3	12.9	33.9	45.1	33.0	15.0	5.6	47.2	6.4
近畿	28.4	10.7	45.0	47.6	34.7	17.7	14.0	63.5	8.5
中国・四国	41.7	11.7	60.0	65.0	45.0	25.0	18.3	56.7	10.0
九州	23.2	5.4	43.8	55.1	29.7	10.8	9.2	62.2	15.7
全国	28.7	8.8	43.2	52.4	36.5	18.1	12.6	57.8	8.8

という労働条件のもとに働く、女性で五〇歳代の層が多い。ユニオンへの長期加入者が多く、職場分会に所属している。組合で得られた直接の成果はあまりないという回答が多く、いざというときの備えとしてユニオンに加入する傾向が強い。よって、加入自体は継続したいという意思を持っている。

以上の結果を踏まえると、先述した福井による九州と東京のユニオンにおける量的調査の結果とは異同があることが分かる。まず、九州と東京のユニオンの共通点として、正規雇用と非正規雇用の割合が七対三であることが指摘されていたが、今回の調査でも関東・甲信越と九州は、この平均値に比較的近い数値であった。しかし全国平均では六対四になっており、非正規雇用の割合が高まっていた。他方で、この平均値ともっともかけ離れた割合だったのが東北であり、ほぼ三対七で、圧倒的に非正規雇用の割合が高かった。

次に、相違点として挙げられていた「九州は東京よりも職場分会率が高い」という点については、今回の調査でも、確かに関東・甲信越と比較すると、九州の分会率は高かった。これは都市度別でも同様の結果であり、低都市度地域の特徴であるといえそうである。しかも地方別にみると、東北や東海地方のように極端に高いところがあり、これらのユニオンの歴史的な形成過程や活動との関係をみていく必要があると考えられる。もうひとつ相違点として挙げられていた「九州に比べて東京の方が多くの労働問題を抱え、具体的な行動に積極的であり、ユニ

表5-11 今後のユニオンへの活動参加希望（%）（人数 =1309）

	積極的に活動したい	加入は継続したい	解決待ち・脱退見込
北海道	36.1	59.0	4.8
東北	18.4	75.4	6.1
関東・甲信越	36.7	56.1	7.1
東海	27.7	64.8	7.5
近畿	20.9	73.2	5.9
中国・四国	43.3	48.3	8.3
九州	24.0	65.7	10.3
全国	28.1	64.6	7.3

χ^2=40.754、p＜0.001

オンで得られたものが多い」と回答する傾向があるという指摘については、本調査でもほぼ同様の傾向があった。福井はこの点について、職場分会の結成率との関係を示唆している。つまり職場分会単位で加盟する場合は、現時点で自分自身が紛争状態におかれていない（紛争状態を認識していない）ということもありえると仮説的に言及している〔福井、二〇一二、八〇頁〕。福井はこの点についてそれ以上の説明を行なっていないが、その背景を明らかにするためにも、労働者を取り巻くユニオンの経過や活動内容、および地域の状況を具体的に知る必要があると考えられた。

3　東北のユニオンの事例から

●東北の産業・雇用に関する地域的特徴について

以上を念頭におきつつ、本節では東北のコミュニティ・ユニオンの事例を具体的に検討する。はじめに、ユニオンの立地する東北の人口や雇用の状態について、『東北圏社会経済白書』等から、全国的な動向と比較しつつ、簡単にまとめておこう[★1]。

東北圏全体の長期的な人口動態については、社会動態は戦後一貫して減少傾向にあり、とくに一九五〇〜六〇年代の高度経済成長期には関東（主に首都圏）への人口流出が顕著であった。この人口流出は近年でも東北圏の社会減の主因となっている。また自然動態は、一九九五年以降に自然減となっている〔東北活性化研究センター編、二〇一六〕。東北は長らく首都圏への人材供給の役割を担っており、高度経済成長期の頃には出稼ぎなども盛んであった。しかし、少子高齢化が急速に進行し、加えて東日本大震災によって大きなダメージを受けた。

東北圏内の就業者数は一九九五年の六三二万人をピークに減少が始まっており、五年ごとの減少者数も増大している。産業別には、経済のサービス化の影響はもちろんみられるが、二〇一〇年の全国の第一次産業就業者の割合は四パーセントであるのに対し、東北圏は九パーセントと、第一次産業がまだ維持されている。従業上の地位では、非正規雇用者は増大しているが、二〇一二年の非正規雇用者の全国平均が三六パーセントであるのに対して、東北圏は三四パーセントとやや低く保っている〔東北活性化研究センター編、二〇一六〕。そうしたなかで有効求人倍率は、バブル経済崩壊後の一九九三年から六年間と東日本大震災後の二〇一二年以降は全国平均を上回っているが、それ以外は低いものとなっている（図5―1参照）。ただし、女性の労働力率は、子育てなどで落ち込みやすい二五～五四歳の間は全国平均よりも高くなっており、共働き世帯も全国平均より高い〔東北活性化研究センター編、二〇一五〕。

以下では、こうした社会・経済的背景のもとにある東北の三つのコミュニティ・ユニオンについて、ユニ

★1　コミュニティ・ユニオン全国ネットワークには、東北地区として六つのユニオン（新潟県の二ユニオンを含む）が加盟している。すべての県に加盟組織があるわけではないが、県境を越えた相談があったり、東北のユニオンでネットワークを作り、交流会を持ったりなどのことがなされている。また、ここで参照する『東北圏社会経済白書』における「東北圏」には、福島県と新潟県が含まれている。一方で、CUNN全国調査においては、新潟の組合員の回答は関東・甲信越に振り分けており、留意が必要である。

オンの所在地の地域状況、設立の経緯や相談内容、組合員の動向や組織運営の諸点について、聞き取り調査のデータや各種資料等からまとめてみよう。なお、以下の内容は、二〇一二年と二〇一三年の調査時点のものであり、現在とは異なる部分もあるが、量的調査との時間的近接性を考慮し、最新の情報への更新は行なっていない。★2 また示している事柄は、その地域やユニオンの特徴が表れていると思われる点に重きを置いている。

●パートユニオン盛岡（岩手県盛岡市）

① 設立の経緯や相談内容

岩手県盛岡市は、岩手県内陸部の要所に位置し、盛岡藩の旧城下町の歴史を持つ。岩手県の県庁所在地として、二〇〇八年には中核市へと移行した。国勢調査によると、二〇一〇年の人口は二九万八三四八人で、岩手県内の市町村で最も人口が多い。第一次、第二次、第三次産業

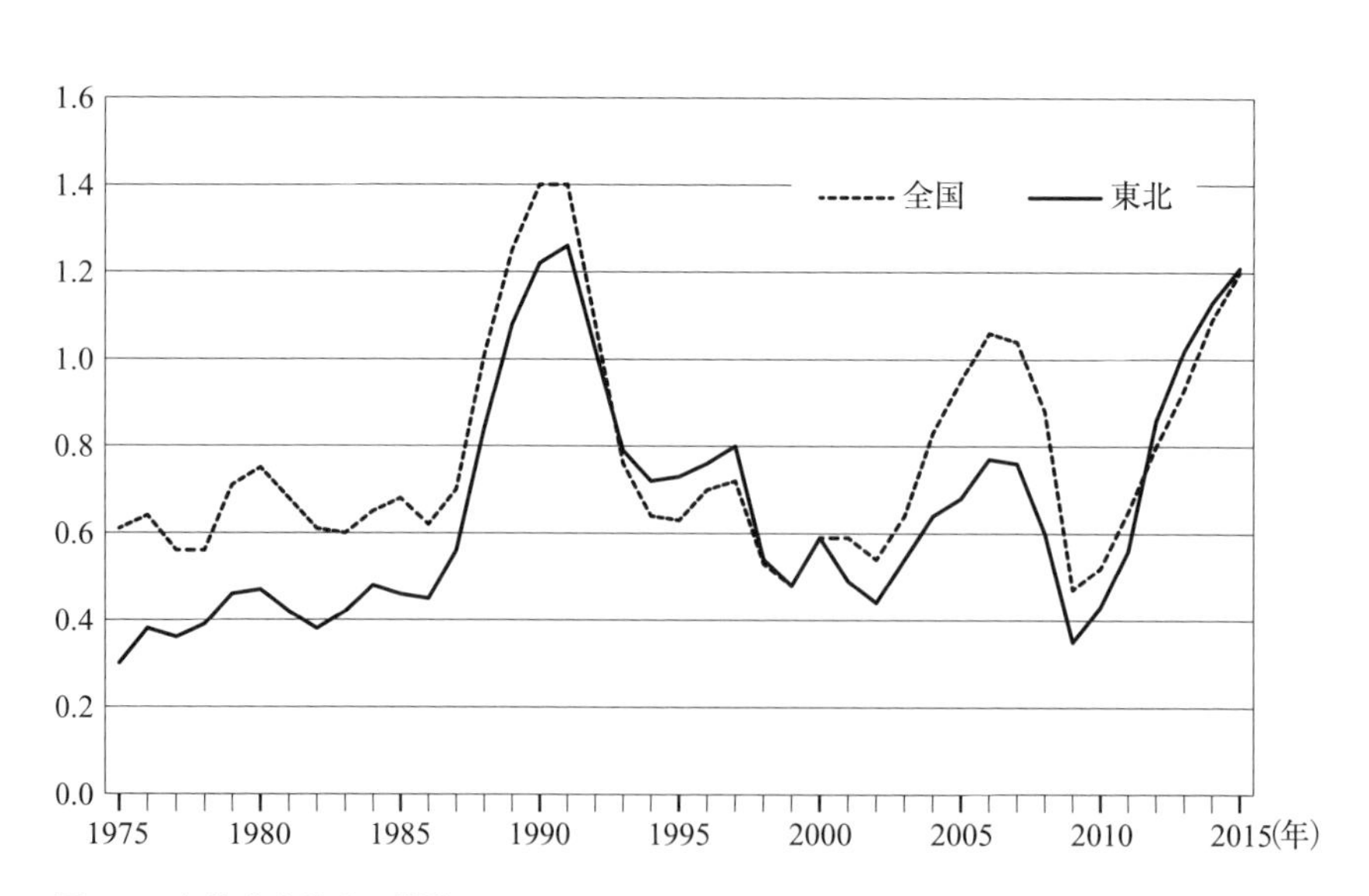

図5-1　有効求人倍率の推移

〔厚生労働省「職業安定業務統計」より作製〕

従事者の構成比は三・七パーセント、一三・五パーセント、八二・五パーセントであり、第三次産業従事者の比率が高い典型的な伝統消費型都市［江戸時代およびそれ以前の城下町に起源を持ち、経済的な重心が物資の消費にあるような都市］となっている。

Ａさんは、管内に八つある地区労［一九五〇年、総評結成時に都道府県レベルに設置された地域評議会傘下組織で、市町村単位または都道府県内の一定ブロックに設置された地域労組の連携組織］のうちのひとつである平和環境盛岡紫波地区労センターの議長であり、パートユニオン盛岡の事務局長も務めている。お話によると、この地において、パートユニオン盛岡は、八〇～一〇〇名の組合員で一九八九年に設立された。設立の経緯は、次のとおりである。一九八九年に日本労働組合連合会（連合）［一九八九年に日本労働組合総評議会、民社党系の全日本労働総同盟、中立労働組合連絡会議、全国産業別労働組合連合の労働四団体が統一］が設立されたが、それ以前から、旧総評系［総評は日本労働組合総評議会の略称であり、一九五〇年に設立された、左派社会党支持を支持する戦後日本の労働組合のナショナルセンターであったが、一九八九年の連合結成で解散］である盛岡地区労働組合連合会のなかでは、未組織労働者の労働相談を受け付けていた。しかし、連合の結成にあたって、その機能が消滅するかもしれないという危惧や、原水爆禁止日本国民会議の取り組みの継続の面において、合流は難しいと判断され、パートユニオン盛岡が立ち上がった。

寄せられる労働相談の主な内容は次のとおりである。一九九〇年代はパートの年間収入に対する税金の問題や、基本給に付随する手当の問題、退職手当等に関することが多かった。しかしバブル経済期を過ぎると、

★２　ここでとりあげる東北のユニオンについては、おきたまユニオンが二〇一二年九月二〇日（聞き取り者三名、協力者二名）、パートユニオン盛岡が二〇一二年九月二一日（聞き取り者二名、協力者二名）、おおだてユニオンが二〇一二年一二月一九日と二〇一三年二月六日（いずれも聞き取り者一名、協力者一名）に、聞き取り調査を行なった。

雇用契約関係、一方的な雇用の打ち切り、雇用条件や契約書の明示がないなどの相談が多くなった。さらに、労働者派遣法が制定されてからは、派遣に関するトラブルも多い。とくに大手の派遣会社に関する相談は、派遣先でのハラスメントが多い。そして地元に中小の派遣会社が多く設立されるようになると、多様な相談が寄せられるようになった。派遣元は、とくに半官半民のような業者の場合、派遣先が得意先となり、事業所のいいなりになりやすく、苦しんでいる人が相談に来るそうである。二〇〇〇年代以降は、「一年更新の有期雇用で長らく働いていたが突然雇止めになった」、「一人親方〔建設業で従業員を雇わず個人で仕事を請け負う自営業主〕になったとたんに請負となり、労働基準法の適用対象外になって困っている」、などの相談がある。もちろん、相談がとくになくても何かのときに入っていれば安心ということで入りたい、という人もいる。ただし、東日本大震災以降は労働相談が激減した。[★3] 労働者が今の仕事をやめたら次の仕事がないということで我慢しているのではないか、声もあげられなくなっているのではないか、と危惧しているそうである。

②　組合員の動向や組織運営について

パートユニオン盛岡が設立された当初は、第三次産業で働くパートなどの非正規雇用の女性の労働者からの相談が多かった。職場単位で加入し、職種は多種だったそうである。現在の会員は四六名で、その大半が職場単位ではなく、個人での加入である。職場がなくなったり、労働組合を作れなかったりする人々が、数人で加入することもある。勤務先の労働組合にも入っているが、同時にパートユニオンにも賛同して加入している人もいる。組合員の中核は四〇歳代である。

広報活動については、以前は地域を決めて、ユニオンの役員で日曜に二時間、チラシを配布したり投げ入れたり、夕方に盛岡市内の繁華街の駅前や中心部で街頭配布していた。数はともかく、チラシを配れば、家に持って帰って知り合いに渡すなど、何か反応はあった。タウンページに載せていた時期もある。近年はホームページ等の利用が多い。また、岩手県内には八つの地区労があるが、地元の地区労のつながりで近いところを紹介して、相談を受けることもある。三年前には連合岩手内に一人でも加入できる組合である「いわてフレンズ・ユニオン」が設立され、そちらでも相談ができるようになった。

組合費は月に一〇〇〇円で、解決金などはとらない。全労災の共済や「ユニオン盛岡共済」という独自の共済を利用することができる。毎月「ユニオン盛岡たより」という機関紙を発行しており、組合員が集まる機会は年に三回ある。総会はもちろんのこと、料理教室などを開くこともある。地区労の学習会などは、なるべく便りに書いて広報をしているが、ユニオン独自でやることが少ないところは課題としてあるという。

組織運営の側面としては、財政が厳しいが、地区労のなかにユニオンがあるので、事務所の維持費等をユニオン独自で担う必要がなく、また日中は地区労の書記のＦさんがユニオンの仕事を担っており、その貢献は大きいという。また地区労が関係しているので、議員や弁護士などの専門家のサポートもある。ただし、

★3　震災との関連についても質問を行なったが、どのユニオンでも直接的に震災と関連する相談があったとは聞かれなかった。今回協力を得たすべてのユニオンが内陸部にあり、直接の被害を受けた沿岸部とは少し距離があることも影響しているだろう。しかし、間接的な雇用情勢への影響はみえにくいものであるし、そもそも近年、相談件数が減っているということとも関連が考えられるが、ここでは十分な検討ができなかった。今後の課題としたい。

以前は地区労にNTTなどの大企業が多く入っており、専従職員もいたのであるが、そうした大企業が抜けてきており、地区労の組合自体が縮小していることも課題であるとのことであった。

③ ローカリティとの関係

一九八九年にパートユニオン盛岡という名称で設立されたことからも想定されるように、設立以前からパートを中心とした「未組織労働者」の相談を受けており、そうした層の労働問題が一定の厚みを持って存在していたことが分かる。それは地域の産業やそれに伴う労働市場との関係が大きいと考えられる。先述したように、岩手県内においても、製造業が集積する南部エリアとは異なり、盛岡は製造業が少なく、卸売り・小売業や飲食業などサービス業が産業の中心である。岩手県南部の製造業の集積地域や周辺部から車や高速バスを使って、人々が盛岡市へと買い物に繰り出す。そこにはサービス産業の需要が生まれるが、いうまでもなく、とりわけ販売・飲食業には期間を定めた雇用が多く、女性が労働力の中心となっている。盛岡職業安定所の職員によると、求職・転職のタイミングがよければ求人は決して少なくはないが、男女ともに有期雇用がほとんどであるという。そうした産業・労働市場の特性の上で、組合が必要とされている様子がみてとれる。

そうしたなかで組合活動が継続できているのには、地区労のなかにユニオンがあり、事務所の維持費や人の手当ての面でのサポートがあることは見逃せないだろう。

●おきたまユニオン（山形県米沢市）

① 設立の経緯や相談内容

山形県米沢市は、県の最南端、福島県との県境にあり、吾妻連峰の裾野に広がる米沢盆地に位置している。米沢藩の旧城下町の歴史を持ち、「置賜（おきたま）地域」と呼ばれる山形県南三市五町のなかで、中心的な役割を果たしている。国勢調査によると二〇一〇年の人口は八万九四〇一人で、山形県内の市町村で四番目に人口が多い都市である。第一次、第二次、第三次産業従事者の構成比は四・一パーセント、三六・一パーセント、五九・八パーセントである。一九六〇年前後から企業誘致を進め、一九七八年には日本で初めての中核工業団地である「米沢八幡原中核工業団地」への誘致が進んだことなどから、東北地方でも有数の工業集積地域となった。ただし、近年は工場の移転や閉鎖によって厳しさを増している。

おきたまユニオンは、二〇〇四年に設立された。旧総評系で、連合に引き継げなかった反原発運動や原水爆禁止日本国民会議（原水禁）の運動、政治闘争などの課題を、米沢地区平和センター（山形県平和センターの米沢市の組織で、ユニオンの上部団体にあたる）に残した。労働運動の課題は連合が引き継ぐということであったが、一人でも加入できる労働組合が必要であり、旧地区労もそうした地域労働運動を残そうということで、おきたまユニオンが設立された。連合には加盟していないが、たとえば労働相談などで遠方には行きづらい場合、全国で組織化している連合に協力をお願いするなどの関係を持ちつつ進んできたという。

書記長のSさんは、公務員で自治労［正式名称は全日本自治団体労働組合で、一九五四年に結成され、主に地方自治体などの公共サービスに関わる組合の連合体］の組合員でもあり、結成当時から二重加盟している。Sさんは国鉄の分割民営化で二〇年近く国労［一九四六年結成された国鉄労働組織で、国鉄分割民営化後も組合組織名は残っている］と関わり、自治労の活動をしていたが、五〇歳代で自治体をやめ、川西町の町会議員となった。

Sさんは、米沢でこうした労働組合が継続していけるのは、地域のなかの連携が重要だという。地域の団体と連携を取りつつサポーターを増やし、口コミで相談を受けつつ拡大してきた。さらに、ユニオンが拠点としている米沢地区勤労者福祉会館は、一般社団法人米沢地区勤労者福祉協会が旧地区労の財産を継承し、自前で建設している。この協会は平和センターの運動やユニオンの運動などを含めて地域の運動の拠点であり、「地域労働運動」を残すために設立された。そもそもこの地域での労働運動の歴史の蓄積は厚く、米沢地区労は企業を超えて活発な交流・闘争を行ない、また、米沢市職労の一九七六年からの「赤字再建団体指定反対」の闘争と革新市政の誕生、続く抵抗闘争なども地域を席巻した大きな闘いであったという〔斉藤、二〇一二〕。こうした下地の上での米沢地区勤労者福祉協会の存在、そしてそれを具体的に進める上での拠点の存在は、米沢においては非常に重要であるとSさんは語る。

② 組合員の動向や組織運営について

二〇一一年五月現在の組合員数は、男性一二七名、女性一五七名の二八四名である〔おきたまユニオン編、二〇一二〕。二〇〇七年の組合員数は約一六〇名ということで、年々、組合員数が増加している。会費は、一般組合員は一五〇〇円、二重加盟組合員（サポーター）は一〇〇〇円、年金等組合員は五〇〇円、それに入会金が二〇〇〇円である。米沢地区平和センターやサポーター会員からのカンパも少々あるものの、収入の多くは組合費が占める。そこから人件費や事務所費を自前で拠出し、また解決金等はとらないので、財政的には大変であるそうだ。

組織としては、二支部、九分会、個人加盟組合員、それに二重加盟組合委員（サポーター）と書記グループからなる。分会が充実しており、職場ごとに争議を通じて形成されていった。最初の争議はさくらんぼの家分会であり、そこは障がい者施設で、就業規則もなく、県の指導を促すなどして取り組んでいった。学校給食分会は、非正規雇用者の一年任用や継続雇用の問題に取り組み、一年契約から五年契約へと切り替え、五年以降はユニオンと協議するなどのことを認めさせていった。小松駅分会の結成は、無人駅の民営化に伴う問題だった。地域福祉分会は、山形県社会福祉事業団による知的障がい者のグループホームのワーカーの民間への切り替えに取り組んできた。希望ヶ丘分会は、施設で働く臨時職員の分会であり、正規職員が減らされ、非正規の職員に切り替えつつ管理料を抑えていく動きに取り組んできた。梓園分会は、身体障がい者施設、泉荘分会は精神障がい者施設、森の子園分会は保育所である。熟年者ユニオン分会には、熟年者や年金受給者、リタイアした人たちが参加している。このユニオンの分会は、福祉・医療系の職場で働く労働者が多くなっている。

おきたまユニオンにおいて、約二八〇名中、個人加盟は約四〇名で、職場の産業は多様である。何かあったときに支援して欲しいという場合が多い。そして争議後に八割以上が辞めていく。とくに民間の場合は継続が少ないので、ユニオンの大きな課題であるという。なお、先に述べたようにこの地域は製造業が盛んであるが、製造業関係の労働者は別の組合があるのでおきたまユニオンに相談は少ないという。

活動は、定期大会はもちろんのこと、執行委員会、学習会、夏祭り、労働相談全国一斉ホットラインへの参加、その他共闘関係にある取り組みも多様である。そして支部や各分会の集会や交渉が活発に行なわれている。さらに、機関紙「おきたまユニオン」がおよそ月に一回発行されており、定期的な情報発信がされている。組合員は二〇一一年から全労済の慶弔共済が利用できるようになった。今後の課題としては、執行委員会体制の強化を図ること、分会の強化、個人加盟の組合員との連携などが挙げられていた。

③　ローカリティとの関係

地域の主産業である製造業では別の労働組合が対処し、おきたまユニオンではむしろ福祉・医療系などの対人サービス業での非正規労働者の取り組みが多かった。そして争議を通じて積極的に職場分会を作って取り組んできている。Sさんの語りには、「地域労働運動」という言葉がよく出てきた。このユニオンに限ったことではないと思われるが、地域の固有の労働運動の歴史があり、そのうえで、他の組合とも連携を取りつつ「サポーター」を増やし、口コミで相談を受けながら拡大してきた。「ユニオン運動つくって、本当に地域の中小労働者と、解雇されて、労働、人間の尊厳を奪われている人たちを支えながら頑張っていかなければ、労働運動の必要性なんて真価は問われない」とSさんは力説する。

その重要な基盤としては、米沢地区勤労者福祉協会の設立や、その活動の拠点としての米沢地区勤労者福祉会館がある。設立年度が浅いとはいえ、地方都市において今なお組合員が増加しているのは、人件費や事務所費を自前で拠出しているために積極的に組合員の増加を図る組合の努力もあるが、こうした歴史とその上に設立された拠点の存在が欠かせないと考えられた。

●おおだてユニオン（秋田県大館市）

①　設立の経緯や相談内容

秋田県大館市は、秋田県北東部の大館盆地に位置し、北は青森県と接する。一八八五年に花岡村で黒鉱などが発見されたことをはじめ広範囲で鉱山が開山され、鉱石の運搬などのために県内でもいち早く鉄道網が整備された地域でもある。長らく秋田市に次ぐ人口が第二位の都市であったが、鉱山の閉山や工業団地の工場の閉鎖が相次いでいる。国勢調査によると二〇一〇年の人口は七万八九四六人で、秋田県内の市町村で五番目に多い。第一次、第二次、第三次産業従事者の構成比は八・二パーセント、二七・三パーセント、六四・五パーセントである。

大館ユニオンは、市内の中小零細企業で働く二六名の組合員で一九八九年に立ち上がった。パートユニオン盛岡と同様に連合の結成が契機となっており、地区労（地方労働センター）で活動してきた総評系の人々が個人の労働相談を受ける場がなくなることを危惧し、結成した。Yさんは大館地方労働センターの事務局長を務めていたが、中国人強制連行の花岡事件[★4]などの平和運動の取り組みも行なっていくことを条件に、連合の地協〔正式名称は地域協議会で、連合の地域段階の協議体組織〕専従の事務局長にもなった。花岡町出身のKさんは、役場の非常勤の仕事で働いていて、労働条件の問題から相談に行った。そのときに誘われ、地協の書記として働くことになった。

相談内容については、一九九〇年代は、一〇〇人規模の縫製工場がいくつかあったのが、円高により海外へ移転したことから、工場閉鎖になり、解雇・賃金不払いなどの相談が多かった。数十人をまとめて大館ユニオンに加盟させて労働債権を確保するまで見届けるなどした当時の闘争は、地方紙にそのつど報道され、地域でのユニオンの知名度を高めた。のちには給料未払いや退職金を取ってほしいなどの個人からの相談も来るようになった。ここ数年はメンタルヘルスの相談が多い。二〇一一年度については、男性二二、女性一一の計三三件の相談があり、相談内容としては解雇が九件と最も多かった〔労働組合おおだてユニオン編集・発行、

★4　秋田県花岡鉱山での中国人強制連行者の蜂起と憲兵・警察・警防団による弾圧の事件である。日本最大の黒鉛鉱山として知られた花岡鉱山にて、死者一三七人に達するほどの過酷な管理下におかれた中国人強制連行者八五〇人が、一九四五年六月三〇日に一斉に蜂起した。憲兵・警察・警防団などによる弾圧は熾烈を極め、事件後の拷問による虐殺を含め、中国人犠牲者は一九四五年末までに四二〇人に達した〔法政大学大原社会問題研究所編、二〇一一〕。

二〇一二)。経済が悪化しているにもかかわらず、直接の相談件数はかなり減少しており、条件が悪くとも現在の雇用を守ろうとする傾向があるのではないかという。ただし、相談は「人がこの地域で生きていくために、どうしたらいいかということを中心に相談にのる」ために、サラ金や離婚など生活の相談にものるところがユニオンの特徴であるとKさんは語る。

② 組合員の動向や組織運営について

二六名で結成されたおおだてユニオンであるが、結成一〇年目には組合員が二〇〇名を超え、二〇〇一年には一八分会三〇〇名を超える会員数となった〔木越、二〇一二〕。二〇一二年現在の組合員は、男性七四名、女性一〇九名で計一八三名である〔労働組合おおだてユニオン編集・発行、二〇一二〕。女性の組合員が圧倒的に多い。

組合員は、一四の分会と個人加盟の大館労働福祉会館一般で構成されている〔労働組合おおだてユニオン編集・発行、二〇一二〕。病院や福祉系の職場が分会も組合員数も多いが、産業は多岐にわたっている。大館労働福祉会館一般は基本的に個人加盟の組合員の集まりであり、四五名で構成されている。二〇〇五年には退職者のための「シルバークラブ」が設立され、一年間に二〇〇〇円で、定期大会などには出席できないが、いろいろなユニオンのイベントには参加できる。現在、一〇名ほどが参加しているという。また、五名で構成される「ユニオン応援団」もあり、弁護士や医師、九条の会などの関係者が協力している。

組合費は一一〇〇円で据え置かれている。定期的な活動としては、定期大会や旗開き〔政治団体や労働組合などで年始に開く会合〕等はもちろんのこと、奇数月が行事・イベント、偶数月には執行委員会等が行なわれる。行事・イベントでは、メーデー、生ビール会、秋の旅行ツアー、ボウリング大会、花岡鉱山のフィールドワークなど、多彩な学習会や交流活動が行なわれている。また「全国一斉ホットライン」などの、他の組織と連携した活動も多い。不定期には、二〇一一年度は労働相談事案について二つの裁判闘争があった。

組合へのコンタクトについては、電話相談などもあるが、口コミも多いのだという。愚痴を聞いた友達が話を聞いてやって欲しいと連れて来たり、友達から聞いてやってくる。Kさんは「あそこさ行けば何とかしてもらえるっていうふうな形で、電話かけてくる人もいるしね。だから労働相談も電話っていうよりは、大館の人は直接駆け込んでくる」として、「地域の駆け込み寺」としての位置づけがあるという。それは、「ここは、世間話に来るみたいな感じで来れるっていう、それがこの地域にしみついてる」という語りからもみて取れるように、地域のなかで労働局や役場などの相談窓口は敷居が高いと感じる人々にとっても貴重な窓口となっている。そして、駆け込み寺のような役割を果たすためにも、「拠点を持てるっていうことがいかに地域にとって大事か」とKさんは力を込めた。

組織運営の面では、おおだてユニオンは連合に加盟したことで、連合傘下の産業別組合になった。人件費は連合から出ており、事務所費も光熱費も払う必要がない。活動拠点である労働会館（建物は市に寄贈して中の運営を委託という形になった）は、ほぼ全労災や連合の家賃、貸し料で運営されている。そこに大館ユニオンは「電話一本で」入ることができている。組合の大きな課題としては、後継者がいないことが挙げられていた。

③　ローカリティとの関係

まず、多くの地方に共通することであろうが、人間関係の狭さや声があげにくいという特徴は見逃せない。Kさんの言葉を借りれば、「世間が狭いでしょう。東京だったら少しぐらい恥かいてもね、後で行き合うことはないけれど。地方だとやっぱり、相談に来ればどこの誰だかって分かる、親の代まで分かるような感じのなかでね」「地域が狭いほど、会社にたてついたりね、雇ってもらっているっていう感覚がまだみんなありますよね。だから、そんな自分の些細なことで騒ぎ立てたりして、自分がそういう人間だと思われたくないっていうことの方が先に、世間体みたいなのが先に立つのかな」。そうした地方の人間関係や規範のなかで、声をあげた人々の相談への対処として、その地域の実情を踏まえた生活相談も行なう。それは地域の「駆け込み寺」としての役割につながっているようであった。

さらに、おおだてユニオンの特徴として、花岡鉱山を中心とした鉱山労働などの地域産業と社会運動の蓄積との関係が深いことがある。もちろん現在は鉱山で働く労働者からの相談が多いわけではないが、先述したように、おおだてユニオンの成り立ちにおいて、花岡事件などの平和運動との関わりが重要であり、その後も継続的に取り組みがある。またKさんによると、この地域では、昔から総評と同盟〔全日本労働総同盟の略称であり、一九六四年に結成されたが、一九八九年の連合結成で解散〕が一緒になった一〇〇〇人規模のメーデーが行なわれており、各組合との関係が広く構築されていた。また当初は鉱山労働者も多く、社会党から代議士を出したり、花岡鉱山から連合の議長を出すなど、大きな力があったそうだ。ユニオンに関わる地域のグループも、地元の弁護士が主催している憲法記念講演会やＮＰＯ花岡平和記念館ほかがある。こうした運動の蓄積や横のネットワークの広がりは、この組織を支える重要な基盤となっていると考えられた。

4　ユニオンを支える基盤

地域のなかでのコミュニティ・ユニオンの意義について、先の高木は、「アジール」としての機能を持ち、地域における存在それ自体が社会的意義を持つという。それは、一定の地域でその存在が社会的に知られていれば、潜在的なニーズの所有者が問題発生時にそこから必要なサービスを引き出せるという点で、「社会的共通資本」と規定できることを指摘している〔高木、二〇〇〇〕。また福井祐介はさらに議論を展開し、社会の不特定者に対して非排除的に役に立つ公共性があるとして、「公共財」としてのコミュニティ・ユニオンの特徴を指摘している。そしてその特徴を「ＮＰＯ型労働組合」という〔福井、二〇〇三〕。また、呉学殊は、日本の労働組合は自主的な団体ではあるが法律によって保障されており、社会的な存在であることから、「社会的公器」であるという〔呉、二〇一二〕。なかでもコミュニティ・ユニオンは企業内で解決できない労働紛争や、行政機関でも解決できない労働紛争を処理するケースもあり、多くの企業別労働組合とは異なる役割を果たしていることから、その公共的な働きに対して何らかの形での公的な支援があってもよいのではないかとも指摘する〔呉、二〇〇八〕。本章で対象としたユニオンも、確かにこうした位置づけがふさわしいものであり、地方都市の限られた資源のなかで重要な役割がみられた。

では、こうした役割を果たすユニオンはどのような基盤によって支えられているのだろうか。本章では、東北の労働状況とそれに取り組むコミュニティ・ユニオンの特徴について、量的・質的調査の結果から検討してきた。もちろん、量的調査の回答者には一定の偏りがあり、そのすべてが聞き取り調査の結果と一致するわけではない。また、ここでの労働状況はあくまでも組合への相談等から垣間見えるものであり、問題の全体を反映しているわけではないだろう。しかし両者を合わせて考えると、理解可能な点は少なくない。

他の地域の組合員と比較した場合、東北の組合員は、地元の地付き層の女性であり、パートユニオン盛岡に典型なように、サービス業の非正規雇用が多い地域労働市場のなかで、非正規雇用かつ低賃金で働いている傾向にあった。その職種に医療・福祉系が多いのは、東北の三つのユニオンに共通していた。これまでに組合で得られた直接の成果はあまりないと認識されており、むしろいざというときの備えとしてユニオンに加入している。よってユニオンへの長期加入者が多く、これからも加入自体は継続したいという意思を持っている。備えとしてユニオンに加入する傾向が強いという点については、パートユニオン盛岡やおきたまユニオンでもそのような傾向があることが語られていた。そして、いずれのユニオンにおいても、個人加盟部門の組合員は定着率が悪いと認識されており、課題の一つとされていた。

それは、ユニオンの組合員の意識の低さや不活発さを示すものではなく、それほどいざということが起こるかもしれない低賃金で不安定な雇用状況であると考えることもできる。そうしたなかでユニオンにも実利的な期待がみてとれ、労働条件が悪化するなかで、問題が生じた際に頼れることは組合員にとっては重要であろう。ユニオンにとっても、備えとしてでも加入し続け、組合費を収めてくれることは意味があると考えられる。

また、もう少し構造的には、職場分会への所属率の高さとの関係が考えられる。量的調査では東北のユニオンを含め低都市度地域のユニオンでは職場分会への所属率が高いことは明瞭であり、実際におおだてユニオンやおきたまユニオンでは個人で参加する組合員より、職場分会に所属している組合員が圧倒的に多かった。職場で継続的な関係を持ちやすい職場分会に所属している組合員は、加入の長期化と今後の継続希望に結びつきやすい。また、先の福井が指摘したように、職場分会単位で加盟する場合は、現時点で自分自身が紛争状態におかれていない、よって直接の成果等の回答にはつながらないということは確かにあるだろう。福井は、「個人加盟ユニオンに団体加盟しているともいえる」職場分会への所属比率は、個人加盟ユニオンとしての「純粋性」に関わるものであり、注目すべきであると指摘している〔福井、二〇一二、六五頁〕。そうした意味では、パートユニオン盛岡は文字通りの個人加盟ユニオンに限りなく近いものであり、一方、おおだてユニオンやおきたまユニオンは、それからは遠いということになろう。もちろん、このことはユニオンの価値を減じるものではなく、活動基盤の面と密接に関係していた。

こうして、東北地方のユニオンの聞き取りから明らかになったのは、それぞれの地方での労働問題には全国的に共通する部分ももちろんあるが、その地域労働市場の特性が色濃く反映されている部分もあった。そしてそれに取り組むユニオンは、これまでの地域での通時的・共時的つながりのなかで活動が可能になっていた。実質的にも、ユニオンの多くはこれまでの運動方針として職場分会の組織化を目指してきたが、その定着率の高い職場分会の存在があってこそ、定着率が低いとされる個人加盟部門が存続しうる側面もあると考えられる。そして人件費を連合や地区労が担っていたり、組合の拠点が長い地域労働運動の成果として低料金および無料で確保されていたり、相談の内容によっては他団体への紹介を行なったり、さまざまな財政面・人的側面での他の労働組合からの支援や協力関係やネットワーキングのなかにあった。[★5] つまり、地方都市において地域労働市場と地域労働運動の積み重ねがあり、財政面・人的側面での他の労働組合からの支援や、拠点が確保されていることなどの条件が重要な役割を果たしていると考えられる。

そこでは確かに、本章の冒頭で触れたような「ユニオン・アクティヴィズムの居場所」〔岩舘、二〇一三〕

★5　ここでは事例で触れるにとどまったが、連合との関係性は、個々のコミュニティ・ユニオンにとって、発足時から現在にいたるまで、良くも悪くも大きな影響をおよぼしており、見逃せないものであろう。

としての事務所空間も重要な役割を果たしていた。そこは通時的にも共時的にも、人と出来事の重要な結節点となっているようであった。しかしそれに加えて、東京や大阪などの大都市と比べて資源の限られた地方都市においては、とりわけ地域という空間を基盤とした通時的・共時的拡がりがやはり欠かせないようであった。

東北という空間、ユニオンの所在する地域という空間、事務所という空間という位相の異なる空間（場所）はローカリティの源泉であり、それを基盤としつつ、ユニオンが成立している。そしてユニオンのつくる磁場は、ときに抵抗のよりどころとして、ときにいざという時の保障として、および困ったときの駆け込み寺として重要な役割を果たしていた。

第6章 外国人労働者を支える
――技能実習生問題を中心に

崔 博憲

1 外国人労働者の増加とコミュニティ・ユニオン

近年、労働力減少が進む日本社会では、安価で都合のよい周縁労働力として外国人を編入する動きが急速に拡大している。この背景にあるのは、世界化した資本主義の変容である。安定的な雇用環境の下で労働力を育成するよりも、景気の動向に応じて国内労働力の非正規化を進めるとともに国外からもフレキシブルに安くて使い勝手のよい労働力の調達をする現代の資本主義と連動する形で〔伊豫谷、二〇一四〕、一九八〇年代後半以降、日本政府はそれまでとってきた単純労働者を国外から受け入れないという立場を維持しながらも、法や制度を改めて単純労働者に他ならない外国人の受け入れを本格化させた。それから三〇年近くを経たいま、もはや外国人の労働なしに成り立たないほど日本社会にとって彼／彼女たちの働きは不可欠となっている。

構造的な矛盾や問題を抱えた法制度や政策、戦前・戦後を通じて醸成されてきた非日本人に対する差別意識などが複合的に重なりあって形成されている日本の労働市場の底辺で働く外国人たちの地位や立場は脆弱である。彼/彼女たちが労働や生活の問題に遭遇したとき、それを解決したり支援したりする仕組みや運動も少ない。

だが、近年、不安定就労層の増大にともない活動領域を拡張させているコミュニティ・ユニオンのなかには、外国人労働者の直面する問題に積極的に取り組むところもある。労働者の差異化と分断が進み、雇用環境や日々の生活に関する問題を解決するために働く者たちがともに闘う場や機会が大きく減少するなかで、地域や雇用形態だけでなく国籍をも越えて関係を構築し、ともに労働運動を展開する活動は注目に値する。

本章では、今日の日本の底辺労働の中核を担う存在となっている外国人労働者と彼/彼女たちを支援する労働運動について考えてみたい。具体的には、外国人技能実習生に焦点をあてながら日本における周縁労働を担う外国人労働者の実態を説明したうえで、彼/彼女たちが遭遇している労働問題の解決に取り組むコミュニティ・ユニオンをとりあげ、その活動の意義や課題について考察する。

2 日本で働く外国人

●在日から外国人労働者へ

現在、日本に暮らす外国人は二五六万人(二〇一七年末)、そのうち働く外国人は一二八万人となっており(二〇一七年一〇月)、それぞれ統計をとり始めて過去最高の数値となっている。★1

戦後長い間、在日外国人のほとんどを占めていたのは旧植民地出身者とその子孫であった。戦後、日本国籍を剥奪された在日韓国朝鮮人の多くは日本語を話し、厳しい差別を生き抜くために日本名を使い底辺労働に就いていた。戦後日本は、そうした人びとを日本人でもなく移民や外国人労働者でもない「内なる他者」として扱い、社会の外縁あるいは下層に位置づけることで不可視化し[★2]、戦前・戦中とはうってかわって国民の均質性を謳うようになる。また、一九五〇年代以降の高度経済成長期、欧米諸国が旧植民地や周辺諸国から労働力を調達したのに対して、当時国内に多くの産業予備軍を抱えていた日本では、国外から労働力の移入をほとんどすることなくその需要の高まりに対応できたことも均質な国民という物語をいっそう強固なものにした[★3]。

しかし、均質な国民が国内で必要とされる労働を担うという物語は、一九八五年のプラザ合意とそれに続

★1　法務省の在留外国人統計および、厚生労働省の「外国人雇用状況」の届出状況。

★2　戦後、日本では官民ともに旧植民地出身者や非日本人に対して労働の機会を著しく制限してきた。その差別性や閉鎖性に抗ったものとしては、たとえば〔朴君を囲む会編、一九七四：徐、二〇〇三：鄭、二〇〇六〕などを参照されたい。

★3　一九六〇～七〇年代に人手不足対策として外国人の受け入れが繰り返し議論されたが、その度に受け入れはしないという閣議決定されている。ただし、この時期に例外的に受け入れられた外国人労働者もいた。その点についてはたとえば〔外村、二〇一三〕を参照されたい。

くバブル景気によって円高と人手不足に直面した日本社会が本格的に国外から労働力の移入を開始したことで実質的に終幕を迎える。当初、日本で働く外国人の多くは在留や就労の資格を持たないイラン人、バングラデシュ人、パキスタン人、フィリピン人、タイ人、ブラジル人、中国人、韓国人などであったが、一九九〇年以降、入管法などを改定し、単純労働者は受け入れないとしながらも「日本人の血」「国際貢献」という抜け道をつくり、日系人と外国人研修生・技能実習生の受け入れを始める。

この時期から増加した留学生や結婚移民女性も現代の日本を支える貴重な働き手となり、現在に至るまで彼／彼女たちはアルバイトやパート労働者として、妻や母、嫁として、サービス業、製造業、農業、そして家事や育児、介護など多様な労働を担っている。

二〇〇〇年代に入ると、国籍法改正（二〇〇八年）を契機に新日系人と呼ばれる人びと（主にフィリピン人）が国内各地の底辺労働に従事するという新たな動きや、経済連携協定（ＥＰＡ）の下、インドネシア（二〇〇八年～）、フィリピン（二〇〇九年～）、ベトナム（二〇一四年～）から看護師や介護士の候補生として働く若者の受け入れが始まった。また二〇一六年には外国人家事労働者の受け入れも開始された。

このように近年、日本で働く外国人の増加と多様化が進んでいるのだが、日本政府は二〇二〇年の東京五輪の成功や東日本大震災からの復興、女性の活躍推進のためにさらにそのスピードを加速させようとしている。二〇一四年四月四日に行われた第四回経済財政諮問会議及び第二回経済財政諮問会議・産業競争力会議合同会議で、安倍首相は「日本国内の徹底したグローバル化」を進めるために「外国人材の活用」の必要を述べている。戦後日本で、首相が国外からの労働力の移入促進をこれほど強く主張したことはない。それは、今日の日本社会にとって外国人の労働力がどれほど重要であるのかを意味している。

ただし、同会議で安倍首相は、「外国人材の活用」は「移民政策と誤解されないように」進められなければばならないという注文をつけている。働く外国人の受け入れ拡大は推進するが、彼／彼女たちは決して移民ではないというわけだ。

●安価で都合のよい労働力の移入：外国人技能実習制度を中心に

移民を受け入れないという立場を維持しながらも、国外から実質的な単純労働者の受け入れ拡大を進めようとする現在の外国人政策の軸に据えられているのが、国際貢献という目的を掲げる外国人技能実習制度である。一九九〇年代以降の日本社会のなかでもっとも安い賃金で過酷な労働を担ってきたのは、この制度を通じて来日した外国人である。ここでは、この制度に焦点をあて、日本の底辺労働を担う外国人労働者とその受け入れについて確認しておく。

外国人技能実習制度は、一九五〇〜六〇年代に行政機関や海外進出していた日本企業が外国人を研修生として日本に招いて技術・技能を伝達するという国際貢献事業がその源流となっている。当初はその目的に沿う形での受け入れが中心であったが、一九七〇年代以降、徐々に安価な労働力を確保するためにこの仕組みが使われ始め、一九九〇年の入管法の改定や法務省告示によって制度目的は完全に有名無実化する。研修生の受け入れ要件が大幅に緩和されたことで、先進的な技術や技能をもたず海外との結びつきもない人手不足に悩む中小零細企業が中国や東南アジアから若い労働力を受け入れるためにこの制度は活用されていく。

一九九〇〜二〇〇〇年代、外国人研修生の受け入れで大きな問題となったのが、研修生の「労働者性」であった。それは制度の目的は「研修」つまり学びであって「労働」ではないという理由で、来日した研修生が労働関連法によって労働者としての権利を保護されないという問題であった。それにより外国人研修生が作業中に事故で負傷・死亡しても労災が適用されない、研修という理由で最低賃金よりもはるかに低い手当

しか払われない、残業代が支払われない、強制的に通帳が管理されるといった問題が続出した。[★4]
研修生の「労働者性」に関する問題は、二〇一〇年に研修制度から技能実習制度に改正され、それまでは一年の研修を終えて二年目に技能実習生となって初めて認められた「労働者性」が来日一年目から認めらるようになったことで、形式上は解消された。だが、国際貢献という看板が掲げられているなか、技能実習生の受け入れ機関の七〜八割が労働基準関連法に違反する状態は続いており、[★5]「学ぶ者」から「働く者」となっても法が認めないような厳しい条件や環境の下でアジアの若者を受け入れるという本質は変化していないのである。

一九九〇年に四万人に満たなかったこうした受け入れは、二〇一七年には二七万人を超えるまでに増加している。労働価値の低下が進む今日の日本では、滞日期間が限られた単身者であり、安い賃金で厳しい労働を担う技能実習生が底辺労働の中核となっているのである。その半数近くを占めているのが近年急激に増加したベトナム人である（一二万三五六二人）。数年前まで技能実習生の八割以上を占めていた中国人は実数と構成比ともに減少し（七万七五六七人）、以下フィリピン（二万七八〇九人）、インドネシア（二万一八九四人）、タイ（八四三〇人）の順となっている。技能実習生の受け入れ職種については、機械・金属関係と繊維・衣服関係、食品製造関係や建設関係が上位を占めているが、農業関係も受け入れ数を増やしている。

二〇一七年、日本政府は受け入れ期間の延長（三年から五年に）や介護など人手不足が深刻な職種での技能実習生の受け入れを可能とする法改定を行い、さらに技能実習制度の拡大運用を図っている。

●送り出し機関の圧力と受け入れ国による「差別の承認」

外国人技能実習生は、外国人労働者のなかでもとりわけ脆弱な存在である。その脆弱性の要因を、制度のにもある。

目的と実態のズレに見出すだけでは十分ではないだろう。技能実習生の脆弱性の要因は、送り出す社会の側にもある。

外国人技能実習生の多くは営利目的で送り出し事業を行っている自国の機関を通じて来日しているのだが、そのほとんどは多額の借金をして日本に行くための手数料を送り出し機関に支払っている。また、送り出し機関のなかには、日本側の求める従順な労働力に仕立て上げるために、学歴や年齢、労働や日本語の能力といったもの以外にも失踪防止のために高額の保証金や土地の権利証の預け入れや労働組合に加入しない誓約書を求めるところもある。タバコや酒を断ち、決して受け入れ機関や雇用主ともめ事を起こさず何事にも我慢をするという誓約をさせるという送り出し機関もある。さらに、こうした送り出し機関の関与や圧力

★4　外国人技能実習制度に改訂されるまでの外国人研修生の労働問題については、たとえば〔アジア人労働者問題懇談会編、一九九二：外国人研修生問題ネットワーク編、二〇〇〇・二〇〇六〕などを参照されたい。

★5　厚生労働省によれば、改正入管法が施行されてから二〇一七年までの五年間の違反機関／実習実施機関（違反率）は次のとおりである。二〇一三年：一八四四／二三一八（七九・六パーセント）、二〇一四年：二九七七／三九一八（七六・〇パーセント）、二〇一五年：三六九五／五一七三（七一・四パーセント）、二〇一六年：四〇〇四／五六七二（七〇・六パーセント）、二〇一七年：四二二六／五九六六（七〇・八パーセント）。

は帰国後も続く場合もある。[★6] 外国人技能実習生の送り出し機関のホームページを開くと、そこには自分たちが送り出す技能実習生が他の機関や国の送り出す技能実習生よりも安くて従順な労働力であると謳われているが、その謳い文句の裏にはこうした条件や縛りがあるのだ。

さまざまな条件や縛りがありながらも、人びとが国境を越えて日本で自らの労働力を売ることの大きな動因は賃金格差である。そして、その賃金格差を動因とする現代の移住労働の背景には、日本を含めた先進国による途上国への開発援助、多国籍企業による消費文化の浸透がある。そうしたなかで、それまで生存を維持するための根幹であった伝統的農業や自然環境が変容・解体され、産業予備軍化された人びとの労働力が自国や自国の送り出し機関にとって重要な商品となっているのである〔たとえば、Sassen, 1992：伊豫谷、二〇〇二〕。こうした送り出し国の社会変動をふまえることなしに、現代の移住労働の実相を把握することはできない。

ただし、送り出し機関のあり方や送り出し国の社会変動やその仕組みが移住労働者を脆弱な存在にする要因であるのは間違いないが、外国人技能実習生を国内労働者よりも圧倒的に脆弱な存在にしているのは、何よりも彼／彼女たちを受け入れる日本という国家である。上林恵美子は、外国人技能実習制度について次のように指摘している。

〔……〕一時的外国人労働者受け入れ制度というものは、外国人労働者を一時的雇用という形態に押し込めること、内国人労働者には課せられない職種制限、労働移動制限を強制するものである。すなわち、国家そのものが内国人労働者と外国人との権利の差異の承認をしている制度である。

日本の技能実習制度もこうした性格を免れるものではない〔上林、二〇一五、一四七頁〕。

ここで上林がいう「差異の承認」とは、より直截にいえば「差別の承認」に他ならない。外国人技能実習生は、国家によって承認された差別のなかで働いているのである。

外国人技能実習生の脆弱性や彼／彼女たちが直面する問題は、日本の外国人に関わる政策の失敗あるいは法制度の欠陥や矛盾の結果でもあるだろう。それは間違いない。だが、こうした制度を生み出し、維持する根にある日本社会に固着している外国人や外国人労働者に対する差別的な構えを看過することはできない。それは、政策の失敗や法制度の欠陥・矛盾といったものとは異なる次元の問題である。

★6　たとえば長年、外国人研修生・技能実習生の支援をしてきた、すべての外国人労働者とその家族の人権を守る関西ネットワーク（RINK）の早崎直美は次のような事例をあげている。「ある実習生は、帰国後受け入れ機関を訴えようと準備していたが、その動きが協同組合に伝わったとたん、兄弟が中国で経営していた店の営業許可を地元の関係当局に突然取り消させるという事件が起こった。同時に、送り出し機関から裁判を止めるようにと脅された彼女は、泣きながら私に訴えをあきらめると連絡してきた」〔早崎、二〇一五、二九―三〇頁〕

3　外国人労働者を支えるコミュニティ・ユニオン

●新しい労働運動の担い手としてのコミュニティ・ユニオン

法制度による差別、社会に埋め込まれた排外意識のなかで働く外国人労働者の多くが、さまざまな労働問題に遭遇している。ここでは、現代日本の労働運動がこうした人びとにどのように向き合っているのかをみていきたい。

戦後長い間、日本の労働運動は、年功賃金、終身雇用、企業別組合という枠組みのなかで働く「男性／健常者／日本人」によってほぼ占有されてきたため、そこから外れる女性、障がい者、外国人が労働を通じて遭遇する問題は労働問題というよりもそれぞれの固有の問題だとされてきた。

しかし、雇用の流動化が進み、従来の規範的な労働者モデルにおさまらない人びとこそが経済社会を駆動するようになったことで労働運動も大きく変容している。多様な人びとが多様な働き方で労働市場に動員されたいま、非正規雇用の割合は約四割近くとなり、労働組合の組織率は一七・一パーセント（二〇一七年）まで減少している。それは従来型の企業別労働組合を中心とした労働運動の衰退を意味しているのだが、そうした状況の下で新しい労働運動が活動領域を広げつつある。その新しい動きを牽引しているのが、増加する不安定就労に従事する人びとの労働問題に積極的に取り組むコミュニティ・ユニオンである。

コミュニティ・ユニオンは、一九八〇年代以降、「パート一一〇番」や労働組合の再編という流れのなかから生まれてきた労働運動の新しい担い手であり、「地域に根ざしている」、「個人でも参加できる」、「非正規労働者や外国人労働者が参加できる」といった特徴をもつ労働組合である。遠藤公嗣は、コミュニティ・ユニオンを「地域組織援助型」、「一般組合転化型」、「特定労働者志向型」に類型化したうえで、「現在、全国でおよそ三〇〇程度の個人加盟ユニオンが存在し、三～五万人の組合員がいて、そのうち一～二万人が非正規労働者である」と推測している〔遠藤、二〇一二、四―七頁〕。

文貞實は、既存の労働運動のなかで個人化され「彼」「彼女」に解体された者たちにとってはコミュニティ・ユニオンが「最後の砦」となり、新しい関係をつくり出したり、さまざまな経験を育んだりする「場所」になっていると述べているが〔文、二〇一三、九二頁〕、不安定な身分や立場で働く多くの外国人にとってもコミュニティ・ユニオンは居場所や駆け込み先となっている。

●外国人労働者支援とコミュニティ・ユニオン

濱口圭一郎は、国内労働者の立場からすると、外国人労働者問題には特有の困難があるとして「外国人労働者といえども同じ労働市場にある労働者であり、その待遇や労働条件が低劣であることは労働力の安売りとして国内労働者の待遇を引き下げるおそれがあるから、その待遇改善、労働条件向上が重要課題となる。しかしながら、いまだ国内労働市場に来ていない外国人労働者を導入するかどうかという局面においては、外国人労働者の流入自体が労働供給を増やし、労働市場を買い手市場にしてしまうので、できるだけ流入させないことが望ましい。もちろん、この両者は厳密には論理的に矛盾するわけではないが、「外国人労働者を入れるな」と「外国人労働者の待遇を上げろ」とを同時に主張することには言説としての困難性がある」〔濱口、二〇一一、二七二頁〕と述べている。こうした困難は、労働者のナショナル・センターである日本労働組合連合会（連合）［一九八九年に日本労働組合総評議会、民社党系の全日本労働総同盟、中立労働組合連絡会議、全国産業別労働組合連合の労働四団体を統一し結成］のものでもあるだろう。たとえば、連合が二〇一七年に出した「外国人労働者の受入れ政策に関する連合の考え方」では、外国人労働者の権利を護る必要を主張しながらも、これまでと同様にその受け入れには慎重な姿勢が打ち出されている。[★7]

だが、外国人労働者の問題に積極的に取り組むコミュニティ・ユニオンの多くは、こうした困難以上に、具体的な労働現場や地域社会において外国人労働者が遭遇している眼前の困難に向き合っている。それは「国内労働者である自分たち」の待遇を引き下げないための労働運動であるともいえるが、筆者が知る限り、外国人労働者を支援するコミュニティ・ユニオンの活動現場で「国内労働者である自分たち」の労働条件を向上させるために外国人労働者支援が必要だと語られたり、あるいは「外国人労働者を入れるな」といった主張が持ち出されたりすることはない。全統一労働組合で外国人労働者支援に取り組む鳥居一平は、戦後日本の労働運動を振り返りながら、次のように述べている。

戦後労働運動は、当初在日朝鮮人労働者が日本人と肩を並べてスタートを切った。しかし、企業別労働組合の確立と同時に一転、在日朝鮮人を排斥し、以来今日まで在日朝鮮人、在日韓国人、在日中国人の存在をかえりみない労働運動であった。労働組合もまた、政府と同様「単一民族」幻想という誤った前提に立脚していた。たとえば安全衛生や労働条件、職場環境づくりにおいて認識差、文化の違いを検討しようともしないことに如実に表れている。そういった「現にそこにいる」存在を抜きにした労働運動は虚構ではないだろうか〔鳥井、二〇〇四、二九三頁〕。

戦後日本では、国家、企業、そして労働組合もが一体となって「現にそこにいる」外国人を抜きにして労働政策、雇用、そして労働運動が行われてきた。労働という言葉がその呼称に含まれているにもかかわらず、労働運動のなかでは外国人労働者の権利や労働条件を問題化する動きは少なかった。その状況はいまも根本的に変わっていない。だが、雇用の流動化によって日々増加する不安定就労層に向き合うなかでコミュニティ・ユニオンは、「現にそこにいる」外国人を抜きにしない労働運動を展開している。
　現在、日本のコミュニティ・ユニオンのなかで積極的に外国人労働者問題に取り組んでいるものとしては、全統一労働組合、神奈川シティユニオン、ユニオンみえ、岐阜一般、ゼネラルユニオン（大阪）などがあげられる。これらは、「労働運動や外国人支援の蓄積がある」、「多くの組合員を有している」、「大都市圏に位置している」といった特徴をもち、これまで在留や就労資格をもたない外国人労働者、定住や永住資格をもつ日系人や技能実習生、結婚移民女性、英会話学校で働く語学講師らが直面する労働問題に取り組んできたコミュニティ・ユニオンである。★8
　ただし、ここではこうした比較的規模の大きなコミュニティ・ユニオンではなく、小規模ながら外国人労働者の労働問題に積極的に取り組む広島の二つのコミュニティ・ユニオンを事例として地方都市で活動するコミュニティ・ユニオン運動の実態について考えてみたい。

★7　https://www.jtuc-rengo.or.jp/activity/roudou/data/20170119.pdf（二〇一八年四月一日確認）なお、連合は、近年、非正規労働者については「仲間」と呼び正規労働者との距離を縮めようとしているが、外国人労働者にそうした呼称を使うことはない。

★8　これらのコミュニティ・ユニオンの活動実態やその分析については、〔小川、二〇〇〇・二〇〇四：ウラノ、二〇〇七：細木、二〇〇八：高谷、二〇〇九：Esaman, 2011：文・朝倉、二〇一二：中根、二〇一四：ウェザーズ、二〇一二〕などを参照。

4　広島における外国人労働者とコミュニティ・ユニオン活動

●広島県の外国人労働者の現状

現在（二〇一七年末）、広島県には約五万人の外国人が生活している。「外国人労働者雇用状況」の届出状況によれば（二〇一七年一〇月）、広島県内で働く外国人（在留資格「特別永住」「外国」・「公用」を除く）は二万八三五八人でこの五年間で約二倍近くにまで増えている。国籍別で最も多いのは八九二九人の中国で、次にベトナムの八四八五人、フィリピンの四七三五人、ブラジルの一一五九人という順である。在留資格では「技能実習」が一万三六〇二人で最も多く、次いで「身分に基づく在留資格」（「永住者」「日本人の配偶者等」「永住者の配偶者等」「定住者」）が六六六八人、「資格外活動」（留学生のアルバイト等）が四五三四人という順である。外国人を雇用する事業所数は三九三八か所である。そのうち三〇人未満規模の事業所が二三四八か所で全事業所数の六割を占めており、外国人労働者のおよそ三人に一人が就労している。産業別では全事業所の約五割近くの一四五二か所の事業所が製造業で、外国人労働者の半数以上の一万五〇五二人が就労している。近年の顕著な傾向としては、国籍別でベトナム人、在留資格別では技能実習が急増している点があげられる[★9]。

二〇一三年九月一四日の中国新聞には、こうした広島で働く外国人の実状を反映した記事が掲載されている。

広島県内で外国人技能実習生に対する低賃金雇用や暴力行為などの不正が後を絶たない。実習生の支援団体は「行政は企業により強い態度で指導をしてほしい」と求めている。

三原市の船舶部品製造会社で働く二〇歳代のベトナム人男性は八月半ば、取締役男性の暴力に耐え切れず、福山市の労働組合ユニオンたんぽぽに相談した。

男性は昨年一月に来日。理解のままならない日本語で指導を受けながら溶接を担当していたが、昨夏から「仕事が遅い」などと殴られたり蹴られたりするようになったという。「ベトナム人だけ殴られてつらかった」。足や腕にできたあざの写真も持参していた。

このケースはたんぽぽの指摘で、男性と会社経営者、企業への実習生紹介や指導を担う協同組合（福山市）が協議。会社側が「今後一切体罰を加えない」と誓約書を書き、男性は職場に戻った。

たんぽぽによると、今年に入り、約三〇人の実習生から相談が寄せられたという。複数の縫製会社で働く実習生七人は六月、残業代すら広島県の最低賃金（七一九円）を下回る時給三五〇～四〇〇円しかないと訴えた。ほかに「毎日怒鳴られる」「外出が制限される」などの相談も目立つ。

スクラムユニオン・ひろしま（広島市）にも廿日市や海田町、呉市などから絶えずＳＯＳが届いている。

広島県内では、福山市の縫製、尾道市や三原市の造船関連の会社が多くの実習生を受け入れている。

広島労働局が昨年実施した県内の実習生受け入れ事業所の抽出調査では、八四・五パーセントで労務管理上の法令違反があった。

★９　「外国人雇用状況届出」による外国人労働者の増加については、近年その捕捉率が高まったことも一因であると考えられる。

記事にある福山ユニオンたんぽぽとスクラムユニオン・ひろしまは外国人労働者支援に特化した活動を行っているわけではないが、外国人労働者の直面する労働問題の解決や彼／彼女たちの労働条件の是正に積極的に取り組んでいるコミュニティ・ユニオンである。この二つのコミュニティ・ユニオンへの聞き取り調査をまとめたものから、それぞれの来歴や活動をみていこう。

●スクラムユニオン・ひろしま

・活動の概要と歴史

スクラムユニオン・ひろしまは、広島市内に事務所を置くコミュニティ・ユニオンである。有給でユニオン活動を行っているのは委員長の土屋信三さん（六五歳）一人であるが、妻の土屋みどりさんも書記長として活動を支えている。組合員は一〇〇人ほどで、正規雇用に就いている組合員は少なく、その多くは非正規雇用者である。組合員の出入りも激しい。障がい者や外国人の組合員が比較的多いという点もこのユニオンの特徴である。また県労協や郵政ユニオンなど県内の複数の労働団体と協力関係を構築しており、全国コミュニティ・ユニオンネットワークにも加盟している。さらに、二〇一二年には地域ユニオン・とっとり、女性・地域ユニオンおかやま、えひめユニオンらとともに、コミュニティ・ユニオン中国・四国ネットワークを設立し、中国四国地方のローカル・ユニオンとの連携強化を図っている。

スクラムユニオン・ひろしまが設立されたのは二〇〇二年であるが、その前身は委員長の土屋さんがかつて働いていた職場で結成した労働組合である。一九九三年に東京から広島に移住した土屋さんは広島市の資源管理選別業務を行うリサイクル施設の仕事に就くが、そこは、体調が悪い、あるいは親族が亡くなるといった場合でも有給が認められず欠勤扱いとされて高額の罰金が課されたり、高齢者や障がい者や外国人に対するいじめや差別が日常的に行われていたりする職場であった。そうした職場環境や低賃金の問題を解決するために、土屋さんは障がい者の同僚らとともに一九九五年一月に労働組合を結成する。組合を結成したことで事業主から解雇された土屋さんは、およそ二年に渡る裁判を経て現場に復帰するが、二〇〇一年度、新たに事業を入札した事業主が土屋さんを含め組合員三八人の継続雇用を拒否する。これに対して、組合員はピケットストライキを決行し、資源ごみの搬入阻止という対応に出る。事業の委託元である広島市による介入やその後の裁判闘争により、障がい者と組合員八人の職場復帰が認められたが、組合員全員の復帰とはならなかった。土屋さんは、日系ブラジル人や中国人などの外国人組合員の復帰を優先させ、自分を含めた多くの日本人組合員は、新たな事業主が全員を再雇用する翌年度まで厳しい生活を送ることとなる。

この闘争の様子が多くのマスコミにも取り上げられたことで、土屋さんや組合に地域の労働者からも相談が寄せられるようになる。また、日系ブラジル人労働者が当事者となったこのピケットストライキを在日ブラジル人向けの放送局「ＩＰＣ（イーペーセー）」などのメディアが大きくとりあげたことにより日本各地で働いていた日系ブラジル人からの相談や支援の依頼が相次ぐようになる。こうした展開のなかで、土屋さんらは、二〇〇二年にスクラムユニオン・ひろしまという地域に根ざしたコミュニティ・ユニオン設立する。当初、土屋さんはリサイクル施設で働きながら自身の職場の労働問題と地域から寄せられる相談に対応していたが、二〇〇六年以降は専従としてユニオンの活動に専念し、現在は広島を中心に中国・四国地方のさまざまな労働問題に取り組んでいる。

・世界同時不況

二〇〇八年の世界同時不況の際には、当時、広島県内の自動車メーカーの下請け工場などで働いていた日系人の多くが失職した。かつて日系人とともに労働運動を闘った土屋さんを覚えていた彼／彼女たちは、連日のように五〇〜一〇〇人という単位でスクラムユニオン・ひろしまに相談に訪れた。また、友人や知人あるいはメディアを通して土屋さんを知った県外の日系人たちも大勢相談に来た。その際、スクラムユニオン・ひろしまは、日系人を雇用する県内の派遣業者や事業所に雇用調整対象者であってもすぐさま住居から追い出すような対応をしないよう働きかけるといった生活に重点を置いた支援を行った。

しかし、このとき相談にのった日系人の多くは再び仕事を得ることができずに日本政府の帰国支援金を受け取って帰国している。ただし、若い日系人のなかには近いうちに再び日本に戻ることを考え、政府からの支援を受けずに帰国した者もいた。

・増加する外国人技能実習生の労働問題

世界同時不況後は日系人からの労働相談は減少し、外国人研修・技能実習生からの相談が大きく増加している。相談内容は、賃金や残業代の未払い、通帳やパスポートの取り上げ、セクハラ、パワハラが大半を占めており、団体交渉や裁判などを通じて問題の解決を図っている。また、二〇一三年三月一四日に広島県江田島市で起きた中国人技能実習生による殺傷事件の背景には外国人技能実習制度の構造的な矛盾があるという認識から、事件を起こした中国人技能実習生の裁判の支援も行っている。

外国人技能実習生からの労働相談は以前であればそのほとんどが中国人からのものであったのだが、近年では、ベトナム人を中心に東南アジア出身の技能実習生からの相談が増加しており、通訳を確保して十分なコミュニケーションをとりながら支援活動を行うことが難しいケースもある。〔二〇一二年一〇月一日、二〇一三年一二月一二日、二〇一四年一二月一一日にスクラムユニオン・ひろしまの事務所で行った土屋委員長への聞き取り〕

●福山ユニオンたんぽぽ

・設立の経緯と活動の概要

福山ユニオンたんぽぽは、委員長の武藤貢さん（六六歳）が地域の労働団体や市民活動をする人びとの協力を得ながら、二〇〇六年二月に設立させた広島県福山市で活動するコミュニティ・ユニオンである。武藤さんは、鉄鋼関連企業に勤めながら長らく平和運動や戦後補償、在日外国人支援に取り組む活動に携わってきたという経歴をもつ。有給の専従スタッフはおらず、労働相談や企業との交渉は主に武藤さんが仕事の合間に行っている。組合員は約二〇名で、そのうち二名は中国人で中国人労働者からの相談があった場合は通訳を担当している。労働問題を抱えた外国人技能実習生が問題解決あるいは帰国までの間、一時的に組合員になることがある。

ユニオンが設立されてすぐに対応した事案は、当時国内各地で問題となっていた大手人材派遣会社の派遣問題であった。[★10] この問題に関しては妥当といえる解決を導くことができたのだが、その直後から現在に至るまで広島県東部で盛んな縫製業や造船業などで働く外国人研修生・技能実習生からの相談が絶え間なく寄せられ、近年はそれへの対応がユニオン活動の中心となっている。

・外国人技能実習生問題への対応

二〇〇六年の春、武藤さんは、スクラムユニオン・ひろしまの土屋さんからの連絡を受けて、一人二〇〇万円以上の賃金が未払いになっていると福山市役所に訴えにきた市内の縫製工場で働く中国人研修生・技能実習生三人の相談に対応する。ユニオン設立直後で、それまで外国人の労働問題に関わった経験のなかった武藤さんは、そのとき外国人研修制度や外国人の在留資格についての知識がほとんどなかったのだが、「猛烈に勉強をして」雇用主や受け入れ組合との交渉を行い、問題を解決に導く。このとき問題を告発した三人は、送り出し機関から研修・実習先から逃亡したと中国でも訴えられたのだが、それに対しても送り出し機関の責任者と直接交渉したり、逃亡ではないことを証明する書類を中国の裁判所に提出したりするなどして問題を解決させている。この件をきっかけとして、福山ユニオンたんぽぽを知った市内やその近辺で働く外国人研修生・技能実習生から相次いで相談が寄せられるようになっていく。武藤さんも、それ以降、市内を中心に外国人研修生・技能実習生が多い職場や地域を定期的に訪問し、外国人の労働問題の発見に取り組んでいる。

こうした外国人研修生・技能実習生問題に対する取り組みが、NHKの「クローズアップ現代「歪められた外国人研修制度」」(二〇〇六年一一月二九日)などで放送されたことで、移住労働者問題に取り組む全国の団体や組織からも問い合わせが多数寄せられた。このときとくに注目を集めたのは、雇用主や受け入れ組合と対立関係に陥ってしまった外国人研修生・技能実習生が、どのように送り出し機関から保証金を取り戻すかということであった。

また、福山ユニオンたんぽぽは、これまで雇用主とのトラブルとなった外国人研修生・実習生を大勢シェルターで保護している。多いときには、三つの会社から一〇人を保護している。そうしたシェルターの確保や維持、保護した外国人への食料提供といった生活支援活動については、武藤さんや組合員がこれまで市民運動などを通じて培ってきた地域社会の人脈やネットワークによって支えられている。〔二〇一二年一一月一九日、二〇一六年三月一八日に福山ユニオンたんぽぽの事務所で行った武藤委員長への聞き取り〕

●広島の二つのコミュニティ・ユニオンの活動の意義と課題

スクラムユニオン・ひろしまと福山ユニオンたんぽぽは、決して大きな規模ではないが、日本人、外国人問わず、労働問題に直面した人びとを地域社会のなかで支える活動を展開している。そして、二つのコミュニティ・ユニオンともに、各委員長の働きによってその活動が成り立っている。

外国人労働者が多いという広島の地域性もあるが、二つのユニオンが積極的に外国人労働者支援を行っているのは、それぞれの委員長である土屋さんと武藤さんの経験や経歴に拠るところが大きい。スクラムユニオン・ひろしまの土屋さんが労働運動を外国人労働者とともに闘った経験はその象徴ともいえるが、土屋さんも武藤さんとともに労働運動に携わる以前から戦後補償問題や平和問題、在日外国人問題に取り組む市民運動に長らく携わってきている。聞き取りのなかで福山ユニオンたんぽぽの武藤さんは、「困っている人は無条件で助けなければならない」、また労働問題という点から「日本人であろうと、中国人であろうと、ベトナム人であろうとまったくそこに境はない」と述べている。こうした考えや姿勢は、「外国人でも同じ働く仲間」というスクラムユニオン・ひろしまの土屋さんにも共通していえる。それは、それぞれの経験や経歴を通じて形成されてきたものであるといえるだろう。

★10　二〇〇〇年代以降、非正規労働が拡大するなかで、派遣労働の規制が緩和され派遣労働が急速に増加した。こうしたなか、企業の求めに応じて一日単位の派遣労働を急速に拡大させた人材派遣会社が行った違法派遣や長時間拘束、賃金の一部を不当に徴収したといった問題。

世界同時不況があった二〇〇八年前後からは、二つのコミュニティ・ユニオンが支援する外国人労働者の多くは外国人技能実習生となっている。土屋さんや武藤さんは、外国人労働者を支援する市民や法律家らと協力して「外国人技能実習生を支援する会」を立ち上げ、地域社会のなかで彼／彼女たちの労働問題だけではなく在留資格や生活面のサポートも行っている。

こうした活動は、外国人技能実習生を「現にそこにいる」存在として認識し、彼／彼女たちを支えるものである。日本社会のなかでもっとも厳しい労働条件で底辺労働に従事し、もっとも構造的に脆弱な労働者である彼／彼女たちを支える活動は極めて重要である。このような活動が、外国人だけではなく日本人を含めた労働者の権利や人権の防波堤となっている。

しかし、規模の小さなコミュニティ・ユニオンが、技能実習生のような外国人労働者の問題に継続的に取り組み、それに多大な労力を費やすことは容易なことではない。多くの小規模なコミュニティ・ユニオンと同様に、この二つのコミュニティ・ユニオンとも組合員の数や定着率、財政基盤、人材といった点で課題を抱えている。

コミュニティ・ユニオンに参加する外国人労働者の多くは「駆け込み訴え―解決―組合員の退職＝組合からの離脱」〔小川、二〇〇四、二六二頁〕というプロセスをたどる。非正規労働の日本人の場合も同様のプロセスをたどることが少なくないが、外国人労働者はよりその傾向が強い。さらに外国人技能実習生は、滞日の時限があるため、帰国によって組合から「離脱」せざるをえない存在である。外国人技能実習生の受け入れ拡大は、コミュニティ・ユニオンのような労働運動以外から支援を受けにくい脆弱な外国人労働者の増加を意味するが、彼／彼女たちへの支援が増加するほどに、規模、財政、人材の点で困難を抱えているコミュニティ・ユニオンが安定的に活動を継続することを難しくさせてしまうのである。

小川浩一は、「地域合同組合やコミュニティ・ユニオンなどの個人加盟主体とした労働組合は、相談対応や組織の維持・運営の面で、どうしてもオルグ〔オーガナイザー／組合を組織化する人〕の個人的な力量に依存するところが大きい。また、組合オルグも自ら組織を立ち上げ発展させてきた〝創設者〟の場合には、「野武士」といわれるにふさわしい人物が多い」と述べている。ここに事例としてあげた広島の二つのユニオンについても、かなりの程度そうした指摘にあてはまるといえるだろう。小川は、外国人労働者を支援する労働運動を継続させていくためには、当事者である外国人労働者の活動家の育成が必要だと述べているが〔小川、二〇〇四、二六〇―二六五頁〕、ローテーション型の技能実習生の受け入れを拡大させる政策が進められているいま、小川が提案するような方向での状況改善はこれまで以上に難しくなっている。

５「最後の砦」を守る

一九九〇年代以降、「移民は受け入れない」としながらも、技能実習制度を通じて国内労働者の確保が難しい職種や地域に外国人労働者を移入させてきた日本政府は、いま、そのさらなる拡大を図っている。二〇一八年六月に公表された経済財政運営の指針である「骨太の方針二〇一八」では、「移民政策とは異なる」としつつも、技能実習制度の拡大的な運用を軸に農業、建設、宿泊、介護、造船といった分野で外国人労働者の受け入れ数や受け入れ期間を大幅に増加・延長するとある。

根本的な矛盾や欠陥がある技能実習制度を通じて、国外からの「周縁労働力」の受け入れ拡大は、「経済と法の裂け目に落ち込む外国人労働者」〔丹野、二〇一三、二〇五頁〕を増やすことにつながる。

そして、実質的には移民としか呼べない外国人を受け入れながらも「日本＝非移民国家」という神話が語り続けられることで、磯前順一・酒井直樹がいう「新たな国民主義」「反移民人種主義」が生成されるだろう。

経済格差が拡大し、多くの国民に負担が過剰に課される時、それに耐えるためには、それでも私たちは同じ民族＝国民共同体の一員なのだという、空想としての国民国家のシェルターが必要とされる。社会・経済的に切り捨てられたがゆえに、そうした現実に向き合わないで済むように、人々の不安を吸収する巧妙なクッション装置として国民国家は活用されていく。〔……〕新たなこの国民主義を、私たちは、反移民人種主義と呼んでいる。〔磯前・酒井、二〇一五、六頁〕

外国人労働者の存在なくして経済社会が成り立たなくなっているいま、この「新たな国民主義」「反移民人種主義」が恐ろしいのは、外国人労働者や移民は「不要だ」「出て行け」といった排斥主義を刺激するからだけではない。それが、より恐ろしいのは外国人労働者や移民を積極的に移入する一方で、彼／彼女らに対する「差別の承認」を推し進め、彼／彼女らを国民というシェルターの外や下に置く術を合法化・洗練化させるからである。

こうした状況のなかで、具体的な現場や地域で「現にそこにいる」外国人労働者を支えるコミュニティ・ユニオンは、彼／彼女たちにとって「最後の砦」となっている。

ただし、「現にそこにいる」のは外国人労働者だけではない。外国人であれ日本人であれ、自分が切り捨てられるのではないかと不安を抱きながら働く人びとすべてにとって、コミュニティ・ユニオンは「最後の砦」なのである。コミュニティ・ユニオン運動とは、グローバル化の進展によって雇用の不安定化が進むなかで、新たな共同性が生成する場所でもある。資本と国家はそれぞれ新たに労働力や国民の形を鋳造し直し、そこから外れることへの恐怖を煽り立てるが、国籍などさまざまな差異を越えてコミュニティ・ユニオンという場で出会い、ともに不安に向き合おうとする者たちは、資本や国家が求める労働力や国民という括りを越えた紐帯を切り結んでいる。

つまり、コミュニティ・ユニオン運動は、新たな「わたしたち」が生まれる場であり機会でもあるのだ。安くて使い勝手のよい労働力であること、国家が提供する物語に従順であることをこれまで以上に強く求められ、さまざまな「差別の承認」が推し進められてしまっているいま、このような新たな「わたしたち」にしかそれを押しとどめる可能性はないのかもしれない。

だが、外国人労働者や経済格差の底辺に苦しむ人びとを支える役割を、コミュニティ・ユニオンや一部の支援組織に過剰に負わせることはできない。みてきたように、コミュニティ・ユニオンの活動家たちはすでにその役割十二分に担っている。「最後の砦」を失わないために、コミュニティ・ユニオン運動を結節点とする多様な関係やネットワークの形成が必要である。それは、個人化・分断化された者たちにとっての「最後の砦」を守ることにもつながるだろう。

付記：本稿は『部落解放研究』（二〇一六年）二二一号に掲載した「外国人労働者とコミュニティ・ユニオン」を大幅に修正したものである。

第7章 個人的なやりがいや楽しみが活動へとつながる
——女性組合員たちのユニオン活動への参加動機

仁井田典子

1 希少な存在である、積極的に関わり続ける女性たち

コミュニティ・ユニオンは個人加盟を基本とした労働組合で、「組合員が自由意志に基づいて」加入・脱退する組織であることから、労働問題への対処を終えた組合員たちの多くは、組織から脱退してしまうことが指摘されている〔福井、二〇〇三〕。そのため、自分の労働問題への対処を終えてからも組合員であり続ける人たちはごく少数にとどまる。そのなかでも、コミュニティ・ユニオンに積極的に関わりを持つ人たちの多くは男性であり、女性はさらに希少である。それは、様々なコミュニティ・ユニオンが集まる場に参加している多くの男性たちのなかに、若干名の女性たちが交じっている光景を目にすることから見てとれる。なぜ彼女たちは、コミュニティ・ユニオンの活動に積極的に関わり続けているのだろうか。

小谷幸は、管理職ユニオンや女性ユニオンといった属性を限定した組織において、運動方針や組織理念が組合員たちのユニオン活動への関わり方に関係していることを指摘している〔小谷、二〇一三〕。それに対し、本章では、組合員たちがコミュニティ・ユニオンの活動に関わるうえで、組織の運動方針や組織理念に同意するだけでなく、組合員たち個々人のやりがいや楽しみが、コミュニティ・ユニオンへの積極的な関わりへとつながっていることを考察したい。

これまで筆者は、首都圏に所在する女性のみを対象としたあるコミュニティ・ユニオン[★1]に組合員の一人として参加し、インタビューや参与観察調査を行なってきた。その組織で役員として活動する女性たちは、個々人のこれまでの労働や生活における経験やそれに対する意味づけを、コミュニティ・ユニオンでの活動に反映させており、それによって彼女たちは、ユニオン活動に個人的なやりがいや楽しみをみいだしていた〔仁井田、二〇一五〕。つまり、女性のみを対象としたコミュニティ・ユニオンにおいては、女性たち個々人の思いを活動へとつなげていくかたちで活動が行なわれているのだと言えよう。女性組合員たちはこれまでの労働や生活における経験やそれに対する意味づけを、どのようにコミュニティ・ユニオンでの活動に反映しながら活動しているのだろうか。

本章では、コミュニティ・ユニオンで役員として活動する女性たちが、これまで労働や生活においてどのような経験をしてきたのか、また、その経験をどのように織り込みながらコミュニティ・ユニオンに関わっているのか、インタビューデータをもとにみていきたい。

２　役員として活動する五人の女性たち

本章で調査対象としたのは、コミュニティ・ユニオン全国ネットワーク（ＣＵＮＮ）に加盟している組織で、役員として活動に関わっている女性たち五人である。彼女たちへのインタビューは、二〇一七年一〇月から一二月にかけて行なった。その際、筆者は筆者自身について、首都圏にある女性を対象としたコミュニティ・ユニオンの組合員であり、多少なりともユニオンでの活動を経験したことがあるとの旨を伝えた。彼女たちの属性は表７―１の通りである。

彼女たちは年齢が三〇歳代後半から七〇歳代前半までと幅広く、学歴は高等学校卒業以上である。コミュニティ・ユニオンの加入年数は五年以上で、現在は役員として活動に関わっている人たちである。婚姻、子どもの有無、介護経験の有無、これまでの就業経験については、それぞれ異なっているものの、第三節でみていく内容を先取りすれば、彼女たちはみな、これまでの日本社会において「一般的」とされてきた、「男性が外で働いて家族が生活するのに必要な収入を得て、女性が家事労働全般を引き受ける」といった、性別役割分業にもとづく家族形態とは異なるかたちで生活している。

★１　小谷幸によれば、女性を対象としたコミュニティ・ユニオンは全国に七か所あるという〔小谷、二〇一三、一三三頁〕。

3　女性たち個々人の労働や生活における経験とユニオン活動とのつながり

ここでは、①コミュニティ・ユニオンで役員として活動する女性たちが、これまで労働や生活においてどのような経験をし、彼女たち自身がそれをどのように意味づけているのか、②現在彼女たちがコミュニティ・ユニオンにどのような思いを持って関わっているのかについて、彼女たちそれぞれが語ったことをまとめていきたい。

●働く女性たちの力になりたい――Aさん

① 女性が働ける社会を渇望

Aさんは、一九六〇年代半ばに首都圏都市部の高等学校を卒業し、大手損害保険会社で四年間働いた後、一九七〇年代はじめに外資系大手の石油元売り企業に入社する。以前働いていた会社は「良妻賢母型」で、女性社員は女性役割を求められ、結婚を機に退職するものとして扱われていた。けれども転職して働き始めた会社では、女性役割を職場内で求められることが少なく、定年まで働き続ける女性たちが数多くみられた。子どもを持つことに対して全く関心がなく、結婚退職をするつもりがなかったAさんは、女性が働き続けられるこの会社を「いい会社だな」と思っていた。

表7-1　調査対象の女性たちの属性

	年齢	学歴	婚姻	子ども	介護	就業経験	加入年数
A	70歳代前半	高校卒	未婚	無	無	正社員→定年退職	10年以上
B	50歳代後半	大学卒	既婚	有	無	企業内組合職員→個人加盟組合専従	10年以上
C	50歳代前半	大学卒	離婚	有	有	正社員→アルバイト職員→個人請負	10年以上
D	40歳代後半	専門学校修了	離婚	有	無	正社員→パート職員→正職員	10年以上
E	30歳代後半	大学卒	離婚	無	無	正社員→契約社員	5年以上

Ａさんが入社した頃、会社の経営側は、活発に活動する企業内労働組合の弱体化を目的として、新たに企業内組合を立ち上げた。それにより、もとからあった労働組合に残った男性たちは、仕事で活躍の場を与えられなかったり、同じ労働組合の組合員がいない支店へと異動させられたりした。また、新しくできた労働組合では、幹部となった男性たちが管理職に登用されたことから、男性社員は会社によるもとからあった労働組合脱退の圧力に屈し、毎年入社してくる新入社員たちとともにこぞって新しい労働組合へと流れた。そして、もとからあった労働組合は組合員数が減少し、会社の中での影響力が低下した。経営側は女性たちには「はなっから期待してない」ため、彼女たちはもとからあった労働組合に居残っていても、男性たちのような扱いを受けることなく放置された。こうしたことからＡさんは、入社当時からあった労働組合にそのまま居続けることにする。Ａさんを含め、もとからあった労働組合に居続ける女性たちはみな、社内で立場の弱い労働組合に所属しているので組合活動について文句を言われることはあるにせよ、せめて「仕事のことでは文句を言われないように、仕事だけは頑張ろう、きちんとやろう」という意気込みを持って就業した。

Ａさんは、自分のいる労働組合の組合員数が減少していき、「なり手もない」なかで組合の役員を引き受ける。Ａさんによれば、彼女のいる企業内組合には、「構造的な男女の差別の問題について、異議を唱えるような女性は少なかった」。たとえば、家族手当は男性社員だけでなく女性社員にも支給されるべきものであると彼女は考えている。しかしながら、他の女性組合員たちのなかには、職場結婚をして同じ組合のなかに配偶者がいる者が多く、家族手当は「世帯のなかでどっちかでもらえればいい」という考えを持っていた。Ａさんは、他の女性組合員たちとの間でこうした考え方の相違がみられるなか、「私が頑張らないと、他に代わる人がいない」という意気込みを持って組合活動に取り組んだ。Ａさんは組合活動を通じて、首都圏の他の企業内組合などで活動する、彼女と同じ考え方を持った女性たちとのつながりを深めた。一九八〇年代後半に、首都圏にある大企業の企業内組合が女性社員に対する家族手当の支払いを求めて裁判を起こした際、Aさんは支援活動を行なった。

Aさんは企業内組合の活動のほかにも、「男性も女性も同じように働けるような社会にしていくべきだ」という考えのもと、女性が働き続けることを阻害する状況を改善していくための運動にも関わった。Aさんは、女性が働き続けられるようにするためには、男性が育児を分担することが必要であると考え、「男にも育児時間を」というスローガンを掲げる運動に参加する。さらに、Aさんの所属する企業内組合でも、こうした企業外での運動を取り入れて、男性にも育児時間を認めよとの要求を会社に提出し、「大々的に運動を展開した」。そのほかにもAさんは、女子差別撤廃条約批准に向け、女性たちの望む、労働の場における男女平等に関する法律を求める運動などにも参加した。

Aさんには婚姻歴はないものの、二〇歳代後半から四〇年以上ずっとお付き合いを続けてきた男性がいる。その男性は彼女より八歳年上の、自営で広告企画業に携わってきた人である。Aさんによれば、彼女が会社を営んでいる男性に惹かれたのは、多くの男性社員たちが経営側の圧力に屈して新しい労働組合へ移っていく姿に落胆し、「人に使われるっていうのはやっぱり弱いんだな」ということを自身が痛感したからではないかと話している。Aさんはこの男性と長い間お付き合いを続けてきたものの、一緒に生活をしたことはない。Aさんによれば、その男性と一緒に過ごす時間を持つことで、日々の仕事や組合活動によるストレスを解消することができる。けれども、その男性と別々に生活することで、仕事や組合活動などに全力を尽くすことができることから、Aさんにとって「ベスト」な暮らし方であったという。

②　姉妹愛

Ａさんが現在活動している女性コミュニティ・ユニオンの設立メンバーと知り合ったのは、一九八〇年代後半である。そのきっかけは、設立メンバーの女性が首都圏の企業内組合に属しており、地域の労働組合が集まって一斉に抗議行動を行なう際に、Ａさんの会社の労働争議の応援に来てくれたことだった。その後その女性は、電話による女性の悩み相談やＤＶ被害女性のためのシェルター施設を運営する団体を立ち上げ、Ａさんはその団体の会員となった。団体の機関紙には、女性がその団体と同時期に立ち上げた、女性コミュニティ・ユニオンの活動報告も一緒に掲載されていた。退職後も何らかのかたちで組合活動を続けたいと思っていたＡさんは、機関紙に書かれている女性コミュニティ・ユニオンの活動成果を「すばらしい」と思い、「私も参加したい」と考えるようになった。

二〇〇〇年代半ば、Ａさんは会社を退職するのを機に、女性コミュニティ・ユニオンでの活動を始める。Ａさんは、かつての自分と同じように、働き続けようとする女性労働者たちに対して同志としての親愛の情を抱いており、彼女たちが働き続けるのが難しい状況におかれているのであれば、「力になりたい」と考えている。Ａさんは女性労働者に対するこうした思いを、「姉妹愛」という言葉で表現している。それゆえにＡさんは、企業内組合で役員として活動している頃から女性労働者を支援する運動に積極的に関わり、退職してからも女性コミュニティ・ユニオンで女性労働者の労働問題の解決に携わっているのである。

●労働者の労働や暮らしをよりよくする活動に携わりたい――Ｂさん

①　人間宣言

一九八〇年代初め、関西地方の私立大学に在学していたＢさんは、学生自治会で知り合った先輩たちから、大手菓子製造会社の企業内組合の結成大会で記録ビデオを撮影するよう頼まれ、その場に参加する。Ｂさんはその後も労働組合に顔を出すようになり、「働かないか」と誘われたことから、両親の反対を押し切って書記として働き始める。Ｂさんが労働組合で働くことを決めたのは、パートの女性労働者たちが会社側との交渉の場において、上長から一律に「パートさん」と呼ばれることに対し、「ちゃんと名前で呼んで」と懸命に訴える姿に衝撃を受けたことがきっかけである。Ｂさんは、職場で自分たちが物のように扱われることに対して怒り、一人の人間として扱ってほしいとの女性たちの訴えを「人間宣言」と表現している。

Ｂさんの所属する労働組合のある地域では、地域共闘が盛んに行なわれており、地域の企業別労働組合が集まって地域労組連絡会議がつくられていた。そこでは、企業内労働組合を結成しようとする人たちに対する相談活動や、争議を抱える企業内組合の支援活動が行なわれており、Ｂさんはそこにも事務局として関わる。こうした地域での連携は、地域で働く女性のパートタイム労働者の賃金引上げや退職金制度の導入を訴える運動へとつながった。Ｂさんの所属する企業内組合が経営側と交渉したことによって、その菓子製造会社のパート労働者の賃金は上昇し、就業希望者が殺到した。すると地域の他の企業も、パート労働者を確保するためにこぞって賃上げをしたことで、地域の賃金相場が上昇した。それにより、彼女が関わる労働組合や地域労組連絡会議のなかでは、地域を基盤とした労働運動の士気が高まった。Ｂさんの所属する企業内労働組合には、数十年間働き続けるパート労働者が数多くいたことから、彼女たちのための退職金制度をつくろうという動きが起こり、実際に退職金制度がつくられた。それにより、地域の他の企業のなかにも、パート労働者を確保するためにパート労働者の退職金制度をつくっていこうとする動きがみられた。

Ｂさんは既婚者で、企業内組合の書記として働き、地域の企業内組合の連合組織にも積極的に関わりながら二人の子どもを育ててきた。彼女の夫は日米安全保障条約や米軍基地に関する問題や、国際的な労働者連帯などに関わっている活動家で、個人で学習塾を経営して収入を得ている。Ｂさんによれば、「お互いに収入はものすごく少ない」ものの、夫は彼女の労働組合活動に理解があることから、互いに協力しあって生活していくことができると思い、配偶者に選んだのだという。実際、Ｂさんが労働組合で月に数回開かれる会議に参加するために帰宅が遅くなる日には、夫が食事をつくって子どもの世話をしてくれた。また、普段Ｂさんは子どもを保育園へ迎えに行く時間にあわせて仕事を終えることができた。そのため、Ｂさんは労働組合での活動を続けていく上で、家事や子育てがそれほど負担であると感じたことはない。

Ｂさんの夫は子育てには協力的だったものの、ＰＴＡ活動や地域活動には関心がなかった。そのため、Ｂさんがそれらの役員を断わりきれず引き受けざるを得なくなった際には、Ｂさんだけでどうにかしなければならなかった。けれどもＰＴＡ活動や地域活動への参加は、大学を卒業してからずっと労働組合で働いてきたＢさんにとって、地域で暮らす女性たちが地域の生活者としてみせる姿を目の当たりにすることのできる格好の機会となった。Ｂさんは、企業内組合の組合員である女性パート労働者の一人と、地域の活動のなかでも関わりを持った。企業内組合でその女性と接する限りでは、労働者としての側面に目が行きがちであったが、地域の活動のなかで接すると、その女性の「消費者」「主婦」「子育て中の母親」としての側面がみえてきて、多様な価値観を持った個性的な存在として認識することができた。またＢさんは、こうした地域活動に関わるなかで、専業主婦の女性たちにも出会った。Ｂさんは、彼女たちが夫の稼いできたお金をかなり計画的に使っていることに驚き、彼女たち自身の楽しみのためにも時間やお金を費やしている姿を垣間見た。Ｂさんはこうした専業主婦の女性たちのなかには、想像していたよりもはるかに計画的に行動し、「連れ合いに従属していない」生き方をしている人もいることを知った。

②　暮らしや社会問題へのリンク

Bさんの働く企業内労働組合は活発に活動をしてきたが、二〇〇〇年代前半に業界再編が行なわれるなかで会社が倒産した。会社はファンドによって買い取られ、分割して他社に売却された。企業内労働組合で働いていた人たちのなかには、それを機に組合を離れる者もあった。その一方で、組合役員のなかには、自らも再雇用されなかったにもかかわらず、他の失業した労働者たちの仕事探しに奔走する者たちもいた。Bさんは、会社が倒産してからもしばらくは労働組合が存続していたことからそのまま働き続けていたが、存続が難しくなったことにより解雇された。その後もBさんは、再雇用されなかった人たちへの支援を続けた。

労働組合を解雇されたBさんは、事務局として関わってきた地域労組連絡会議とつながりのあるコミュニティ・ユニオンで専従として働き始める。そして、その組織が別のコミュニティ・ユニオンと合併してからも、Bさんは専従（書記長）として働き続けている。Bさんは、現在働いているコミュニティ・ユニオンのなかでの自分を、「実務的な下支えが中心の書記長」だと位置づけ、一歩下がって組織をサポートする立場に身をおいている。そんなBさんは、社会のなかで起こっている問題や人々の具体的な暮らしに「リンクする労働組合であってほしい」という思いを持って労働組合に関わり続けている。

●自分がやってきたことに意味をみいだしたい――Cさん

①　専念できない苛立ち

Cさんは、一九八〇年代後半に関西の私立大学を卒業した後、友人の実家が経営するタイルの会社に入社するが、そこで扱う樹脂接着剤が体質に合わず体調不良になったことから、数か月で退職する。Cさんはそれとほぼ同時期に、大学時代から交際していた在日朝鮮人の男性との子どもを妊娠し、双方の両親の反対を押し切って結婚する。それにより、両親や友人たちとの連絡を断ったCさんは、自身の生活状況と今後の身の振り方を信頼する高校時代の恩師に相談する。Cさんによれば、「左翼活動家」のその恩師は、市民運動や社会運動、環境保護運動などを行なっている人たちの交流雑誌をつくる出版社の仕事を彼女に紹介してくれた。Cさんはその出版社で働き始め、子どもを産み育てながら自ら家計を支えた。

Cさんがその出版社で働き始めて数年が経った一九九〇年頃、突然社長が消息不明となり、上司が以前からつながりを持っていたコミュニティ・ユニオンに加入する。その後Cさんは、今後の会社の経営方針をめぐって上司と意見が対立し、感情的な行き違いが生じた。それに加えて、保育園へ子どもを迎えに行くために早目に退社するCさんに対して、他の女性社員たちから不満が噴出した。そのためCさんは、会社に居づらくなって退職する。

Cさんは、労働争議を終えて出版社を辞めたにもかかわらず、コミュニティ・ユニオンには居続けることにした。なぜなら、コミュニティ・ユニオンを通して抗議行動や団体交渉を経験したことに、Cさんは「新鮮で感激」したからである。また、労働争議のあいだ、駆け落ちをした際に両親や友人たちと連絡を断ってしまったCさんは、会社の先行きや雇用に対する不安などを相談できる相手がほとんどいなかったため、「心細い」思いをしていた。そうしたなかで、コミュニティ・ユニオンの事務所へ行くと、活動家の男性たちが頻繁に集まっていて、彼らがCさんの悩みに耳を傾けてくれた。それゆえに、コミュニティ・ユニオンへ行くことは当時のCさんにとって「楽しい」ことだと感じられ、そのまま居続けることにしたのだという。

出版社を辞めてからのCさんは、生命保険会社の営業職や、私立学校の事務職のアルバイト職員など、彼女と同じ立場で就業しているのが女性ばかりの職場で働いた。それらの職場についてCさんは、雇用形態による格差や差別的な扱いが「すさまじかった」「えげつなかった」と感想を漏らしている。特に私立学校の事務職員として働いていたときは、正職員として働く人たちとの待遇格差が顕著であった。また、正職員のみならず契約職員の人たちから「バイトさん」、生徒たちからは「窓のおばちゃん」と呼ばれ、名前で呼ばれることのない扱いを受けた。こうした就業経験からCさんは、職場における男女差別とは、性別の違いと雇用形態の違いとが結びついて生じているのだと認識するようになった。

Cさんは自ら収入を得ながら子育てをするだけでなく、両親や親戚が介護を必要とするときには彼らの世話も行なってきた。Cさんは子育てや介護のために働きに出る時間を確保できないときには、テープ起こしやホームページの作成・管理などの仕事を個人で請け負うことで自ら家計を支えた。さらに、Cさんの夫が病気で働けなくなったときには、生活を成り立たせていくことが難しくなり、「就学援助」などの公的支援を「片っ端から」活用せざるを得なかった。Cさんはそうした状況にあっても、当時住んでいたところから徒歩圏内にあるコミュニティ・ユニオンの事務所へ行って活動に関わるだけでなく、役員となって「半専従」、すなわち、半ば専従職員であるかのように活動にのめり込んでいった。なぜなら、Cさんにとってコミュニティ・ユニオンへの関わりは、介護や子育てをしながら生活のために就業しなければならない日常の「しんどさ」を忘れさせてくれるものであったからである。しかしながら、当時病気で働けない状況にあったCさんの夫は、彼女のそうした姿に「不満」を抱き、彼女と夫は「かなり関係が悪くなった」。それゆえにCさんは、自らの意に反してコミュニティ・ユニオンの活動に費やす時間を一時的に減らさざるを得なかった。Cさんは後に夫と離婚し、現在は高齢の母親の介護をしながら実家で暮らしている。

② 一番強い名刺

Cさんは、三〇年近くのあいだコミュニティ・ユニオンに毎月会費を支払って加入し続け、現在も役員として積極的に関わり続けている。Cさんにとってコミュニティ・ユニオンでの活動は、組合員の労働問題への対処や、「〔他団体の〕争議支援に行ったら、向こう〔他団体〕が争議支援で返してくれる」といった他団体とのやりとりによって「達成感」がみいだせるものなのだという。また、介護や子育てのために仕事を転々とせざるを得なかったCさんにとって、そこに所属していることは、今や「仕事の名刺よりも一番強い名刺」であるとも語っている。つまりCさんにとってコミュニティ・ユニオンとは、継続して所属し続けてきた「就業先」のような存在であり、なおかつ、自分自身をアイデンティファイするのに最も適した所属先として認識されているのである。

しかしながら、Cさんがいかに積極的に活動に取り組もうとも、活動を中心的に担う役割を期待されてきたのは「全員男性」だった。これまでCさんが組合員である組織において中心的な役割を担う活動家は、ユニオン活動に全力を傾けることを求められ、家事や育児などの負担のない男性たちの都合に合わせて活動時間が組み立てられてきた。そのためCさんは、自らが活動家として期待されていないことや、男性たちに都合のよいように活動時間が組み立てられていること、そして、彼女自身が子育てや介護などのために活動に割ける時間が限られていることに苛立ちや歯痒さを感じてきた。けれどもCさんは、今ではこうした考え方を転換し、ユニオン活動のみに時間を割くことができなかった自身の経験こそが、これからのコミュニティ・ユニオンの組織づくりのために必要なのではないかと述べている。コミュニティ・ユニオンでは組合員の高齢化が進み、後継者不足に悩まされているからこそ、ユニオン活動に専念することができない労働者たちも活動に関われるような仕組みをつくっていくことが必要なのではないかとCさんは考えている。

●自分の思いを率直に言える場を大事にしたい――Dさん

①　子どもが犠牲

Dさんは専門学校修了後、一九八〇年代の終わりから水泳のコーチとして数年間働き、結婚を機に仕事を辞める。一九九〇年代半ば、二〇歳代後半の時に離婚したDさんは、二人の子どもたちと一緒に両親や姉夫婦の近くに移り住み、子育てをしながら収入を得るために介護ヘルパーとして働き始める。彼女は施設の経営者から患者の点滴の針を抜くよう命令されたが、年配のベテランヘルパーの女性から「医療行為になるからしなくていい」と言われて針を抜かなかった。経営者は、命令したにもかかわらず針を抜かなかったDさんに再び針を抜くよう求めた。医療従事者としての資格を持たない自分がそれをするのは「おかしい」と思ったDさんは、知り合いに相談してコミュニティ・ユニオンを紹介してもらい加入する。団体交渉の場で、資格を持たない労働者は指示をされたとしても針を抜かなくて問題ないことが確認され、あっけなく交渉は終了した。

その後、別の施設でヘルパーとして働き始めたDさんは、患者が痰を喉に詰まらせて苦しそうにしている姿を目の当たりにしながらも、資格を持っていないためにただみていることしかできない自分に歯痒さを感じた。この出来事をきっかけとしてDさんは、二〇〇〇年頃から子育てをしながらヘルパーとして働き、准看護師資格を取得するために専門学校へ通い始める。Dさんは資格を取得した後、さらに看護師資格を取得するかどうか迷った。Dさんには、看護師資格を取得することによって、より生活を安定させたいという思いだけでなく、看護についてもっと学びたいという思いもあった。しかしながら、看護師資格を取得するために専門学校に通い続けることで、勉強と仕事だけで手いっぱいになってしまい、子どもたちと接する時間を確保するのが難しくなることを懸念していた。そうでなくとも、子どもたちが就学前の未だ幼い頃に離婚し、彼らをおいて働きに出なければならなかったことで、子どもたちを「犠牲」にしてきたという思いを強く持っているのだと、Dさんはインタビューのなかで繰り返し語っている。Dさんは悩んだ末、看護師資格を取得するために引き続き専門学校に通い、子育てをしながら働くことにする。

Dさんによれば、彼女が子どもたちをおいて働きに出たり、資格取得のために専門学校に通ったりすることに対して後ろめたさを感じてしまうのは、彼女の息子が小学生の頃から学校に馴染むことができなかったからだという。Dさんによれば、彼女の息子は「落ち着きがなく」「自分の思いをちゃんと伝えられない」ために、小学生の頃から同級生たちの輪に入ることができなかった。そのため彼は、Dさんの前では学校に行くふりをするものの、実際に教室へは登校していないことも多く、担任の先生からDさんへ「登校していない」との連絡が入ることが頻繁にあった。またDさんの息子は、学校に馴染めないストレスから、家で「暴れる」こともあった。

Dさんによれば、こうした彼女の抱える悩みに耳を傾けてくれたのが、コミュニティ・ユニオンの女性たちだった。Dさんは、息子の子育てなどで悩むと自宅近くにあるコミュニティ・ユニオンの事務所へ行き、シングルで子育てをする女性たちに話を聞いてもらっていた。

二〇〇〇年代半ば、看護師資格を取得したDさんは、中学生になった子どもたちを家に残したまま夜間に働きに出たくないとの思いから、夜勤を避けて病院のパートや、夜勤のないデイケアやデイサービスの施設などで働いた。現在は子どもたちが社会人となったことから、Dさんは病院で正規雇用者として働いており、夜勤もこなしている。

Dさんは沖縄に関心を持っており、第二次世界大戦による沖縄が受けた被害がどのようなものであったのか、また、未だに沖縄が抱えている米軍基地問題を彼女自身がどのように考えているのかについて、努めて子どもたちに話して聞かせてきた。Dさんが子どもたちとのこうした時間を設けてきたのは、戦争や平和について関心を持つことが、子どもたちにとっても重要なことだという思いからである。さらにDさんは子どもたちに、彼女とのこうした会話をきっかけとして、沖縄について同世代の友達と話す機会を持つだけでなく、自分たちの社会や地球環境の問題へと関心を広げていってくれることを望んでいる。

②　愚痴を言える環境

Dさんは、自らの労働問題をきっかけとしてコミュニティ・ユニオンに関わりを持ち始めたものの、その後准看護師と看護師の資格を取ったおかげで、仕事を辞めたとしても次の仕事をみつけることは容易であり、「自分の労働問題については、〔現在は〕特に何もない」と語る。にもかかわらず、Dさんがコミュニティ・ユニオンとのつながりを続けてきたのは、シングルで子育てをする女性たちと出会うことで、子育ての悩みを相談したり、シングルで子育てをすることの「大変さ」を共有したりすることができたからである。

Dさんは自らの経験から、シングルで子どもを持つ女性たちが、子育てに手がかかる時期に自ら声をあげていくことは難しいと感じた。また、同じ境遇にある女性たちと交流するなかで、そうした女性たちのなかには「愚痴を言える環境がない」人たちがいることに気づかされた。そのためDさんは、自分が当事者として声をあげていかなければという意識を強くしていった。

二〇〇〇年代半ば、子どもたちが小学校高学年に成長したことから、Dさんはコミュニティ・ユニオンの役員を引き受けた。そして数年後、Dさんは委員長の女性から、「会社を定年退職するので、〔代わりに委員長になって〕働いている女性の目線から組織を運営してほしい」と言われ、委員長の役を引き受けることにする。Dさんは自らの労働争議を除いて、労働問題や労働運動に関わりを持った経験がほとんどなく、労働組合に対しても「ピンと来な」かった。けれどもＤさんはそうした立場から、コミュニティ・ユニオンに長く関わっている人たちが気づいていないことを問題点として指摘した。たとえば、コミュニティ・ユニオンでは労働問題や社会問題などについて学ぶ勉強会があるが、組合員の多くはそこで学んだことを家族などの身の回りの人たちと共有しようとしない。Ｄさんは、「あなたたちの一番ちっちゃなコミュニティに発信していかへんかったら、広がっていかないじゃないですか！」と言って異議を申し立てる。これまで自分が関心を持っている沖縄の問題を家庭内で子どもたちと共有するよう努めてきたＤさんは、労働問題や社会問題について自ら学ぶ姿勢をもっているコミュニティ・ユニオンの人たちが、自ら学んだことを家族と共有しようとしないことに「衝撃」を受けたと話している。またＤさんは、沖縄の米軍基地問題など、コミュニティ・ユニオンを通して自らが関心を持っている運動に参加する機会はあるものの、支持政党を越えて他団体とつながりを築いていくことが難しいという。コミュニティ・ユニオンに関わる人たちの問題に対するそうした姿勢についてＤさんは、「派閥うんぬん言ってる場合じゃない」と強く反論する。

現在Ｄさんは委員長の役を退いたものの、相変わらずコミュニティ・ユニオンの役員を続けている。Ｄさんによれば、彼女がこれまで働いて子育てをしながらコミュニティ・ユニオンに関わることができたのは、彼女が所属する組織が、働く女性が活動しやすいよう、活動時間などを配慮してくれたからであるという。Ｄさんは、シングルで子育てをする女性たちが生きやすい社会にしていくために、これからも当事者の立場から声をあげていきたいという思いを持っている。そしてこれまで通りＤさんは、労働問題や社会問題について、彼女が学んだことを家族などの身の回りにいる人たちと共有するだけでなく、組合員たちにもそうした姿勢で関わるよう働きかけていくことで、少しでも社会をよくしていきたいと考えている。

●レールを外れても自分を肯定して生きたい——Eさん

①レールを外れても「最後」ではない

Eさんは関西地方の理科系大学を卒業後、二〇〇〇年代後半から広告代理店で、医薬品や医療機器の販売促進のためのキャッチコピーや広告などを作成するコピーライターの仕事に就いた。その会社は社員の入れ替わりが激しく、新入社員に対する教育がほとんど行なわれていない。実際、Eさんと組んで仕事をしていた営業担当の新入社員の女性は、スケジュールの組み方がわからないまま働いていた。そのためEさんは、いつ緊急事態が生じて対応を迫られるとも知れず「常に休まらない」状態におかれていた。またEさんは、多いときにはひと月に八〇時間程度の残業をしていたものの、専門業務型裁量労働制の対象社員であることを理由に、残業代が支払われることはなかった。

入社して数年後、長時間労働によって鬱病を発症したEさんは、半年間休職して療養する。その後、職場に復帰したEさんは、一日六時間の短時間勤務で仕事量が軽減される代わりに、賃金を二五パーセント減らされた。にもかかわらず、実質的に八時間以上働くことを求められたことから、Eさんは元の賃金で裁量労働制の対象社員として働くことにする。次第に長時間労働に体力的に耐えられなくなったEさんは、会社側に業務の軽減を求めたところ、会社側は彼女に執拗な退職勧奨を繰り返し、長時間労働や会社側の対応によって病状が悪化して再び休職を余儀なくされた彼女を、休職期間の満了を理由に解雇した。こうした会社側の一連の対応に納得がいかなかったEさんは、親戚で弁護士をしている人に頼んで関西地方の弁護士を紹介してもらう。Eさんは弁護士からコミュニティ・ユニオンを紹介され、そこを通じて会社側と団体交渉を行なおうとしたが、会社側はそれに応じなかった。そこでEさんは、二〇一〇年代前半、地位確認、未払い賃金、慰謝料などを求めて裁判所に提訴する。

その頃のEさんは、鬱病の治療のために通院している病院で知り合った建築関係の仕事に携わる男性と結婚し、夫と夫の母親と一緒に生活していた。Eさんは解雇をされたものの、裁判の経過を見守りながら病気をゆっくり治して、傷病手当金や失業給付金が受け取れるあいだに次の仕事を探せればいいとゆったり構えていた。しかしながらEさんの夫は、彼女が収入を得られなくなったことで、是が非でも自分が働いて収入を得なければならないと「プレッシャー」に感じてしまい、仕事上のストレスも重なって鬱病を悪化させたことで働けなくなってしまう。Eさんの夫は、彼女だけでなく自身も病気で働けなくなったことによって、生活費が確保できなくなるのではないかと「切迫感」を募らせ、夫の鬱病はますます悪化した。そればかりか、Eさんの夫は鬱病だけでなく、生育家族との関係によって心的外傷後ストレス障害を併発しており、人に会うことさえままならない状態が続いた。夫や夫の母親との生活を精神的に「しんどい」と感じたEさんは、一人実家に帰って療養を続けることにする。

Eさんは次第に体調を回復させ、二〇一〇年代半ばから不動産会社の事務職の契約社員として働き始める。Eさんによれば、彼女が裁判をしながらも精神的に追い込まれることなく回復することができたのは、コミュニティ・ユニオンの人たちが支援をしてくれたおかげだという。広告代理店を解雇される以前のEさんは、「大学を出て、それに見合った仕事に就いて、順当なレールに乗っていく」ことばかりに目を向けており、そこから外れてしまうと「最後」だと思い込んでいた。けれどもEさんは、コミュニティ・ユニオンの人たちが自らの損得にかかわらず彼女の裁判を応援してくれることに驚かされたと同時に、彼女は自分のそれまでの価値観が絶対的なものではないことに気づかされた。そして、彼らが裁判の傍聴などに来て応援してくれたことが彼女の精神的な支えとなり、裁判の動向にばかり気を取られてしまうことなく過ごすことができたのではないかと彼女は言う。

一審の地方裁判所による判決は、会社による退職勧奨がEさんの退職に関する自己決定権を侵害するものであること、彼女の鬱病の悪化が業務に起因するものであることを認定したものだった。会社側は控訴したが、Eさんは裁判闘争を続けることで地裁判決が覆されるリスクを避けようと和解を選んだ。なぜなら、弁護士や裁判を支援してくれたユニオンの人たちが、精神疾患の悪化が業務に起因するものであると裁判で認められたことを非常に稀なことだと「喜んでくれ」、この判決が他の裁判や争議に役立てられる「意義がある判決だと〔弁護士や支援してくれたコミュニティ・ユニオンの人たちから〕説明を受けた」ことから、一審の判決が覆されるのは「もったいない」と感じたからである。Eさんによれば、一審で会社側の責任が認められたことを鑑みれば、和解金額は「すごく低い金額で落ち着いた」ので諸手を挙げて喜べるものでもなかったが、彼女は裁判の結果に「そこそこ納得」して、二〇一〇年代半ばに二年半かかった労働争議を終えた。

Eさんは、夫との別居期間や夫の闘病期間が長くなるにつれ、彼女の家族や親戚などから、「はよ別れたらすっきりするのに」と、夫との離婚を勧められるようになった。Eさんのなかでは、「せっかく一緒にいようって決めた人だったから」と離婚を踏みとどまろうとする思いと、このまま夫と離婚しないまま「人生を無駄にしてしまっても仕方ない」という思いが交錯していた。Eさんは、夫が彼自身を精神的に苦しめている家族との問題に立ち向かおうとするならば、夫との離婚を思いとどまろうとも考えたが、夫にそうした兆候はみられなかった。Eさんは、夫が精神疾患の悪化によって「視野が狭く」なり「彼女の話を受け入れるのが難し」いことから、夫との会話がかみ合わず「もどかしい思いをいっぱいした」。Eさんは数年間悩んだ末、二〇一〇年代後半に夫と離婚した。

現在Eさんは、裁判係争中に働き始めた不動産会社の仕事を続けている。Eさんにとって現在の仕事は、自らの知識や能力が生かせる仕事ではないものの、以前の仕事とは違って肉体的にも精神的にも「楽」であると、肯定的にとらえることができている。

②　人間くさいつながり

Ｅさんは、自らの労働争議をきっかけとしてコミュニティ・ユニオンへ加入したものの、自らの争議を除いては、全くと言ってよいほどユニオンの活動に参加したことはなかった。けれども、Ｅさんは労働争議を終えた際、自分の学歴に「見合った仕事」から外れたとしても、それで人生が終わるわけではないと考え直し、元気を取り戻していくことができたのは、コミュニティ・ユニオンの人たちが自分たちの損得にかかわらず、そばで応援してくれたおかげだと認識した。そこで彼女は、そうした個人的な損得にかかわらない「人間くさい」コミュニティ・ユニオンの人たちとのつながりを「大事にしよう」と思って、活動に参加し始める。そして二〇一〇年代後半からＥさんは役員となった。

Ｅさんがコミュニティ・ユニオンでやろうとしているのは、精神疾患を抱えた目の前にいる数人の組合員たちが少しでも「幸せ」に生きられるように、彼らが自分自身の生き方を見直してくれるよう働きかけていくことなのだという。Ｅさんが組合員たちに対して何かをしたいという思いを抱くのは、かつて療養しながら裁判を闘っていた彼女が、コミュニティ・ユニオンの人たちの応援によって精神的に支えてもらったのと同じように、彼女自身も他の人のために自分ができることをしたいという思いを持っているからだと考えられる。また、Ｅさんが組合員のなかでも特に、精神疾患を抱えた人たちに対して何かしたいという思いを抱くのは、重い精神疾患の元夫を傍目にみていて、「もっとこうしたらうまくいくのに」と考えさせられた自らの経験を生かしたいという思いがあるからだと述べている。

4　結論——女性組合員たちのユニオン活動への参加動機

これまでコミュニティ・ユニオンで役員として活動する女性たちへのインタビューをもとに、彼女たちそれぞれが労働や生活においてどのような経験をし、それらをどのように意味づけ、コミュニティ・ユニオンにどのような思いを持って関わっていると語っているのかについてみてきた。

インタビューをした五人のなかでも年長者である、Aさん（七〇歳代前半）とBさん（五〇歳代後半）は、労働組合に参加する中で労働問題に出会い、労働組合の活動家としての自己に軸足をおいたうえで自らの具体的な人生経験を語っている。Aさんは女性労働者に対する「姉妹愛」、すなわち、同志としての親愛の情を持って彼女たちを支援する活動を行なってきたと語っている。またBさんからは、パートの女性労働者たちによる、一人の人間として扱ってほしいという「人間宣言」をきっかけとして、労働者の労働や生活をよりよくする活動に関わっていきたいという思いを持って、これまでずっと労働組合での活動を続けてきたという語りが聞かれた。

その一方で、Cさん（五〇歳代前半）・Dさん（四〇歳代後半）・Eさん（三〇歳代後半）の場合、労働問題に直面することで労働組合に出会い、本人たちそれぞれに起こった様々な人生経験が、コミュニティ・ユニオンの活動へのそれぞれの関わり方をかたちづくっている。そのため、彼女たちの語りは生活者としての多面的な自己を表出させたものとなっている。

Cさんによれば、彼女は自らの労働問題をきっかけとしてコミュニティ・ユニオンに関わり始め、生活のために働きながら育児や家族の介護をしなければならない状況のなか、日常の「しんどさ」を忘れさせてくれるユニオン活動にのめり込んでいった。そして現在の彼女は、コミュニティ・ユニオンを「一番強い名刺」、つまり自分自身をアイデンティファイするのに最も適した所属先として認識している。その一方で、コミュニティ・ユニオンでの活動は、それに十分な時間や労力を注ぐことのできる男性が中心であり、彼女がどんなに活動に頑張って参加しようとも周縁化された存在として扱われることに対して、苛立ちや歯痒さを感じてきた。それでも今では、ユニオン活動のみに時間を割くことができなかった自分の経験こそが、後継者不足に悩むコミュニティ・ユニオンの組織づくりに不可欠なのではないかと考えていると語っている。

Ｄさんも自らの労働問題をきっかけとしてコミュニティ・ユニオンに関わり始める。その後、准看護師および看護師資格を取得したことにより、労働問題に悩まされることはなくなったものの、シングルで子育てをしていくことに悩んだ彼女は、コミュニティ・ユニオンのおかげで自分と同じ境遇の女性たちに出会い、彼女たちに悩みを相談することで彼女のなかでどうにか折り合いをつけていた。彼女は自分がシングルで子育てをする女性の当事者として、同じ境遇にある女性たちのために声をあげていかなければという思いを持ってユニオン活動に関わり始める。Ｄさんは自らの労働争議を除いて労働問題といったものに関わりを持った経験がなく、労働組合というものに対しても「ピンとこな」いながらも、そうした立場からコミュニティ・ユニオンに長く関わっている人たちが気づいていないことを問題点として指摘する。たとえば、コミュニティ・ユニオンの勉強会で学んだことなどを、これまでずっと当然のこととして子どもたちと共有してきたＤさんは、コミュニティ・ユニオンの他のメンバーたちが家族と共有しないことを問題として挙げている。

Ｅさんも自らの労働問題をきっかけとしてコミュニティ・ユニオンに関わり始める。Ｅさんによれば、会社を解雇されてそれに対する異議申し立ての裁判をしながらも、精神的に追い込まれることなく次の仕事を始めることができたのは、コミュニティ・ユニオンの人たちが応援してくれたおかげだと認識する。そして、コミュニティ・ユニオンの人たちに精神的に支えてもらったように、自分も他の人のために自分ができることを何かしたいという思いを持ってユニオン活動を始める。またEさんは、重い精神疾患で働けなくなった元夫を傍目にみていて、「もっとこうしたらうまくいくのに」と考えさせられた自らの個人的な経験から、組合員のなかでも特に精神疾患を持った人たちに対して何か自分のできることをしたいという思いを抱いているのだと述べている。

このように、一見するとAさんとBさん、Cさん・Dさん・Eさんのあいだには隔たりがみられるようにも思われる。しかしながら、彼女たちはそれぞれが人生経験にもとづいて活動を自らかたちづくっているという点で共通していると言える。

それでは、彼女たちがユニオン活動に関わり続けるのはなぜなのか。Aさんは会社において経営側から、女性であるために「はなっから期待していない」といった扱いを受けてきた。コミュニティ・ユニオンの専従として働くBさんは、労働組合という男性中心の組織のなかで自らを「実務的な下支えが中心の書記長」だと位置づけ、一歩下がって組織をサポートする立場に身をおいている。Cさんは女性の非正規雇用者が多くいる職場において名前で呼ばれることのない扱いを受けたり、家庭内においては、育児や病気になった家族の介護のために「やりがい」をみいだせる仕事を辞めざるを得なかったり、ユニオン活動の参加を自粛せざるを得なくなったりといった状況におかれている。Dさんは、自身が働いて得た収入で子どもたちを育てていくために看護師資格を取得しようとするものの、そのために子どもたちの世話をする時間が十分に確保できないことに対して「後ろめたさ」を感じてきた。Eさんは職場において、専門業務型裁量労働制の対象社員であることを理由に残業代が支払われなかったり、長時間労働が原因で二度の病気休職を余儀なくされたりしたにもかかわらず、会社から退職勧奨を受けるといった経験をしてきた。

このように、コミュニティ・ユニオンで役員として関わり続ける彼女たちは、普段の労働や生活においてそれぞれが、一人の労働者または生活者として自らの人生を生きることが難しい状況におかれている。コミュニティ・ユニオンなどの労働組合において、自らの労働争議を経験したり、ユニオン活動を通して他の組合員たちと関わりを持ったりするなかで、彼女たちは自分の他にも自分と同様の状況に置かれている人たちがいることを認識する。そして、自分やそうした自分の延長線上にいる他者のために、何か自分にできることをしたいという思いを持つようになる。そうした思いを持つに至った彼女たちにとってコミュニティ・ユニオンは、一人の労働者または生活者として自分の人生を生き、互いにそれが可能となるように配慮し合うことで、それぞれが自らの人生経験にもとづいて活動を自らがかたちづくっていくことが可能な場所である。それゆえに彼女たちは、コミュニティ・ユニオンにおいて積極的に活動を続けているのである。[★2]

★２　本書の第二章によれば、ユニオン活動で得られるもの（雇用や職場の問題を除く）として、男性組合員は「居場所」や「仲間」を挙げている人が多くみられるのに対し、女性組合員の多くは「頼りにできる安心感」を挙げているという。本章においても、ＣさんやＤさんの語りはそのことを示していると言えるだろう。Ｃさんは労働争議のあいだに「心細い」思いをしていたが、コミュニティ・ユニオンの男性たちが彼女の悩みに耳を傾けてくれたことから、そのままコミュニティ・ユニオンに居続けることにしたと語っている。Ｄさんはコミュニティ・ユニオンを「愚痴を言える環境」として意味づけている。

第8章　貧困の広がりと新しいコミュニティ
——多様性と生活をまもる砦

朝倉美江

1　貧困の広がり

私たちの生活は、コミュニティを基盤として成り立っている。コミュニティとは地域社会であるとともに共同社会である。私たちは一人で、もしくは家族とともに生活し、その生活は、家庭内の家事労働と家庭外の市場で提供される商品やサービス、さらに政府によって提供される社会サービス等とともにコミュニティの人間関係・社会関係のなかで営まれている。生活を成り立たせるためには、その前提として労働することが求められる。そしてその労働によって最低限度の生活水準が保障されるべきものであるが、現実には労働しても生活が保障されないワーキング・プアが急増している。

ワーキング・プアとは、労働しながらも貧困状態にある人々であり、そのような労働環境にあること自体がそもそも重大な問題であり、解決すべき課題である。しかし現実には未解決のまま放置され、問題は深刻化し、貧困は広がりつつある。ワーキング・プアの抱える問題を早急に身近なところで、可能な限り解決し、この生きにくい社会のなかで生きることを支える組織やしくみが必要不可欠である。

本章では、ワーキング・プアを組織化し、その生活問題を解決する組織としてコミュニティ・ユニオンを位置づけ、コミュニティ・ユニオンがワーキング・プアの抱える生活問題の解決をどのように担っているのか。さらにコミュニティ・ユニオンが今日脆弱化しつつあるセーフティネットのもと、ワーキング・プアの生活を支援するためにどのような役割を担える可能性があるのか、について「CUNN全国調査」[★1]に基づいて考察したい。まず第二節でワーキング・プアとは何かを示し、そのワーキング・プアをコミュニティ・ユニオンが組織化している現状を明らかにする。そのうえで調査結果を踏まえ、第三節でコミュニティ・ユニオンの組合員が抱える生活問題とは何かを実証的に明らかにし、第四節でコミュニティ・ユニオンの問題解決方法の現状と課題を検討し、第五節でコミュニティ・ユニオンとコミュニティ、そして生活支援機能について具体的に考察する。そして第六節でコミュニティ・ユニオンの多様性と新しいコミュニティについて論じたい。

2　ワーキング・プアとコミュニティ・ユニオン

●ワーキング・プアの拡大と深刻化

ワーキング・プアとは働く貧困層であるが、江口英一は「「貧困」とは、今日、要は「国民最低限」の名目性＝実質的欠如の中で、「容認できない不平等・不公平」をともないつつ、それが付加されたいっそうきびしい「生活破壊」と「崩壊」の状態を意味するものだということである」〔江口、一九八一、二四頁〕という。つまりワーキング・プアとは生活破壊・崩壊の状態にある人たちのことである。

江口は、高度経済成長がもたらした貧困について一九七〇年代に「現に働きながら「貧困」のなかにある広汎な就業階層」を含むものであることを明らかにしている。したがって当時から貧困層には「ワーキング・プア」が含まれていた。しかし、一九七〇年代から八〇年代にかけての貧困層と今日注目されているワーキング・プアを含む貧困層を比較すると、グローバル経済下において①ワーキング・プアの量的拡大、②社会保障制度改革によりセーフティネットが脆弱化していること、そのうえ③生活基盤であるコミュニティが「無縁社会」といわれるほど大きく変貌していることがある。

まず、①ワーキング・プアは「一九九〇年代前半までの不安定雇用と比較し、規模においても質の面でも一段と進んでいる。それは多国籍企業が主導するグローバル経済下の国際競争の激化を背景にした国内外の相対的過剰人口の再編と関わっている。多国籍企業は自国のみならず国外の過剰人口を活用することで、進んだ労働基準を維持してきた国に対して切り下げ圧力を強めることができるようになった」さらに「情報ネットワークを物的基盤とする人材仲介業による労働市場の組織化もワーキング・プアの形成に大いに与っている」〔伍賀、二〇〇五、六一頁〕と言われている。したがって、ワーキング・プアは今後さらに増加するこ

★1　「組合員の雇用と生活および組合員活動に関するアンケート調査」二〇一三〜二〇一四年実施。アンケートの集計データと自由回答を引用している。

とが予測される。

また、少子高齢化や財政危機などを背景とした②社会保障制度改革は、二〇一二年八月に社会保障制度改革推進法が成立し、この法律に基づいて「社会保障制度改革国民会議」が設置され「確かな社会保障を将来世代に伝えるための道筋」がまとめられた。この報告書を具体化するスケジュールと内容が、プログラム法〔「持続可能な社会保障制度の確立を図るための改革の推進に関する法律」〕として二〇一三年一二月に成立した。このプログラム法では「政府は、住民相互の助け合いの重要性を認識し、自助・自立のための環境整備等の推進を図る」として、社会保障制度の核を自助・自立におき、政府の役割はそれを支援することとしている。二〇一三年六月に成立した医療介護総合法は、効率化・重点化を図るとして、保険料・利用料の自己負担が増加し、医療・介護サービスも縮小している。そして「地域包括ケアシステム」を提起し、そこでも自助・互助に過大な期待がかけられている。その後、二〇一六年には「地域包括ケアの深化・地域共生社会の実現」報告書〔厚生労働省〕で、「我が事、丸ごとの地域づくり」が提起された。

さらに③無縁社会が広がり、期待される互助の場であるコミュニティは希薄化、空洞化がより深刻化し、私たちのコミュニティは孤立死を増加させている。新井康友は孤立死について「この問題の本質は、一人で死ぬことが問題ではない。また、死亡してから発見までの日数の問題でもない。単身世帯であろうと同居世帯であろうと、死亡する以前の生活状態がどうであったかが問題である。つまり社会的に孤立した果ての死こそが問題である」〔新井、二〇一四〕と指摘している。

以上のように今日、ワーキング・プアは増加し、今後ますます増加すること、そしてその貧困・生活問題の解決を期待されるセーフティネットは縮小し、さらに脆弱化するセーフティネットを代替するものとして期待されている互助の場でもあるコミュニティは脆弱化・空洞化しつつある。岩田正美は、戦後からの貧困の「かたち」の変遷を明らかにしたうえで、現在の貧困問題の解決を目指した政策について「自立という政策目標は、個人の怠惰が貧困を生むという、きわめて古典的な理解に基づいている。だが、問題は、怠惰ではないのだ。貧困を個人が引き受けることをよしとする社会、そうした人びとをブラック企業も含めた市場が取り込もうとする構図の中では、意欲や希望も次第に空回りし始め、その結果意欲も希望も奪いさられていく。だから問題は「自立」的であろうとしすぎることであり、それを促す社会の側にある」〔岩田、二〇一七、三二四—三二五頁〕と、今日推進されている社会保障制度改革が自立、自助を強調していることに警鐘を鳴らしている。この自立の強調は政策側にあるだけではなく、私たちの身の回りに蔓延している。そのような厳しい状況にあるワーキング・プアの問題を誰がどのように改善・解決できるのだろうか。

●ワーキング・プアと新しい労働組合

ワーキング・プアの問題は顕在化し、拡大している。生活を支える労働に関して「労働問題とは、産業社会が生み出したものであり、産業社会では労働力が商品として売買されるようになったということが重要である」そして「労働者保護法制、社会保障制度、完全雇用政策といった社会政策によって、労働力商品化制限型の市場社会が安定的に形成された」〔濱口、二〇一三、二—三頁〕と言われている。労働力の商品化によって、生活のためには労働力を売るしかない労働者は、労働力としての商品価値を保持することを求められる存在となり、そのためにも必要不可欠な社会政策が、今日脆弱化、崩壊しつつあることが、ワーキング・プアの問題をより深刻化させている。

日本の貧困率は、一五・六パーセント〔二〇一七年〕であり、他の先進国に比べかなり高いこと、さらに一九八〇年半ば以降コンスタントに上昇し、日本は「貧困大国」〔橘木、二〇一二、四頁〕となっている。その背景には、日本型雇用といわれていた定期一括採用と長期雇用慣行と年功賃金が解体したことがある。このような雇用環境の急速な悪化は、一九九〇年代からのグローバリゼーションと新自由主義改革によって労働市場の構造変化が急速に進んだことにある。木下武男は、日本の労働運動は「決定的な後退局面に入った」と述べ、その構造変化に対し「日本の労働運動の宿痾ともいうべき企業別組合の克服を果たすことなく、この新しい段階に突入してしまったことが重要な課題である」〔木下、二〇〇五、一〇八頁〕と指摘している。そしてその課題を克服するためには、「低所得の正規雇用労働者と、膨大な有期雇用労働者とが合流し、働く貧しい人々――ワーキング・プア――という一極を形成する。現段階の労働運動にとって必要なことは、労働組合の基盤である労働者の類型を、このワーキング・プアにシフトするという「切り替え」を完全になすことである」〔木下、二〇〇五、一一七頁〕という。

ワーキング・プアをメンバーとした労働組合の一つがコミュニティ・ユニオンである。コミュニティ・ユニオンとは、一九八〇年代から個別紛争の解決に労働者側の立場から取り組んできた、地域を単位とした個人加入による新しい労働組合である。従来の労働組合の大半が職場を基盤としてきたのに対し、「地域社会を基盤とした労働組合」である。コミュニティ・ユニオン全国ネットワーク（CUNN）の事務局長は「ユニオンは、権利侵害に対する抵抗と人間回復・再生の砦であるとともに仲間がいる、出会える場所であり、ユニオンは地域の外国人問題や介護保険の問題などにも取り組んできた」〔二〇一七年一一月三日科研研究会での報告より〕という。

コミュニティ・ユニオンは、労働問題の解決を目指すとともに組合員の生活問題を解決することを目指していているところに特徴がある。ワーキング・プアの生活は、貧困と社会的排除の問題を抱え、より深刻化している。次節では、このようなワーキング・プアの抱える生活問題を調査結果から明らかにし、そのうえでその生活問題を解決する担い手としてコミュニティ・ユニオンを位置づけて検討したい。

３　コミュニティ・ユニオンの組合員が抱える生活問題

●組合員の生活問題の実態

私たちの「CUNN全国調査」は、コミュニティ・ユニオンの組合員を対象とし、回答者の六割弱が正社員、「臨時雇用・パート・アルバイト、嘱託、契約」、「派遣社員」を合わせた非正規雇用の人は四割弱であった。生活問題について本調査では「困っていること」（表８―１）として質問している（複数回答）。「困っていること」は、「お金のこと」が四九・〇パーセントと最も多い。二番目は「自分の老後のこと」四二・七パーセント、三番目は「身体の健康のこと」三七・六パーセント、四番目は「雇用のこと」二四・八パーセント、五番目は「家族の病気・介護」二〇・八パーセント、六番目は「職場の人間関係」一九・四パーセント、七番目は「心の健康のこと」一八・四パーセントとなっている。

最も「困っている」のは、「お金のこと」で、月収の平均は二三・二万円であり、正社員は平均二七・五万円、非正規雇用者は平均一七・一万円であった。月収二〇万円未満で比較すると正社員でも二〇・六パーセントであるが、非正規雇用では六六・八パーセント（派遣社員は四〇・七パーセント、パート・アルバイトは七九・二パーセント）となっており、収入の差が大きく、非正規の人に低賃金の割合が高い（表８―２）。三〇歳代の女性パート組合員の「同じ仕事内容なのに、正職と契約との賃金の差がありすぎる」という声は深刻である。さらに多くの人々にとって経済的な問題とともに老後に対する不安も大きい。

正社員が抱える問題の特徴は、非正規雇用の人々と比較すると職場の人間関係（職場）が多い（表８―３）。

このことは今日の職場は正社員にとっても悪化していることを推測させる。正社員の組合員の「四〇代で年収二八〇万円位、年休が自由にとれない、休めばボーナスで査定される」「残業代など労働者として当然の要求をすることがわがままだと決め付けられる」「会社は五〇代以上をリストラしようとして一本釣りで一人ずつ個別に呼び出して退職強要を行っている」など過酷な状況がある。

表 8-1 困っていること（複数回答）

	回答数	%
お金のこと	638	49.0
雇用のこと	323	24.8
住居のこと	155	11.9
身体の健康のこと	489	37.6
心の健康のこと	239	18.4
子育て・教育のこと	184	14.1
家族の病気・介護	271	20.8
家族のもめごと	76	5.8
自分の老後のこと	555	42.7
職場の人間関係	252	19.4
近隣の人間関係	39	3.0
差別のこと	86	6.6
文化や習慣の違い	20	1.5
労働組合のこと	5	0.4
その他	17	1.3
特にない	194	14.9
回答者数	1301	

表 8-2 正社員と非正社員別の月収

	全体（%）	正社員（%）	非正規雇用（%）
15 万円未満	19.7	5.0	39.8
15 万以上 20 万未満	20.1	15.6	27.0
20 万以上 25 万未満	20.4	23.7	16.1
25 万以上 35 万未満	25.7	33.8	14.5
35 万以上	14.0	22.0	2.6
合計	100.0	100.0	100.0
回答者数	1004	683	392

　また、派遣社員、臨時パート・アルバイト・嘱託契約、外国人研修生・技能実習生（以下、外国人実習生）は、雇用そのものに問題を抱えており、安定した雇用が求められている（表8―3）。四〇歳代のパートの男性は「正社員の労働時間は八時間。私の場合は八時間働くことも多々ありますが、契約は七・五時間とされています。正社員になりたいと申し出たこともたびたびありますが、前例がないということで一〇年間パート勤務です。毎年一二月になると来年の雇用は続けられるのだろうかとドキドキし、時給の昇給の交渉ができる状況ではありません」と不安定で深刻な状況におかれている。

　さらに家族の病気・介護についても約二割の人々が困難として抱えている。五〇歳代の自営（個人事業主）の組合員の「これまで正規・非正規の仕事を転々としてきましたが、両親の介護が必要なため個人事業主となりました。しかしながらこれだけでは生計維持が困難なため短時間の仕事を探しつつユニオンの活動も続けています」という声が示しているように、介護問題が生活をより困難にしている。そして子育てや子どもの教育に関して一四・一パーセントが「困っていること」であると回答している（表8―1）が、派遣社員では二五・八パーセントとなっている（表8―3）。世帯類型と月収のクロス集計によると、夫婦と子ども世帯で「月収二〇万円未満」が二九・三パーセント、一人親と子ども世帯では「月収二〇万円未

表 8-3　雇用形態と困っていること（複数回答）

	回答数	お金	雇用	住居	身体	心	子ども	病気介護	家族	老後	職場	近隣	差別	文化	なし	その他	組合
正社員	634	47.1	19.1	11.5	35.5	18.9	15.0	19.6	6.3	40.5	27.6	2.5	6.6	1.3	15.1	1.3	0.3
派遣社員	31	54.8	35.5	9.7	38.7	16.1	25.8	19.4	3.2	54.8	19.4	6.5	6.5	9.7	12.9	0	0
パート等	366	49.7	30.6	10.9	36.9	12.3	14.2	20.2	3.3	46.4	15.8	2.5	7.1	0.8	16.9	0.8	0
外国人実習生	3	66.7	33.3	100	0	33.3	0	0	0	33.3	0	0	33.3	0	0	0	0
その他	4	25	25	0	25	0	0	25	25	25	0	0	0	0	25.0	25.0	0

満」が四三・七パーセントになり、「月収一〇万円未満」も五・五パーセントとなっており、貧困状態にある。外国人実習生の抱える問題としては、お金、雇用、住居の問題があり、いずれも日本人以上に深刻であり、その上「差別」が三三・三パーセント（表8―3）となっている。三〇歳代のパート組合員の「特にフィリピン人への差別がなくなってほしい」という声や、せんしゅうユニオンでは「在日の人、中国人実習生からの相談の背景には日本人のアジア人差別の問題があり、低賃金労働を担わされている」との声があるなど「外国人労働者問題」は非常に深刻である。

●メンタルヘルス問題の深刻化

コミュニティ・ユニオンの組合員の多くは経済的な問題を抱えていた。その上、老後の不安、自分の健康問題、雇用不安、家族の病気・介護、子育て・教育などとともにうつやストレスなどメンタルヘルスの問題が多い。インタビュー調査ではよりメンタルな問題が多いことが指摘されていた〔二〇一三年七月～九月に女性ユニオン名古屋、せんしゅうユニオン、神戸ワーカーズユニオン、武庫川ユニオン、北摂生活者［トータル］ユニオン、なにわユニオン、連合大阪ハートフルユニオンで行なったインタビュー調査ノートより〕。

女性ユニオン名古屋では、最近の相談内容について「パワハラの相談が多くなってきている」ことと「メンタルの問題を抱えた人からの相談が多くなっている」ことが特徴であるという。具体的には「事務職員、公務員、運転手、医療、研究者、スーパーの店員など多様な職場、職種の人たちから、労働基準法が守られていない、雇用契約書もないというなかで、生きていかなければいけないのでギリギリまで頑張っていると、最後いじめで追い出すというようなケースが多い」との指摘があった。また神戸ワーカーズユニオンでも「職場でうまく人間関係がつくれないなかでパワハラに遭い、その問題を交渉しても解決が難しい」、さらに相談の場面でも「パワハラの相談は全相談の半数になっています。また何がもつれた原因なのか二時間くらい話す中で明らかにしていくが、メンタルの問題、うつや適応障害の問題もあり、難しい問題が増えている」と精神的な問題の増加、相談の深刻化を指摘していた。

武庫川ユニオンのA氏は「職場での人間関係のトラブルからの相談があるが、企業は個人の問題は関係がないという」しかし「現在の職場は正社員、限定正社員、派遣、フルタイムのパートなど多様な労働者がおり、その相談内容も多様になってきていること、さらにそのことが組織化を困難にしている」。北摂生活者「トータル」ユニオン（北摂ユニオン）のB氏は「現在のメンバーの三分の一が精神的に不安定な人や精神障がいをもっている人であり、いじめがきっかけでうつになった人もいる」。そしてなにわユニオンのC氏も「メンタルヘルスが増加し、パワハラも多い」、「残業が多く、残業代の未払い、低賃金で、しかも最賃以下でパート扱いなど労働条件の切り下げが多い」、「一つひとつの相談を解決していくが運動は盛り上がらず、もぐらたたきでは、社会運動にならない」と実情を紹介し、しかしユニオンは「一人ひとりの居場所として機能しており、体調が悪いときの病院のようなもの」と評価されていた。このようなユニオンの実態は、コミュニティ・ユニオンの組合員の労働条件の厳しさ、それに伴う職場環境の悪化が精神的なストレスを生み出し、そこにパワハラ、セクハラ、いじめなどの深刻な人権侵害が発生し、それがメンタルヘルスの問題として顕在化していることを示している。

以上のようにコミュニティ・ユニオンの組合員の生活問題の近年の特徴は、メンタルな問題が増加傾向にあることである。バウマンは「貧困という現象は、物質的な欠乏や身体的な苦痛に帰着するだけではない。貧困は、社会的・心理的な条件でもある」〔Bauman, 2005=2008〕と論じている。調査のなかで女性ユニオン名古屋のD氏は「頑張ればいいというわけではない。頑張ったら人間がこわれる」と今日の労働者の深刻な状況を語っていた。コミュニティ・ユニオンは、ワーキング・プアの社会的な問題とともに心理的な問題を解決することが求められている。

4　コミュニティ・ユニオンの問題解決方法

●問題の早期発見・問題解決のための相談

コミュニティ・ユニオンの組合員の抱えている生活問題は経済的な問題が最も多く、さらに雇用の不安定さから老後・将来への不安が大きく、心理的な問題も深刻化しており、生活問題の多様化・深刻化が特徴となっている。鈴木玲はコミュニティ・ユニオンへの調査結果からその相談内容で多い問題は、①解雇や雇い止め、②労働条件、雇用条件、賃金に関する問題、③いじめ、いやがらせであったという〔鈴木、二〇一〇〕。雇用に関する相談が多いのは当然であり、コミュニティ・ユニオンは、雇用に関する問題を個別紛争によって解決するところに独自性がある。しかし、パワハラやセクハラなど個別紛争で解決しても職場復帰等による問題解決にはならないという性格の相談が増えてきているのも先述のとおりである。

本節では、ユニオンの問題解決の方法について検討したい。まず問題解決のためには、相談できる条件が整備されていることが必要不可欠である。ユニオンの存在が問題を抱えた人たちにどの程度認知されているのだろうか。ユニオンを知った経路は、①「組合員」四五・八パーセント、②「組合員以外の友人・知人」一三・二パーセント、③「他の労働組合や相談窓口」九・二パーセント、④「組合のホームページ」五・九パーセント、⑤「新聞・雑誌・書籍」四・五パーセント、⑥「ネットや携帯電話」四・四パーセント、⑦「実際のユニオン活動」四・一パーセントとなっている。組合員、友人などからの口コミ情報が多いことが特徴であるとともにホームページなどのネット情報、マスコミなどによる情報も効果がある。

さらにユニオンの存在を最も問題を抱えている人に届けるためにはどうしたらいいのだろうか。神戸ワーカーズユニオンのＥ氏によると「相談者の多くは人間関係がうまくつくれない」という。調査では、「人生で大切なことを決める際に相談できる人」がいないという人が一四・六パーセントであった。そして相談できる人は「家族・親戚」が七七・三パーセント、「職場・仕事関係」が五〇・二パーセントであり、「ユニオン」三五・九パーセント、「学校時代の友人」三五・五パーセントである。メンバーの三割強がユニオンを相談先であると回答している。六〇歳代のパート男性の「職場での仲間意識があまりない今日、一人で悩まないで鬱になる前にユニオンなどに参加し、居場所や味方をつくり前向きに行った方が良いと感じました」との言葉にあるように、早く相談先に出会えることが重要である。

早期の問題発見が可能になるようにコミュニティ・ユニオンでは、メールや電話相談を随時受け付けている。そして面談での相談を週一回程度設けて対応しているユニオンも多い。神戸ワーカーズユニオンも平日は毎日相談を受け付けている。とはいえ、先述のとおりワーキング・プアは大量に存在し、さらに増加傾向にある。そのようななかで、現在（二〇一七年）コミュニティ・ユニオンの組合員が全国に約二万人であることからも、相談や支援を必要とする多くのワーキング・プアにコミュニティ・ユニオンの存在自体を伝え、相談につなげるような取り組みは最も重要な課題の一つである。

また、コミュニティ・ユニオンの組合員の定着率も課題となっている。Ｅ氏は、「パワハラなどの相談を受け、解決するときにはほとんどが職場復帰ではなく、ユニオンに残るケースは多くありません。ユニオンにサポート能力をつけることで、セーフティネットの網の目を小さくし、退会者を減らすことでの組織拡大を考えています」という。Ｅ氏の指摘のとおりパワハラの問題解決は慰謝料をもらうことなどだけで解決するわけではなく、精神的な問題の解決とともにその後の生活を立て直せるような支援、新しい職場の確保までが求められる。そのようななか、相談を受けられるスタッフの養成が課題となっており、神戸ワーカーズユニオンでは「ユニオンスタッフ養成講座」を開催している。相談を受け、相談者へのサポートを行なえる組合員の養成は重要な課題である。

●生活問題の解決と社会保障・福祉サービス

コミュニティ・ユニオンは、組合員一人ひとりの人権を守ることを目的とした組織であり、その人権を守るためには雇用環境・条件の改善が求められることは言うまでもない。それと同様に解雇された場合、病気・障がいを負った場合、高齢になって働けなくなった場合などに適切に社会保障制度・福祉サービスが利用できること、そして生活問題を適切に解決するためにはそれらの充実が大きな課題である。

そもそも福祉国家政策とは、完全雇用を前提としたものであるが、わが国では雇用された「正社員」に対して企業は、①長期雇用の確保、すなわち従業員の定着率を保つ、②従業員の仕事への意欲を高めることによって、生産性を高めることを目的として企業福祉を推進してきた〔橘木、二〇〇五、八七頁〕。具体的には「企業は正社員の雇用を維持し、生活を保障する。その代わりに正社員は職務、時間、場所などに制限なく企業の命令に従って働く」という関係をつくり「そのことが逆に、この時代に先進国共通の課題であった福祉国家の確立という目標を二次的なものとしていった」〔濱口、二〇一三、五頁〕。つまり生活保障の多くについて労働組合員である正社員は、企業に要求するという関係がつくられており、そのことが社会保障制度の発展を阻んでいたともいえる。しかしそのような企業福祉は正社員の減少とともに衰退し、労働者が会社ではなく国家や地方自治体などの政府に生活保障を求める必要性がでてきたというのが今日の状況である。労働組合が会社の賃金闘争に重点をおき、社会保障政策に十分対応してこなかったことも大きな問題であった。そして完全雇用の外にいた非正規雇用の人々――ワーキング・プアが多くなってきたことから企業福祉の限界と課題が顕在化し、国の社会保障政策の必要性、自治体、地域による支援システムの形成が重要な課題となってきた。

非正規雇用の人々が増加するなかでは、彼ら、彼女らの生活問題を解決する方法を新たに創造していくことが当面の課題である。「非正規雇用が一般に有期雇用であるから、雇用保障は企業内においても、地域労働市場においてもむずかしい。非正規雇用労働者の権利と生活を守るためには、失業補償や職業訓練の機会の充実という公共的な施策の整備・充実が必要」である。しかし「失業のリスクの高い彼らにこそもっとも必要であったはずの労働市場のセーフティネット――雇用保険が、逆に彼らに対してかなり閉ざされていた」（田端、二〇〇三、一九八頁）という現実があった。

私たちの調査では、利用している社会サービス（表８―４）で最も多かったのは「失業手当」の四五・九パーセントであった。しかし雇用保険の加入者は、正社員は九三・八パーセントであるが、派遣社員は七四・一パーセント、パート・アルバイトは七八・四パーセントである。雇用保険に非加入の人が非正規雇用の人の二五パーセント強存在しており、そもそも失業手当を受給できない人たちの存在が大きな課題である。二番目が「母子乳幼児サービス」二三・四三パーセント、三番目が「妊娠・出産サービス」一四・六パーセント、四番目が「公営住宅」一一・〇パーセント、五番目が「高齢者サービス」七・七パーセント、六番目が「障がい者サービス」六・六パーセント、七番目が「介護保険サービス」六・二パーセントであった。また多くの組合員がワーキング・プアであることから考えると生活保護の利用が二・二パーセントにとどまっていることも課題である。四〇歳代の男性の「生活保護を受けながら仕事をしているが、法律改正後、生活がとても厳しいのでなんとかして欲しい」という声もあった。さらに三〇歳代の女性の「パート週三〇時間以下の契約のため雇用保険にすら入れない。年金にも入れない」という声にあるように最も不安定な人たちに最も必要なサービスが提供できない構造がある。

年代別にみると二〇歳代、六〇歳代は六六・七パーセントが雇用保険に非加入であり、六〇歳代は退職後の再雇用の場合があるが、若い世代の雇用環境の不安定さは深刻である。さらに年金について、国民年金は派遣社員の三三・三パーセント、パート・アルバイトは五二・四パーセント、厚生年金では派遣社員は三六・八パーセント、パート・アルバイトは二一・〇パーセントの組合員が非加入であり、退職後の問題はより深刻化する。

また、健康保険について、職場健保には正社員の二・八パーセント、派遣社員の三三・三パーセント、パート・アルバイトの一九・八パーセントが非加入であり、国民健保については派遣社員の二九・四パーセント、パート・アルバイトの四二・四パーセントが非加入であった。五〇歳代の男性は「突然の解雇で健康保険にも加入できない状況で病院にも行けないです。今後が不安で、不安でたまりません」と切実に訴えている。そして五〇歳代のパート女性も「一か月の労働時間が少ないので、雇用保険、年金・健康保険がない。二〇年前に働き出した時は子どもを育てながらで、ここしかしかたがないと思い、今まで我慢してきたが、定年

表8-4　利用しているサービス
（複数回答）

	回答数	%
公営住宅	137	11.0
失業手当	574	45.9
生活保護	27	2.2
妊娠・出産	182	14.6
母子乳幼児	293	23.4
ひとり親	55	4.4
高齢者	96	7.7
介護保険	77	6.2
障がい者	82	6.6
その他	5	0.4
就学援助	2	0.2
傷病手当	4	0.3
なし	378	30.2
回答者数	1250	

が近くなると保障がないのは寂しい限りです」と、健康保険の非加入は深刻で重大な問題である。さらに本来雇用労働者は職場健保に加入する必要があるにもかかわらず、国民健保で対応させられていることも大きな問題である。

ワーキング・プアにとって雇用がその中核的問題であることは間違いない。しかし雇用が不安定であることが、社会保障制度からの排除につながっていることがより問題を深刻化させている。すべての人々が利用できる社会保障・福祉サービスの充実を求めていくことが重要な課題となっている。

5　コミュニティ・ユニオンとコミュニティ・生活支援

●コミュニティ・ユニオンとコミュニティ

コミュニティ・ユニオンは、コミュニティを基盤としているが、組合員にとってその意味は大きい。「終身雇用では、従業員は企業に定住している。たとえば工場が移転すれば、正規従業員の場合にはこれにしたがって住居を移転するのがふつうである。これに対して、パートを典型として非正規従業員をみるならば、かりに工場が移転すれば、それについていくのではなく、地域のなかにある別の雇用機会に応募するということになるだろう。非正規従業員が定住しているのは地域である」（高木、一九九二）と言われている。

私たちの調査でも、組合員の居住年数は平均約二九年で、定住傾向にあった。そして住居は、「持ち家」六七・一パーセント、「賃貸住宅」二五・三パーセント、「公営住宅」五・〇パーセント、「社宅・社員寮」二・二パーセントであった。居住継続意思についても「継続したい」が七九・〇パーセントであり、「仕事次第」は二一・〇パーセントであった。現住所に定住し、その意向もあるとはいえ二割強の人が居住の不安定さを抱えている。その大きな原因の一つは雇用の不安定さによるものだと思われる。また、地域との関係性に関しては、「近隣に相談相手がいる」人は一二・四パーセントであり、「町内会活動に参加している」人は三五・六パーセントと少ない。さらに「社会参加する集団がない」人が三四・一パーセントで、「ある」と回答した人の集団としては、「地域サークル」一四・六パーセント、「政党・後援会」と「社会・地域問題」各一一・八パーセント、「その他サークル」九・五パーセント、「PTA」八・四パーセント、「福祉ボランティア」八・三パーセント、「宗教」六・一パーセント、「職場サークル」五・一パーセント、「生協」四・二パーセント（第一章　表1―9）という結果であった。

そのようななかでは、ユニオンにおける人間関係の構築が重要な課題となる。雇用や職場の問題以外でユニオンに加入して得られたと感じている成果（表8―5）は、「労働者としての権利意識」五二・五パーセント、「労働法など専門知識」四三・三パーセントを評価する人が多かった。その一方、日本人と日本人以外の「仲間・友人」三七・五パーセント、「気軽に立ち寄れる場所・たまり場」一二・六パーセントとともにもっとも多かったのは「頼りにできるところがあるという安心感」五七・九パーセントであり、仲間・友人、気軽に立ち寄れる関係とともに「頼りにできる」ユニオンへの信頼と安心感という人間関係が評価されている。ユニオンは組合員の「つながり」の場であり、安心への最後の砦となりつつある。

私たちはコミュニティの「つながり」を日常は意識していないが、リスクに当面するとその存在は大きな意味をもつ。さらにそれが希薄化しているにもかかわらず、近年、社会保障制度改革では自助とともに互助に大きな期待がかけられ、町内会やNPO、ボランティア組織などの「つながり」に生活支援機能をもたせることを推進している。この方向はワーキング・プアにとってはより厳しい環境となる。

コミュニティの「つながり」に焦点をあてたのは、二〇〇〇年一二月に厚生労働省がまとめた『「社会的な援護を要する人々に対する社会福祉のあり方に関する検討会」報告書』である。そこでは、「社会福祉は、その国に住む人々の社会的連帯によって支えられるものであるが〔……〕人々の「つながり」の構築を通じて偏見・差別を克服するなど人間の関係性を重視するところに、社会福祉の役割がある」としている。「つながり」とは相互扶助の関係であり、相互扶助はコミュニティの共同性として、地域性とともにその本質である〔園田、一九七八、五五頁〕と言われてきた。しかし、今日コミュニティは、先述のとおり希薄化し、「見失ってみんなが困っているものの最たるものである」〔Bauman, 2001=2008：204〕として大きな注目を集め、その再生が求められている。

表 8-5　雇用や職場の問題以外でユニオンに加入して得られたと感じている成果（複数回答）

	回答数	%
日本人の仲間・友人	351	28.7
日本人以外の仲間・友人	107	8.8
労働法などの専門知識	529	43.3
労働者としての権利意識	641	52.5
社会問題への関心の高まり	447	36.6
自分の尊厳の回復	222	18.2
人間としての成長	284	23.2
気軽に立ち寄れる場所・たまり場	154	12.6
頼りにできるところがあるという安心感	707	57.9
共済組合への加入	108	8.8
その他（詳細記入なし）	23	1.9
その他（分類不能）	11	0.9
回答者数	1222	

●生活支援組織としてのコミュニティ・ユニオン

コミュニティの再生が「つながり」として近年注目されているなか、齋藤純一は多くの人がコミュニティ再生に関心を寄せるようになった背景として市場と国家への不信があるとし、コミュニティ再生への関心の理由として、①それが、自分たちの手の届くところにあり、自分たちの意思で制御できるという了解も働いている。②国家による生活保障が後退するなかで、そもそも独力では対処できない問題に対して「自己責任」を求められる諸個人が、その負荷を担いきれないものとして実感しはじめている。③非道具的で持続的な関係、そこに安心して身を置くことができるような関係〔居場所〕をもちたいという願い。④生命／生活を脅かすリスクをできるだけ少なくし、それを将来の世代に転嫁することのないような生き方を探ろうとする願望も投影されている、と論じている。そのうえで、コミュニティの再生を相互扶助の関係の構築とともに市民としての相互尊重とそのための再分配が重要であることを主張し、相互扶助と政治的共同体における再分配によって支えられる必要があることを強調している〔齋藤、二〇一三、一八―四三頁〕。

また、そもそも日本の多くの労働組合は企業別組合で、ユニオンショップ制〔採用時に企業内組合加入が義務づけられた制度〕になっており、企業共同体として位置づけられてきた。その企業共同体は、市場という経済競争の場に置かれることから、田端博邦は「企業間競争においては、まず優先的に目指されるのは、労働者の福祉や利益ではない」こと、さらに「非正規雇用労働者の権利と生活を守るためには、失業補償や職業訓練の機会の充実という公共的な施策の整備・充実が必要である」ことからも、今後コミュニティ・ユニオンに求められるのは、「地域の労働市場の賃金労働条件設定に発言しうるような組織力をもたなければならないし、失業・雇用対策など公共的施策に関する発言力をもたなければならない。さらに言えば、非典型雇用の賃金・労働条件の決定や雇用保障に関する法律の充実についても影響力を行使しなければならない」と主張している〔田端、二〇〇

三、一八八―一九八頁）。ユニオンの組合員の抱える生活問題を解決するためには、労働問題の改善・解決とともに、最低賃金や医療、住宅、教育、介護など生活を支えられる制度の充実と差別や排除なく誰もが包摂される地域づくりをコミュニティのなかで主張し、その実現に向けた行動が必要不可欠となっている。

ユニオンみえなど多くのユニオンは、「最低賃金大幅値上げキャンペーン」を「いますぐどこでも時給一〇〇〇円に。時給一五〇〇円を目指す」として、生活できる賃金を目指す運動を展開している。地方の最低賃金の低さは労働力不足の深刻化にもつながっている。せんしゅうユニオンのＦ氏は「ユニオンは組合員がしんどい時にきて、生活全般で関わっている。労働問題だけで闘った人はつながらないが、居場所になった人は残る」という。また神戸ワーカーズユニオンのＥ氏も「労働と生活を切り離しては支援できない。二〇〇八年のリーマンショックの頃から生活保護の申請も支援している」という。さらにハートフルユニオンのＧ氏は「外国人の問題は在留資格、就労、社会保障の年金、税金などなんでも支援している」という。このようにコミュニティ・ユニオンは、労働者であると同時に生活者である組合員に焦点をあて、生活できる最低賃金の保障、生活保護や年金・医療などの社会保障・福祉サービスの利用などの生活支援を行なっている。そのプロセスにおいて、多様な人々が社会参加できる居場所づくり、地域づくりが展開されている。

６　コミュニティ・ユニオンの多様性と新しいコミュニティの創造

●コミュニティ・ユニオンの多様性

ワーキング・プアの雇用環境は、ますます深刻化しつつある。竹信三恵子は「日本では同じような労働をしている働き手同士の賃金格差を縮める仕組みが弱いことが格差問題の重要な要素になっています。同一労働同一賃金を担保するルールが不十分なため、男・女、正規・非正規が似たような仕事をしていても賃金に大きな格差が出てしまいがちなのです」〔竹信、二〇一四、六二―六三頁〕と論じている。名古屋女性ユニオンのＤ氏は、「何万回言っても正社員の人には非正規の問題は見えない。自分がよければいい。しかし、非正規の人が隣にいるということは自分が危機的な状況にあるということであり、一回非正規になるとどんなに頑張っても正規にはなれない。滑り台状況である」という。後藤道夫は、「ワーキング・プアの労働組合は、各種の基幹労働力型非正規雇用と低処遇正規雇用を含むことになるだろうが、これは「一般階層」の労働組合と連続性をもつことになるだろう。職種別労働市場における労働組合としての共通の闘争課題が増加するからである。勤労世帯にたいする社会保障への需要も、ワーキング・プアの範囲を大きく超えて高まるはずであり、ワーキング・プアを社会的に孤立させる条件は以前よりも小さくなると予想される」と指摘している〔後藤、二〇〇五、四九頁〕。

Ｄ氏が言うとおり、従来は正社員と非正規雇用の人は分断され、非正規雇用の問題は正社員にとっては自分たちの問題ではない、という認識が強くあった。今もなおその傾向はあるが、後藤が指摘しているように正規雇用と非正規雇用の共通性・連続性はますます強くなりつつある。コミュニティ・ユニオンが、正規も非正規も同じ労働者として位置づけて活動を展開してきたことの意味は大きい。

そしてコミュニティ・ユニオンのメンバーは「正社員」のなかでも排除されやすい女性、「名ばかり管理職」と言われるような過酷な働き方を強いられている正社員、三Ｋ労働と位置づけられた福祉職、そして非正規雇用の労働者である派遣・パート労働者、または障がいのある人や外国籍の人々など多様な人々を組織しているところに特徴がある。Ｄ氏は「女性にしかわからないことがある」と考え、働く女性のためのユニオンを創設した。他にも「女性からＤＶなどの相談を受けている中で働く女性の権利を守るために組合があり、それも一般の労働組合では男の論理に消えてしまう女性の声を出す場所として」女性のユニオンが誕生している。

また、ハートフルユニオンは、外国人の労働組合として設立されたユニオンである。組合員は二十数名で、その半分はインドネシア、その他はバングラデシュ、韓国、中国、ペルー、アメリカ国籍である。九か国語で在留資格、就労（賃金など労働条件）、社会保障（年金、医療など）、税金などの相談を受ける日も設けている。G氏は「実習生の相談が多いが、建築業で一人親方（自分自身と家族などだけで事業を行なう事業主）の職場や高齢の日本人だけの職場、農業では長時間労働で社会保険もないというような職場で、後継者がいないなか低賃金の外国人を雇い、その職場の延命処置としか思えない」。さらに「実習生の賃金未払いで長期間にわたる裁判で勝っても支払能力のない事業所で支払えず、海外に逃亡された例もあり、問題の本質的な解決に至らないことから問題解決が困難であり、展望がもてない」。せんしゅうユニオンも「在日の人、中国人実習生からの相談がある。差別による心の相談が十数年前にあったことからハングル語講座を開催したり、日韓交流の活動も行なっている。実習生の問題に関しては外国人支援を行なっているＮＰＯと連携し、中国に帰国させられそうになった中国人実習生を支援してきた」という。

以上のようにコミュニティ・ユニオンは、女性、外国籍の人々、精神や知的障がいのある人々を中心に支援するユニオンなど多様な属性を持つ人たちがメンバーになっていることが大きな特徴である。さらには職種や職業別の管理職、パート、介護労働者などを中心に組織化しているコミュニティ・ユニオンもある。本調査対象の組合員の職種で最も多い医療・福祉・教育のなかの教育領域で働く四〇歳代の男性正社員は「学習塾の職員をしているが、学習塾業界は伝統的に労働条件や職場環境が悪いところが多い。全国の学習塾、予備校を横断するようなユニオンをつくることを考えている」。また五〇歳代の女性正社員の「福祉の切捨てで介護保険制度も年々改悪され、労働条件がますます厳しくなっている。介護業界に人が来ない。腹立たしい限りです」という。同じ職種に共通する課題を解決していくためにも、同じ業種の組織化は重要な課題である。

神戸ワーカーズユニオンのE氏は「ユニオンはいろんな分野の人が、いろいろ助け合えるからいいよねと言われました。メンタル、生活、教育、介護、慶弔など、どんなことも相談できる、労働組合だけじゃないユニオンをつくることがこれからの目標です」という。コミュニティ・ユニオンは、コミュニティを基盤としているからこそ、そのコミュニティを生活の場としている多様な人々がそのメンバーになっており、多様であるからこそマイノリティの問題がより明確化し、多様な問題解決の方法が展開されている。

●多様なユニオンと新しいコミュニティの創造

コミュニティ・ユニオンは、多様な属性や職種、雇用形態の人々を組織化しているという特徴があったが、その多様性をコミュニティと関連させて検討してみたい。コミュニティは、多様な人々の生活の場であるとともに法律、住宅、医療、福祉などの多様な専門家・専門機関と、そして市町村などの行政機関、NPOやボランティア、地域住民など多様な支援機関・支援者と、さらに相互に支援しあえる人々との関係を構築する可能性をもっている。

北摂ユニオンのB氏は「北摂は元々ベッドタウンの比重が高く、環境とか消費者、生活者のいわゆる市民運動が活発だったので、「働き方・暮らし方・生き方」をトータルにとらえ問い直す運動」を目指したという。そして「ユニオンの個別対象は労働争議にはなじまない」から「地域にはりついた組織」として「三人の知的障がい者に対しては吹田市と交渉をし、雇用の場をつくることができ、七年間かかったが嘱託職員として定年まで働けるようになった」と障がいのある人たちの働く場を確保している。岐阜一般では、二〇一五年にＮＰＯ法人労働相談・ｃｏｍを創設し、外国人実習生のシェルターの運営も行なっている。また、ブラジル国籍の五一歳の男性の「我々外国人は、日本に保護されることなく高齢化してきています。会社側が、社会保険などを拒んでいるため、われわれはいつも不安定な状況に立たされています」という声や、五〇歳代の女性パートの「弱い者はいつまで経っても弱いまま」という声には真剣に耳を傾けなければならない。

バウマンは、貧しい人々である彼らは「排除された者」であるという。そして彼らについて、必要とされず、望まれず、見捨てられた場合彼らの居場所はどこなのか？　もっとも短い回答、それが「視野の外である」という。そしてバウマンは、新しい貧困は消費からも公共の空間からも排除され、「人間の尊厳」からも排除されると指摘している〔Bauman, 2005=2008：213-222〕。上記の「弱い者はいつまで経っても弱いまま」という声が示しているように格差社会のなかで貧困が固定化し、再生産され続けることへのあきらめのような気配が私たちのまわりに漂っている。

あきらめが蔓延しているような現状のもと、コミュニティ・ユニオンは、今後どのように活動を展開していったらいいのだろうか。ＣＵＮＮ事務局長は「人権・多文化多民族共生、反差別、国際連帯、多様性のある、人間らしく生きられる持続可能な社会」を目指したいという。Ｂ氏は、「将来ユニオンは「学習塾＋たまり場」にしていきたい」、Ｅ氏は「多くの労働者は定年退職とともに労働運動から離れると思いますが、地域でのユニオン運動は一生続ける運動だと思います」という。コミュニティ・ユニオンの組合員は、「労働者」であるとともに「生活者」であり、「地域の市民」である。つまりコミュニティ・ユニオンの組合員は、新しいコミュニティを創造する主体である。

従来の労働組合は、企業別の労働組合であり、正規雇用を前提としたものであった。本調査が明らかにしたように、コミュニティ・ユニオンの組合員は、正規・非正規雇用の労働者であり、多様な産業・職種で働いている。そして彼ら、彼女らの労働環境は劣悪な状況にあり、貧困は拡大し、深刻化しつつある。このような深刻な雇用環境を変革していくためには、企業はもちろん、産業種別の枠組みを越え、コミュニティを基盤とした労働組合の役割は大きくなる。コミュニティは、日常生活圏域であり市町村（自治体）、国（政府）という参加・自治の場であるとともに多様な人々のつながりである。

コミュニティ・ユニオンは、個人で加盟し、個別紛争による問題解決を特徴としているが、コミュニティを基盤としてこの個別紛争を闘うことに特徴がある。つまり、個人の問題として顕在化する問題は、彼ら、彼女らの職場の問題にとどまらずコミュニティを共有する労働者である市民の問題であるからである。こんにち、労働者であると同時に市民である彼ら、彼女らが市民としての生存権など社会的な権利を侵害されていること、社会参加の機会から置き去りにされていることが問題の本質にある。したがって、そのような問題を解決するためには、コミュニティという共有の場、公共的な場が必要不可欠である。

コミュニティ・ユニオンは、グローバル化が進展する中で、「移民などマイノリティを権利主体として明確に位置づけ、現在の地域を変革し、新しいコミュニティを創造できるか」（朝倉、二〇一七、二四〇頁）が問われている。コミュニティ・ユニオンは、マイノリティを組織化し、その一人ひとりに寄り添い問題解決に取り組んでいる。さらに多様化・深刻化している問題を地域の問題として捉え、地域での仕事づくり、居場所づくり、学ぶ場づくりとして多様に展開しつつある。コミュニティ・ユニオンが地域の多様な人々とつながり、マイノリティの人権を尊重した新しいコミュニティの創造を担っていくことに期待したい。

コラム　地域連帯を創造する「希望の種」
——韓国のコミュニティ・ユニオン

「〔大学〕卒業は失業」

韓国の大学生の間で自嘲気味に言われる言葉だ。確かに、いわゆる「トップ校」の学生たちも、資格試験やら公務員試験の勉強に余念がない。統計にもこの現実は現れる。二〇一七年末の「青年失業率」（一五～二九歳）が九・八パーセント（全体の失業率は三・三パーセント）と高い。全労働者の非正規雇用率は約三二パーセント。大学生が卒業後の将来を悲観するのも無理はない。

さて、このような韓国の現実の中で、地域労組はどのように労働者を組織し、そして、どのような活動を展開しているのだろうか。このコラムでは、「希望連帯労組」を事例として取り上げて紹介したい。

「希望連帯労組」の正式名は「ともに生きる希望連絡労働組合」といい、二〇〇九年一二月に発足した「地域一般労組」である。八つの企業支部および個人加入の一五〇支会があり、三二〇〇人の組合員で構成されている〔二〇一七年三月聞き取り当時〕。

韓国内では進歩的な労働運動を組織してきたことで知られる「全国民主労働組合総連盟」（民主労総）の傘下団体である。

希望連帯の発足の契機は、民主労総の労働運動のあり方に対する内部的な批判だったという。すなわち、韓国内の労働運動は産業別かつ正規労働者が中心のものであったこと、特に、一九九八年のアジア通貨危機によるＩＭＦ支援以降、正規労働者がリストラの中で生き残るために、非正規労働者を切り捨てて、組織化を行なってこなかったことに対する批判であった。このような問題意識のもと、二〇〇八年にフォーラムを開き、小規模、零細事業所や非正規労働者の労働運動のあり方を議論したという。そして、大規模な企業や工場の労組の死角となってきた地域との関わりを模索しながら、少数でバラバラになっている労働者をまとめて権利獲得運動を展開していくことが提起された。つまり、小零細企業や非正規労働者は「地域」で働いている、その「地域」を核に連帯していこうというものだった。

希望連帯は九人で発足、その後、二〇一〇年にケーブル放送企業の社員たちを組織化、第一号支部となった。ケーブル放送企業の社員の身分は正規雇用だったが、その労働条件は劣悪で、労働条件や賃金など実態は「非正規」だったために、社員が労働相談に来て、それが支部結成へとつながっていったという。当初、組合員たちには強い問題意識はなかったそうであるが、ケーブル放送と「地域」の生活は切り離すことができないということ、そして、「資本主義的生活から共同体的な暮らし」〔パク・チェボム事務局長、シンヒチョウル組織局長〕へと志向を転換する必要性を教育したという。もちろん、会社自体にも働きかけをして、「放送の公益性」を強調し、賃金交渉を経て、団体協約を結び、労働条件の改善を勝ち取ったという。

この後、同種のケーブル放送企業に働く非正規雇用者たちの組織化に成功し、さらには、コールセンターの労働者たち（非正規雇用）の組織化にも成功した。もちろん、簡単に組織された支部はなく、ひとつひとつが苦しい闘いだったそうである。

韓国でも、労働運動と地域活動の連携はなかったようだ。まずは、やはり、朝鮮半島の分断状況の中で、労働運動に対する偏見が韓国社会にあったことがその要因だ。つまり、労働運動＝「従北」（朝鮮民主主義人民共和国的な思想をもっていること）というイメージが根強かったからである。もしくは、反対に、大企業の中にある労働組合運動は、企業の利益追求が主だというイメージがあり、やはり、地域活動とは親和性をもたないと考えられてきたようだ。

しかしながら、ケーブル放送企業の労働者たちを組織化する中で、労働者たちがまさに「地域」の中で長期間働いてきたことを確認した。ケーブル設置・調整・修理等、まさに、かれらは地域の各家庭に入り、仕事をし、地域の人たちと対面関係で働いてきたのである。

そのせいか、ケーブル放送の労働者たちが、労働条件の改善を求めてストをしたときに、地域住民が友軍となってくれたという。企業側が単なる「消費者」とみなしてきた地域住民を、組合側は労働者の顧客としてみなし、その出会いを通じて「地域連帯」を創っていった。

その結果、企業に対して、単に労働者の賃上げだけではなく、「社会貢献基金」を要求し勝ち取ったのである。それは、結果として、社団法人「希望の種」へと結実し、自治体からの支援もうけることができるようになった。

「希望の種」のリーフレットに、①「低いところからの連帯」、②「ともに生きる暮らしのための一歩」、③「家族とともに」、④「地域とともに」という四項目があげられている。

具体的には、①は脆弱（貧困）階層の児童・青少年の成長を支えるために心理・医療的支援、ネパール連帯事業（組合活動をし、強制出国させられたネパール出身の労働者との連帯）、地域児童センターでの果物の配給活動などの活動をしている。

②は労働人権学習など、③は労働者家族の支援、移住労働者の子ども支援、発達障がいの子ども支援、④は地域児童人権実態調査、地域ネットワーク支援などをあげている。

これらの事業を維持し、発展させていくために、前に述べた企業からの基金のみならず、会員として地域住民と組合員四〇〇名程度が会費を出し合っているのである。

一九七〇年代以降、民主化闘争とともに、韓国の労働運動は多くの弾圧を経験し、多くの死者（抗議の自死者も含め）も出すほど、激しいものであった。一九八七年、「民主化」を勝ち取り、その後、民主労総の結成が一九九五年だった。その労働運動のあり方は、前にも述べた通り、産業別であり、また事業所別であり、さらには大規模企業中心だったという。

そんな民主労総から内部批判として、非正規雇用者たちの組織化を進め、さらに地域社会との連帯を求めてきた「希望連帯」の活動には、二〇一七年、「ろうそくデモ」によって、保守政権を倒し、現在の進歩的な文在寅政権を勝ち取った韓国の市民運動にも通じるものがあるように思う。

（山本かほり）

終章

「社会的なもの」の抵抗

――組織体としてのコミュニティ・ユニオンの特質

西澤晃彦

1　個人化、新自由主義、「弱い社会」

今日のコミュニティ・ユニオン運動は、グローバル資本主導の経済グローバリゼーションとそのイデオロギーである新自由主義への社会的抵抗としてみることができる。そして、そこにおける抵抗の様式は、経済グローバリゼーションと新自由主義的な諸政策による不利益が集中した人々の、現在的な存在形態に適合したものとして現出している。本章では、これまでに各章で述べられてきたコミュニティ・ユニオン運動の特質をまとめ、その動きの中にみてとれる「社会的なもの」のあり様について論じたいと思う。

日本における新自由主義の全面的展開は、一九九〇年代半ばにまでずれ込んだといえると思う。オイルショック後、英米がたちどころに新自由主義路線に舵を切ったのとは異なり、日本は政官業が一体となった公共事業の拡大とバブル経済へと迂回していたのであり、財政危機が抜き差しならなくなるまで劇的な路線変更は避けられていた。もちろん、そのような迂回期にあっても、八〇年代以降、福祉領域が財政悪化のスケープゴートとされ、「日本型福祉社会論」が叫ばれてもいたのだが。

一九九五年の旧日経連（日本経営者団体連盟、現在は日本経済団体連合会）の報告書『新時代の「日本的経営」』は、新自由主義的世界観がその時期において現実化されつつあったことを示す歴史的文書となった。その内容は、企業経営のあり様の変化とそれに見合った政府による労働政策の転換を予告するものであった。報告書では、終身雇用や年功序列といった慣行からなる「日本的経営」の対象となる労働者を幹部候補生に限定して温存しつつ、正規雇用労働者（正社員）は圧縮し非正規雇用労働者を柔軟かつ大規模に活用するという「新時代の日本的経営」が推奨された。オイルショック後の経済グローバリゼーションのもと、すでにして、製造部門の海外あるいは地方への流出は進展していた。大都市には中枢管理業務に特化された集中が進むとともに中枢管理機能を強化する専門職人口も増えつつあったが、企業は、多くの業務を外注化し、サービス職種を中心に非正規雇用労働者の増加も顕著であった。日経連報告書は、一九九五年という時点において、その流れを正当化しつつよりドラスティックな展開を求めるものであったといえる。これに応じるかのように、労働者派遣法は次々と改定され、労働力のフレキシブル化は一挙に進んだ。絞り込まれた正社員の領域から締め出された非正規雇用の労働者は急増した。

少なくとも一九九〇年代において、このような新自由主義的な「改革」が広範な人々から強く批判されたとは到底言えない。むしろ、個人化された社会は、「改革」派の言説に肯定的でさえあったというべきだろう。それらの言説には、「小さな政府」、「民営化」、「規制緩和」、「グローバル・スタンダード」といった言葉がちりばめられており、個人のあり方に関わる言葉としては「自己責任」や「自立」が頻出していた。「成果主義」もまた、そのような文脈のもとで語られた。「自己責任」は、瞬く間に、誰もが口にする言葉になった。自己責任論は、きわめて単純な論理によって構成されているところを特徴とする。ある人に生じる結果が、すべてその人に内在する要因に帰されて捉えられるのである。自己責任論は、個人化が徹底された世界にふさわしいイデオロギーとして、新自由主義を強固に裏打ちした。

もちろん、「自己責任」を語っていたそこここの人々が、骨がらみの新自由主義者であったとは言えない。しかし、その人々は、安易につまんだもっともらしい論理がやがてわが身を脅かすことになったときに、反対意見を組み立てることができなくなっていた。日本労働研究機構が一九九八年に行った成果主義賃金に関する労働者へのアンケート調査によれば、成果主義賃金に対して「反対」は一〇・六パーセントに過ぎなかった〔日本経済新聞、一九九八〕。二〇〇四年に行われた同様の調査での、既に成果主義賃金が導入された企業の労働者における成果主義賃金への納得感は、「納得感が高まった」一五・一パーセントに対し「低下した」は二八・八パーセントだった〔日本経済新聞、二〇〇四〕。だが、その時には、労働者たちからの成果主義批判の声が目立って現れることはなかったのである。

個人化とは、「そうすることになっているからそうする」と行為を方向づけていた慣習が無力化され、行為の選択が個人に委ねられる幅が拡張して、その責がいっそう個人に帰されるようになる過程のことである。私たちが充分に個人化されているとするならば、個人の問題はあくまでも個人問題の水準に押し留められ、誰もそれを社会の問題とは――私たちの問題とは――みなさなくなることになる。貧困への共感回路は塞がれ、同情や理解が解除されてしまうのだ。貧者の貧困は、その人の性格的欠陥か心の弱さか、いずれにせよ「おまえのせい」と自己責任論的に裁断されてしまうことになる。あるいは、宿命論的に「仕方がない」こととして処理されてしまう。新自由主義の浸透は、個人化によって準備されていたものであったし、また個人化をいっそう加速化させるものであったといえる。

新自由主義の大波の始まりにおいて、極めて大きな役割を担ったイギリス首相のサッチャーは、女性雑誌へのインタビューの中で、「社会というものは存在しない」と述べた。新自由主義は、あらためて自由競争を至上のものとし、可能な限り多くを市場に委ねることを是とする論理であった。それゆえ、競争を緩和するために設けられてきた社会的な仕組みやあるいは特定の領域・階層を保護する制度は敵視されることになる。新自由主義者にとって、社会は邪魔なのだ。敵視されたのは制度だけではない。貧者を守るタテマエが弱体化し、貧者への攻撃も解禁されたかのように見えた。このような「歴史」の帰結として、今日の「弱い社会」もある。

個人化が一貫して進展してきた一方で、それに抗うように、社会を志向する運動が現れ続けてきたことも歴史的事実である。「弱い社会」においても、「社会的なものの」の抵抗を示す現象は生じ続けている。コミュニティ・ユニオン運動の活発化もまた、「社会の個人化へ抗する運動」（序章）として、読み解くことができる。そのことは、以下に見ていくように、本書の各章において明らかにされた事実から照らし出される。

2 周縁の運動

政党であれ労働運動であれ圧力団体であれ、中央に権力を集中させて階梯的に組織を構築しつつ、ナショナルな空間を網羅していく方へと運動を展開させることが「強い組織」の常識であった。加藤哲郎は、そのような常識の下での闘争形態を「陣地戦」と呼んでいる。しかし、一九八〇年代において、「陣地戦」とは異なる新たな闘争形態が登場し、「陣地戦」に拘泥する既存の運動組織を翻弄しさえするようになる。加藤は、その闘争形態を「情報戦」と名付けている。「情報戦」とは、「政治戦略も経済戦略も、「大衆の世論」をめぐる言説や文化の位相に設定されるような「戦争」」なのであり、「言説（discourse）の闘争であり、コミュニケーションとシンボル・イメージの闘争である」（加藤、二〇〇一、二九頁）。「情報戦」は、「テレビを中心にしたメディア政治が、組織と利益集団を基盤とした政党政治と併行し、それを補完する」（加藤、二〇〇一、二五一二六頁）ものとして出現したが、「陣地戦」の戦略家たちの読みをこえる爆発力を政治のアリーナで発揮するようにもなっていく。加藤が「情報戦」の例として新自由主義の政治戦略をあげているように、単純な論理で打ち倒すべき敵を指示した新自由主義ポピュリストの言説――「ワンフレーズポリティクス」――は、結果的にそれによる損失を被ることになる階層をも含め、「既得権益」なき広範な人々をオルグなしに動かした。「強い組織」の「陣地戦」は、低投票率の世界でしか通用しない戦術になった。

「情報戦」の時代の勝者は、新自由主義者たちだけではない。少数派の運動である筈のコミュニティ・ユニオン運動は、「情報戦」を通じて影響力を持ちつつあると言える。第四章でも触れられたように、運動においては、フェイスブックやツイッターが活用され、また「マスコミの記者会見」を積極的に設ける試みもなされている。こうした戦術によって、少数派が自らの置かれた境遇を自らの手で社会問題化することも可能になったのである。

それでも「強い組織」は、変わらずそこに身を寄せる人々に物心両面でのメリットを提供し続けている。「強い組織」はやはり「強い」ままではあるのだ。その一方で、新自由主義的な諸改革の帰結として、非組織の領域は膨張し、そこに貧困が集中している。コミュニティ・ユニオン運動は、労使が癒着した企業別の労働組合において孤立した個人としての労働者やそもそも組織社会から疎外・排除されていた非正規雇用の労働者といった脱組織・非組織の領域に根を下ろすことによって、従来の労働運動にはなかった特質を備えるようになったといえる。すでにいくつかの章で述べられているように、コミュニティ・ユニオンにおいては、労働組合がない零細企業の正社員が職場分会などを通じて、あるいは、既存の労働組合からは排除された非正規雇用労働者が個人加盟によって、組合に加入する傾向が表れている。また、一般の労働組合と比べれば女性組合員の比率が高いが、その事実もまた、組織社会の周縁にコミュニティ・ユニオン運動が根差していることを示している。この女性の比率の高さは、直接的には既存組合による組織化が進んでいない福祉職労働者やパート労働者に女性が多いためである。周縁への展開は、特に一九九〇年代から二〇〇〇年代に生まれた新しいユニオンにおいてより明瞭に見られるとともに、それを運動の使命とすることが自覚的・積極的に肯定されているように見受けられる。

3 組織体としてのコミュニティ・ユニオン

コミュニティ・ユニオンの組織体としての特質を検討したい。その特質は、いずれも、前に述べた「歴史」的背景のもと、社会と労働市場において周縁化された領域に依拠した運動が帯びざるを得ない必然として立ち現れたものということができる。

第一の新しい特質は、メンバーシップの柔軟性である。この点は、企業別労働組合が組合員の資格を組織の正規雇用社員に限定することとはっきりと対比される。この特質は明らかにユニオン運動の組織が「弱い組織」であることに由来するが、一方で特有の強みをユニオン運動にもたらすことにもなった。

ユニオン運動の活動の中核は、個別相談活動にある。誰とも知らないある人が相談に訪れるところから開始され、個別紛争の解決へと向かう。労働組合の規模が大きくなればなるほど、多数派のニーズは数値化され、それを目標として追求することが活動の中心にならざるを得ない。一方で、ユニオンにおいては、相談内容が個別であるということが、様々な少数派――それを足し合わせれば多数派よりも数は大きくなるのかもしれないが――の課題を、解決すべき問題として可視化させ、場合によっては政治的なイシューとすることを可能にするのである。外国人技能実習生制度という周縁労働力を海外から調達する新たな方法は、現にいる移民の統合問題への解を模索しつつ労働者を受け入れるのではなく、外国人労働者を帰国を義務づけられた出稼ぎ労働者「身分」の外国人へと置換していくものということができる。技能実習生が出稼ぎ労働者として標づけられて管理され労働している現実のもとでは、労働問題や人権問題について放任を招きやすく、彼ら彼女らの異議申し立ても困難である。まさにこの隔離され孤立した労働者の「駆け込み寺」としてユニオンの窓口が選ばれ、ユニオンがそれに応えているという事実は、コミュニティ・ユニオン運動の潜在力をあらためて示したものというべきだろう。

もちろん、この特質は、ユニオン運動が「弱い組織」であることの表れである。個別の問題が解決されてしまえば、相談者たちの多くは組織から離れていきがちである。この結果、運営基盤は脆弱なままに置かれてしまう。この弱さを補い運動を支えるのは、一つには相談者が自らと同じ境遇を他者に見る想像力とシンパシーであるだろうし、もう一つにはユニオンそれ自体がある種の「居場所」として見出され吸着力をもつことによってであるだろう。このことについては後述する。

第一の特質の帰結としてある、第二の特質は、担い手の**カテゴリカルな**多様性である。本書の全体を通じて明らかにされているように、ユニオン運動は、個別相談に対応することを通じて、多様なマイノリティが直面する課題を自らの取り組むべき問題とし、相談者のカテゴリカルな性質を壊さないままに組織化・活動を進めてきた。「労働者階級」へと相談者を還元し、「階級利害」に個別利害を融解させる論理は、ユニオン運動においては抑制されざるを得ないといえる。本書であげられたカテゴリーを列挙すると、女性、非正規雇用の若者、「名ばかり管理職」、外国人、精神障害者・知的障害者などなどである。特に、女性や外国人の場合、同じカテゴリーにあることによってシンパシーと連帯が滑らかに得られるために、カテゴリーによって枠づけられたユニオン運動の活発な展開も見られる。第七章の女性ユニオンの事例は、女性の運動であることを前面に出すことによって、想像力とシンパシーが発揮されやすくなり、運動の持続性が生まれることを示している。

第三は、生活の課題化である。コミュニティ・ユニオンは労働組合であるが、組合員・相談者と雇用されている組織とのつながりが不安定である以上、その活動を労働分野に限定しておくことはできない。労働問題と貧困問題は切り分けることができなくなり、紛争の終結で活動に区切りをつけることが難しくなる。これは個々のユニオンにとっては試金石だが、労働組合であることをこえる活動の伸展もコミュニティ・ユニオンからは始まっている。介護問題やメンタルヘルス問題への取り組みが模索されているし、福祉制度への適切な接続も課題化されている（第八章）。いきおい、コミュニティ・ユニオン運動は、反貧困運動としての性格を色濃くしつつあるといえる。第一章で述べられているように、「婚姻状態と家族形態から見たコミュニティ・ユニオン加入者の特徴は、特に中高年において単身者が多いこと」にある。「また、離死別の女性も少なくないことや父子世帯・母子世帯の比率の高さからは、組合員の中に生活に困難を抱えている層が一定程度含まれていると考えられる」（第一章、五六頁）。このような属性の偏りは、ユニオン運動の反貧困運動への展開を促さざるを得ない。

第四は、アイデンティティの課題化である。このことは現在の貧困の性質と深く関連している。貧困は、アイデンティティの問題として体験されている。今日においても、組織、家族、地域社会の一員であることはアイデンティティの調達をスムースなものにする主要な方法といえるが、貧困は、非組織・非家族の存在として生きることを伴いやすく、また、流動化することによって地域社会との接点も断たれやすくなっている。その結果、自己を承認してくれる他者は得がたくなる。また、全域的な個人化の深まりは貧困層においても「内面化された自己責任論」〔湯浅・仁平、二〇〇七〕を強固に注射するものなのであり、貧しさは自己否定へと容易に人々を誘導する。この、孤立と自己否定の陥穽こそが、困難としての貧困の核心となっている。

本書の各章において、ユニオンの「居場所」としての意味について述べられてきた。労働組合運動において語られてきた連帯は、恒常的な関係性と帰属意識を保証する職場を根拠とするものだった。だが、ユニオンに集まる個人の労働者たちには、そのような基盤がない。ユニオンは、ユニオンそれ自体が同じような境遇にある者どうしの共感を育み、関係を一から形成していく場として開かれなければならなかった。すでに述べたように、これは組織としての弱さである。「居場所」の歩留まり率は高くはならないだろう。しかし、このようにしてしか個人化をこえる関係は作ることができないのが、個人化された社会の現実である。「不安定な雇用は経済的な貧困の要因になるだけでなく、社会的には孤立などの社会関係・ネットワークを狭め、政治的にはシティズンシップの獲得や保障から排除され、文化的には自尊心の毀損や動機づけの低下など、アイデンティティ問題を生じさせることが指摘されている」が、「コミュニティ・ユニオンは、〔……〕労働問題以外で得られた成果を見ても、「労働者としての権利意識」以上に、特に「非正社員」において、「頼りにできるところがあるという安心感」を与える「居場所」としての役割を果たしている」のである〔第二章、八六―八七頁〕。「頼りにできる」「安心感」は、ユニオンにおける出会い、関係を通じてもたらされたものである。「雇用や職場の問題以外でユニオンに加入して得られた」ものに関する質問〔複数回答〕に対して、「労働者としての「権利意識」五二・五パーセント、「労働法など専門知識」四三・二パーセント」が多かったが、

「その一方、日本人と日本人以外の「仲間・友人」三七・五パーセント、「気軽に立ち寄れる場所・たまり場」一二・六・パーセントとともに多かったのは「頼りにできるところがあるという安心感」五七・九パーセントであ」った。これは、「仲間・友人、気軽に立ち寄れる関係とともに「頼りにできる」ユニオンへの信頼と安心感という人間関係が評価されている」といえる。「ユニオンは組合員の「つながり」の場であり、安心への最後の砦となりつつある」のである〔第八章、二四六頁〕。

一人の貧者への関与者が、貧者との関係に盛り込む内容について考察するにあたっては、杉田真衣による承認と確認の類型化は示唆に富むものである。杉田は、東京都内の「最低位校」公立高校出身の女性五人のインタビューから、「不利な状況に陥りやすい」地位にある彼女たちの、高校卒業後の五年間を通じての「労働と生活の移り変わり」〔杉田、二〇〇九、二七一頁〕を記述、分析している。インタビュー調査は、二〇〇二年の高校三年時から〇八年の高校を卒業して五年後まで四回行われている。正規職でいったんは就職した人も含め五人とも、最終調査時には非正規職であった。また、この五人は、卒業後から最終調査時まで互いにつながりを継続していた。そして、そのつながりからは、同級生のみの関係をこえたネットワークの拡がりが生まれていく。「近くに住み友人の家に行くことを通して、彼女たちの家族を含めた関係が作られ」て、五人の内の一人の両親に、思いや悩みを聞いてもらったり、家族のように扱ってもらったりといった関係が作られていた。あるいは、それよりももっと距離はあっても、助言的な援助をくれる誰かが彼女たちの周りにはいて、そうした曖昧な関係が彼女たちにとって相談機能を果たすということがあった。杉田は、五人の関係、そして彼女たちの人生に偶発的に訪れた様々な他者との関係に見られたのは、「承認よりも、確認という言葉で表現した方が適切かもしれない」ものだとし、以下のように述べる。「彼女たちの労働や生活のまわりには、リスクがあふれている。彼女たちの将来は不透明で、確固たるモデルは存在していない。そのような社会のなかで、互いの生活をまなざし合い、互いの生活がそれで「大丈夫」だと確認し合うような関係を築いているように見える。そうして彼女たちは、彼女たちなりの「普通の生活」を作り上げる過程にいるのかもしれない」〔杉田、二〇〇九、三三八頁〕。

承認と確認とを弁別する類型化は、貧困や社会的排除に関連した議論において有益であると思われる。他者からの確認は、緩いつながりのもとでなされるので、他者からの承認とは違ってアイデンティティの「安定」をもたらさないが、「安心」を提供することができるかもしれない。そして、周囲の他者からの否定的なまなざしへの不安を緩和することもできるかもしれない。確認関係の豊富化は、まずもって貧者の孤立化を防ぎ社会へとつなぎとめるものということができる。一方で、承認は、こざかしい計画によって簡単になされるものではない。もちろん、近代の大組織はまさしく人間のアイデンティティについてのそのような計画を現実化する装置であったのだが――「会社人間」の鋳造、「職場結婚」の目論見と一定の達成などなど――、本書で述べられているのは、組織社会の周縁部でのできごとについてなのである。組織社会から排除・疎外された人々にとって、確認のネットワークが与えてくれる「安心」の時空間は、「今の私ではない私」を想像する自由や他者から承認されることへの希望の維持を可能にするものということができるだろう。

第二章では、コミュニティ・ユニオンが「労働者としての権利意識を高める機能を果たしているほか、特に男性組合員には他の組合員との仲間関係や居場所を、女性組合員には頼りにできるという安心感を提供する傾向」が明らかにされている〔八五―八六頁〕。このジェンダーによる差異は意味が深い。この傾向の解釈においては、丸山里美による、「NPO法人自立生活サポートセンターもやい」に二〇〇四年から二〇一五年までの間に相談に訪れた人々の相談票の分析が参考になるだろう。丸山は、次のように述べている。「男性は職も失い、所持金もほとんど尽きてからようやく相談に訪れるのに対して、女性は今日明日の生活はやっていけるが、近い将来生活に困窮するということを見越して、早めに相談に訪れている」。この点について、丸山は、「他者に弱みを見せたり助けを求めたりすることをよしとしない「男らしさ」の規範に縛られているためだと解釈できるかもしれない」〔丸山、二〇一八、一一七頁〕と述べている。丸山の解釈を受けて、先のジェンダー差について考察してみたい。男性の場合、そもそも相談にまでなかなかたどり着けず孤立する傾向が強いが、相談に至った人においては「他の組合員との仲間関係や居場所」という承認に触れるところをまで求める。一方で、女性は、孤立傾向が男性より弱く、確認関係を構築し「頼りにできる安心感」を得ようとしている。「「男らしさ」の規範」というやっかいな変数はあるが、もし男性にとっての相談に至るまでのハードルが女性並みにまで下がるとすると、ユニオンを中心点として繁茂するのはまずもって確認のネットワークであると推測することができる。

第五の特質は、「頼れる中心」からのネットワーク状の展開である。コミュニティ・ユニオンは、流動性の高い組織であるがゆえに、ヒエラルヒー的な組織へと運動体が発達していくことはできない。だからといって、ユニオンの成員が対等であるということもできない。ユニオン運動の中心には、「困った時に頼れる相手」がいなければならないのである。この頼れる相談者を中心として、運動体としてのユニオンはネットワーク状に拡大していく。

「頼りになる」ことは経験に裏打ちされたものであるので、相談する人とされる人との関係は、往々にして世代間関係になる傾向がある。コミュニティ・ユニオンには、「現役労働者・定年退職者という世代をまたいでの社会的な連帯の場になっているという事実」があり、「労働問題に直面してユニオンに加入する人びとと、かつての自身の運動経験などもふまえつつそうした人びとを積極的に支えようとする人びとが協同する姿をうかがうことができ」るのである〔第三章、一〇七頁〕。この連帯・協同は、相談する人にもされる人にも意義深いものになる。「コミュニティ・ユニオンは、上の世代にとっては活動の新たなネットワークを広げる場である一方で、下の世代にとっては困った時に頼れる相手を獲得する場」となる〔第一章、六四頁〕。そこにおける関係は、早上がりに承認を提供することにはつながりにくいが、確認のネットワークを豊富化することによって貧者のエンパワーメントをなすことはできそうである。そうした活動を通じて、同様の境遇の人々との出会いが生じれば、相互に承認を交わし合う関係が形成される可能性はもちろんあるだろう。

4　「社会的なもの」の抵抗

社会とは何であるのか。社会福祉、社会保険、社会保障、あるいは社会主義や社会運動。なぜ、それらは「社会」と冠せられなければならなかったのか。フランスやドイツの憲法においては、国家のあり方として「社会的な国家」であることが明記されている。そして、この場合の社会的国家とは、私たちが知る福祉国家という語と同義である〔市野川、二〇〇六〕。では、そこにおける社会とは何か。この社会は、例えば「近代市民社会」のような、歴史的な内容を与えられ「すでにある」ともみなされがちなものではない。あるいは、デュルケーム派の社会学者がそうするように「確かにある」実在する枠組みであると仮定するのもやりすぎなのだ。ここで、同じ社会学でも、歴史なしに突如出現した大都市シカゴを拠点として成立したシカゴ学派社会学において、人々の競争や闘争を必須とする社会過程をへて諸々のコミュニティ群を包括しつつ浮上するものとして社会が位置づけられており、それゆえそれは構築されもするが解体されもする生きた存在として捉えられていたことを想起しておいてもいいと思われる。上で列挙した、社会を冠した四文字熟語がいずれも貧困に関連する言葉であることは重要だ。貧困は、社会的分裂・分断——持つ者と持たざる者の間の――を示す現象である。そして、貧者は、それまでの社会によって排除された他者として現れ出る。つまり、そこにおける社会とは、現にある様々な分裂・分断をこえて、人々をのせあげるためにそのつど再想像され構築される共通の地平、拡がりのことであるのだ。

興味深いことに、近代以後、人々は個人化を受け入れつつその個人化に抗する動きをも同時に展開してきた。貧困は、純粋な個人化、純粋な自由主義へと向かう欲動への重石となった。貧困から目を背け否認する反射が定着する一方で、貧富の格差や貧者の排除について問う反応も現れ続けたのである。そうしたことも、きれいごとではなく、近現代人についての事実であり潜在的可能性であるだろう。竹沢尚一郎は次のように述べている。「社会とは、近代の人びとが作り出した認識の一形式であるにすぎない」。「〔……〕しかし、認識だからといって現実に根をもたないと考えたなら間違いである。ある種の認識の成立は、世界を変え、歴史を変えることがある。社会の語を作り出すことによって、人間は周囲の環境に対して能動的に働きかけることができるようになった」（竹沢、二〇一〇、二〇三頁）。身分制社会は、人と社会の説明枠組みとして宿命論を引き寄せる。一方、近代社会にあっても、あきらめのイデオロギーとしての宿命論は繁茂している。しかしながら、近代は、自己と他者に生じた不条理をあきらめきれない反宿命論者をも生み出したのであり、そうした人々は様々な問題を社会という拡がりをたちあげて社会的な問題として解かざるをえない。そうして、社会は、困難にあって繰り返し召喚され、それこそデュルケームのいうところの社会的事実となり続けてきたのだ。

とはいえ、社会がたえず再定義されるものであるということは、やはり社会が既成の強固な枠組みでは全くないということでもある。S・ポーガムは、次のような数値を紹介している。「経済成長率が高く失業率が相対的に低いとき――一九七六年と二〇〇一年がそうであった――、怠惰によって貧困を説明する傾向が以前の時期にくらべてより顕著かもしくは増加している。反対に成長率が低いとき、さらにはほとんどゼロ成長で失業率が大きく増加するとき――一九九三年から二〇〇九年までがそうである――には結果として、不公正によって貧困を説明する傾向が強まる」〔Paugam, 2013=2016：326〕。これはフランスの現実であって場所と時代が変われば全く逆の反応を生む文脈も考えられるものではあるけれども、つまりは、懐具合がよくなれば貧困はたやすくわがことではなくなる、ということである。そうであるとすれば、景気の回復が喧伝される局面にあっては、貧困は忘却されやすいということになる。「貧困ブーム」が去ったともいわれる今日だからこそ、「社会的なもの」の反発力がいっそう問われていると言わねばならない。

社会運動の歴史を大づかみに見てみよう。それぞれの時代それぞれの社会において、「一級市民」とその資格を奪われて二級化された「二級市民」は存在してきた。そして、貧困は、その「二級市民」に集中した。これまで、社会は、その「二級市民」たちを迎え入れるにあたって自己の再定義を繰り返してきたといえる。これは、その時代の貧者や貧困予備軍によって社会の定義が問われ続けてきたということがもちろんできるし、実際そうであった。ブルジョア市民社会に対する労働運動、白人社会に対する公民権運動、男性社会に対する女性運動、これらはいずれも、「一級市民」の社会に対する「二級市民」からの、社会の拡張を求める運動であった。「社会的」という形容は、この新たな拡がりへの志向を意味するのである。

町村敬志は、市民運動について次のように述べた。「「ふつうの市民」による市民運動の歴史とは、見方を変えると、開放性という自己規定が実際にはいかに欺瞞に充ちたものであるか、このことを暴き出す歴史でもあった。〔……〕社会的差別の下で「二級市民」としての扱いを受けていた人びとが、自立した市民としての力を獲得し、自らの生き方を自己決定しようと、運動のアリーナへ参入してくる。力の獲得（empowerment）と自己決定、この二つが運動のキーワードであった」〔長谷川・町村、二〇〇四、一二頁〕。「開放性という自己規定」の「欺瞞」については、容易にその実例を思い浮かべることができる。革命運動の中でも差別は再生産されてきたのだし、「正社員」の労働運動は非正規労働者の前で硬くなっている。住民運動は、非定住的な「住民」への想像力を欠如しがちである。それでも「運動のアリーナ」への排除された人々の参入・介入は、「運動のアリーナ」を変容させるとともに社会という拡がりの再定義をもたらし「欺瞞」の反省を促してきたといえる。町村は、「今日、社会運動の周辺には、まだ運動としては位置づけられていない「運動的なるもの」の幅広い裾野が拡がっている」〔長谷川・町村、二〇〇四、一五頁〕としつつ、社会運動論のあるべき方向について次のように述べている。「（引きこもりや不登校などの個別化された実践は）集合的でありながらしかし集団的にはなりえないという、まさにその事実において、こうした現象は強い社会的インパクトをもち、それゆえ社会に対してきびしい対応を迫っている。社会運動論は、心理主義化する社会における個化された集合的実践を、その内部へと位置づけていく必要に迫られている」〔長谷川・町村、二〇〇四、一三頁〕。これは、社会運動論だけの問題ではもちろんない。排除された人々について、貧しい人々についての、今日的状況のもとでの他者認識と社会認識のすべてに関する問題である。そして、個別相談から始まるコミュニティ・ユニオン運動の実践は、まさに「個化された集合的実践を、その内部へと位置づけていく」ものといえるのだ。

渡辺拓也は、飯場労働者の世界における、連帯や共同性などといった言葉を容易には受け付けないような冷酷な人間関係を描きながら、それでも飯場労働者に「受け入れられること」への期待が保持され続けていることについて述べ、それを「共同性の原資」と呼んでいる〔渡辺、二〇一七〕。作業の全体像も目的は知らされず、一つ一つの作業にどれくらい力を入れて取り組めばよいかが分からない。新人たちは怒鳴られながら理解していくよりなく、それゆえ定着性が著しく低い。代わりはいくらでもいるということなのか。新人に限らず、一人一人の労働者に求められるのは、「空気を読む」状況的な反応能力と仕事をこなせる肉体なのであって、「個々の労働者の内面は前提されていないのだ」〔渡辺、二〇一七、四〇一頁〕。そうした場が殺伐としているのは当然のことで、そこに親密な関係を見てとろうとするのは無理である。だが、にもかかわらず渡辺は、飯場労働者の中にそれでも垣間見られる助け合いや新人への優しい声を拾い集め、それを可能にしたものは何なのかと問うてみるのだ。彼は、それなりに定着した飯場労働者たちは、「自分自身の本質的な有能さをアイデンティティとする」人々であるという。飯場労働者である限り、その誇りが社会的に承認されることはない。それでも、飯場労働者は、彼らが封じ込められた世界において、限られた材料で自らの「有能さ」を何とか表わそうとする。仕事を「うまくやる」こともそのような意味をもつのだし、ギャンブルで一発当てるのも、飲み屋の好きな女性にケーキをプレゼントして喜ばれるのも、「有能さ」の証明として解される。そのようにして、承認が希求されている。渡辺が寄せ場労働者にみた「共同性の原資」とは、個人化された私たちにあっても起動する他者への欲求であり、他者からの承認への欲望である。だが、もちろん、その欲望には逆説があって、承認を切望すればするほど他者からの否定に対する耐性を失くし、他者を恐れるようにもなってしまう。他者から承認された体験に乏しく社会的にも排除されてある人々にとって、特にその傾向は強いだろう。承認への切実な欲望が他者との関係形成へと結びつかない内面のあり様は、早上がりの承認を作り出そうとする試みに期待通りの結果をもたらさないだろう。繰り返しになるが、まずもってなされるべきは確認のネットワークの豊富化であるだろう。

それはそれとして、個人化された私たちに残されたものは、「受け入れられること」への期待という「共同性の原資」だけなのかもしれず、しかしそれはまだあるということが重要だ。そのような状況において開始されているあるいは開始されざるを得ない社会運動——social movement は「社会の動き」とも訳せる

──が、今日的な反排除・反貧困の運動であるだろう。個人化されつつ社会から排除された人々による社会への参入の企てとして、そしてそのための運動構築の試みとして、コミュニティ・ユニオン運動を捉えることができると思う。個別化されていてそれゆえ多様な排除された人々を緩やかに包含しつつ、生活とアイデンティティを柔軟に課題化する、「頼れる人」を中心としたこの小さな労働組合は、現代的な「社会的なもの」の発露形態である。

参考文献一覧

●序章

赤堀正成、二〇一四、『戦後民主主義と労働運動』御茶の水書房

遠藤公嗣、二〇一二、「新しい労働者組織の意義」遠藤公嗣編著『個人加盟ユニオンと労働NPO——排除された労働者の権利擁護』ミネルヴァ書房、一—三二頁

長谷川公一・町村敬志、二〇〇四、「社会運動と社会運動の現在」、曽良中清司他編著『社会運動という公共空間——理論と方法のフロンティア』成文堂

橋口昌治、二〇一一、『若者の労働運動——「働かせろ」と「働かないぞ」の社会学』生活書院

兵頭淳史、二〇〇六、「日本の労働組合運動における組織化活動の史的展開——敗戦から高度経済成長までを中心に」、鈴木玲・早川征一郎編著『労働組合の組織拡大戦略』御茶の水書房、三—三六頁

河西宏祐、一九八九、『企業別組合の理論——もうひとつの日本的労使関係』日本評論社

木下武男、二〇〇七、『格差社会にいどむユニオン——二一世紀労働組合原論』花伝社

コミュニティ・ユニオン研究会編、一九八八、『コミュニティ・ユニオン宣言——やさしい心のネットワーク』第一書林

コミュニティ・ユニオン全国ネットワーク編、一九九三、『コミュニティ・ユニオン宣言partⅡ——ユニオン・にんげん・ネットワーク』第一書林

小谷幸、二〇一三、『個人加盟ユニオンの社会学——「東京管理職ユニオン」と「女性ユニオン東京」（一九九三年～二〇〇二年）』御茶の水書房

熊沢誠、二〇一三、『労働組合運動とはなにか——絆のある働き方をもとめて』岩波書店

文貞實、二〇一二、「個人化に抗する労働運動——コミュニティ・ユニオンの事例から」、『解放社会学研究』第二六号、七六—九六頁

野村正實、一九九三、『トヨティズム——日本型生産システムの成熟と受容』ミネルヴァ書房

大畑裕嗣、二〇〇四、「モダニティの変容と社会運動」、曽良中清司他編著『社会運動という公共空間——理論と方法のフロンティア』成文堂、一五六—一八九頁

大原社会問題研究所、二〇一〇、『日本労働年鑑』第八〇集、旬報社

大原社会問題研究所、二〇一七、『日本労働年年鑑』第八七集、旬報社

塩田庄兵衛、一九八六、『戦後日本の社会運動――労働組合運動を中心に』労働旬報社
鈴木玲、二〇〇五、「社会運動的労働運動とは何か」、『大原社会問題研究所雑誌』第五六二・五六三合併号、一―一八頁
田端博邦、二〇〇三、「コミュニティ・ユニオンと日本の労働運動」、東京管理職ユニオン編『転形期の日本労働運動――ネオ階級社会と勤勉革命』緑風出版、一八五―二二〇頁
高木郁朗、一九八八、「コミュニティ・ユニオンの構想」、コミュニティ・ユニオン研究会編『コミュニティ・ユニオン宣言――やさしい心のネットワーク』第一書林、一〇―二四頁
高井晃・関口達矢、二〇一一、『闘うユニオン』旬報社
高橋洸、一九五七、「資本主義と労働組合」、福武直他編著『講座 社会学　第六巻 階級と組合』東京大学出版会、一九一―二〇九頁
湯浅誠、二〇〇九、「労働運動と社会保障運動が再び手をつなぐ時がやってきた――貧困の現状と反貧困運動」、『労働法律旬報』第一六九六号、七二―七八頁
Aguiton, Christophe. & Bensaïd, Daniel., 1997, *Le retour de la question sociale: Le renouveau des mouvements socciaux en France*, Editons Page deux.（＝クリストフ・アギトン、ダニエル・ベンサイド、二〇〇一、湯川順夫訳『フランス社会運動の再生――失業・不安定雇用・社会的排除に抗し』つげ書房新社）
Burgmann, Verity., 2006, Labor and the New Social Movements: the Australian Story.（＝ヴェリティ・バーグマン、二〇〇七、鈴木玲訳「労働運動と新しい社会運動――オーストラリアの事例」『大原社会問題研究所雑誌』第五八四号、一一―二三頁）
Mark, Karl. & Friendrich, Engeles., 1932, *Das Kommunistische Manifest*. In: *Historische Gesam-Ausgabe*. Im Auftrage des Marx-Engels-Lenin-Instituts Moskau herausgegeben von. V. Adoratskij.Erste Abteilung Band 6.Marx-Engels-Verlag Berin.（＝マルクス、エンゲルス、一九七一、大内兵衛・向坂逸郎訳『共産党宣言』岩波文庫）
Offe, Claus., 1985, *New Social Movements: Challenging the Boundaries of Institutional Politics*, Social Research,Vol.52(4): 817-868.

参考資料

コミュニティ・ユニオン全国ネットワーク、二〇一三、「第二六回全国総会・資料」
ＵＮＩＯＮひごろ東地域合同労組、二〇〇三、「ひごろがゆく　ＵＮＩＯＮひごろ二〇年闘争記」

●第1章

遠藤公嗣、二〇一二、「新しい労働者組織の意義」、遠藤公嗣編著『個人加盟ユニオンと労働NPO――排除された労働者の権利擁護』ミネルヴァ書房、一―三二頁
福井祐介、二〇〇二、「コミュニティ・ユニオンが個別紛争解決に果たす役割について――アンケート調査を手がかりに」、『人間科学共生社会学』第二号、二九―四五頁
福井祐介、二〇〇三、「コミュニティ・ユニオンの取り組みから――NPO型労働組合の可能性」、『社会政策学会誌』第九号、八九―一〇二頁
福井祐介、二〇一二a、「コミュニティ・ユニオンの一〇年」、『大原社会問題研究所雑誌』第六四二号、一―一三頁
福井祐介、二〇一二b、「九州のユニオンと東京のユニオン――二〇〇〇年・二〇一〇年コミュニティ・ユニオン組合員意識調査から」、遠藤公嗣編著『個人加盟ユニオンと労働NPO――排除された労働者の権利擁護』ミネルヴァ書房、五五―八一頁
橋口昌治、二〇一〇、「定着率を高める個人加盟ユニオンの戦略と構造――首都圏青年ユニオンの事例を中心に」、『社会政策』第二巻第二号、五九―七一頁
橋口昌治、二〇一一、『若者の労働運動――「働かせろ」と「働かないぞ」の社会学』生活書院
小谷幸、二〇一三、『個人加盟ユニオンの社会学――「東京管理職ユニオン」と「女性ユニオン東京」（一九九三年～二〇〇二年）』御茶の水書房
文貞實・朝倉美江、二〇一二、『コミュニティ・ユニオンの役割と課題に関する実証的研究――「コミュニティ・ユニオン組合員の雇用と生活に関するアンケート調査」の結果を中心に』中部学院大学
法政大学大原社会問題研究所編、二〇一〇、『個人加盟組合の活動に関するアンケート調査結果報告』ワーキング・ペーパー四一号、法政大学大原社会問題研究所

●第2章

遠藤公嗣編著、二〇一二、『個人加盟ユニオンと労働NPO――排除された労働者の権利擁護』ミネルヴァ書房
福原宏幸編著、二〇〇七、『社会的排除／包摂と社会政策』法律文化社
福井祐介、二〇〇五、「日本における社会運動的労働運動としてのコミュニティユニオン――共益と公益のあいだ」、『大原社会問題研究所雑誌』第五六二・五六三合併号、一七―二八頁

福井祐介、二〇一二、「コミュニティ・ユニオンの一〇年」『大原社会問題研究所雑誌』第六四二号、一―一三頁
兵頭淳史、二〇一三、「労働組合の変貌――非正規労働者の組織化とコミュニティ・ユニオンを中心とする研究動向の検討」、『社会政策』第四巻第三号、一四一―一五一頁
木下武男、二〇〇七、『格差社会にいどむユニオン――二一世紀労働運動原論』花伝社
熊沢誠、二〇一三、『労働組合運動とはなにか――絆のある働き方をもとめて』岩波書店
厚生労働省、「「非正規雇用」の現状と課題」(http://www.mhlw.go.jp/file/06-Seisakujouhou-11650000-Shokugyouanteikyokuhakenyukiroudoutaisakubu/0000120286.pdf) 二〇一八年四月二八日最終閲覧
厚生労働省、二〇一四、「平成二六年労働組合基礎調査の概況」
厚生労働省、二〇一七、「平成二九年労働組合基礎調査の概況」
呉学殊、二〇一二、『労使関係のフロンティア――労働組合の羅針盤(増補版)』労働政策研究・研修機構
李ミン珍、二〇一二、「コミュニティ・ユニオニズムの多様性――日本と韓国のコミュニティ・ユニオニズムの比較」、『大原社会問題研究所雑誌』六四〇号、四八―六七頁
総務省統計局、二〇一三、「平成二四年就業構造基本調査 結果の概要」(http://www.stat.go.jp/data/shugyou/2012/pdf/kgaiyou.pdf) 二〇一八年一〇月二六日最終閲覧

● 第3章

福井祐介、二〇〇二、「コミュニティ・ユニオンが個別紛争解決に果たす役割について――アンケート調査を手がかりに」『人間科学共生社会学』第二号、二九―四五頁
福井祐介、二〇一二、「コミュニティ・ユニオンの一〇年」『大原社会問題研究所雑誌』第六四二号、一―一三頁
コミュニティ・ユニオン研究会編、一九八八、『コミュニティ・ユニオン宣言――やさしい心のネットワーク』第一書林
小谷幸、二〇一三、『個人加盟ユニオンの社会学――「東京管理職ユニオン」と「女性ユニオン東京」(一九九三年〜二〇〇二年)』御茶の水書房
高井晃・関口達矢、二〇一一、『闘うユニオン』旬報社

●第4章

橋口昌治、二〇一一、『若者の労働運動――「働かせろ」と「働かないぞ」の社会学』生活書院
長谷川公一・町村敬志、二〇〇四、「社会運動と社会運動の現在」、曽良中清司他編著『社会運動という公共空間――理論と方法のフロンティア』成文堂
伊藤大一、二〇一三、『非正規雇用と労働運動――若年労働者の主体と抵抗』法律文化社
小谷幸、二〇一三、『個人加盟ユニオンの社会学――「東京管理職ユニオン」と「女性ユニオン東京」(一九九三年~二〇〇二年)』御茶の水書房
道場親信・成元哲、二〇〇四、「社会運動は社会がつくる?」、大畑裕嗣他編『社会運動の社会学』有斐閣、一―一一頁
村田宏雄、二〇一一、『オルグ学入門　新装版』勁草書房
文貞實、二〇一二、「個人化に抗する労働運動――コミュニティ・ユニオンの事例から」、日本解放社会学会編『解放社会学研究』第二六号、七六―九六頁
二村一夫、一九九四、「戦後社会の起点となる労働組合運動」、坂野潤治他編『シリーズ日本近現代史　構造と変動4　戦後改革と現代社会の形成』岩波書店、三七―七八頁
西城戸誠、二〇〇八、『抗いの条件――社会運動の文化的アプローチ』人文書院
野宮大志郎、二〇〇二、『社会運動と文化』ミネルヴァ書房
大原社会問題研究所、二〇一〇、『日本労働年鑑』第八〇集、旬報社
呉学殊、二〇一〇、「合同労組の現状と存在意義」、労働政策研究・研修機構『日本労働研究雑誌』第六〇四号、四七―六五頁
高木郁朗、一九八八、「コミュニティ・ユニオンの構想」、コミュニティ・ユニオン研究会編『コミュニティ・ユニオン宣言――やさしい心のネットワーク』第一書林、一〇―二四頁
矢澤修次郎、二〇一六、「グローバル化時代の社会運動――グローバルとローカル、精神とコミュニケーションの弁証法」、野宮大志郎・西城戸誠編『サミット・プロテスト――グローバル化時代の社会運動』新泉社、三〇二―三二一頁
Arendt, Hannah., 1969, *Crises of the Republic: Lying in Politics, Civil Disobedience on Violence, Thoughts on Politics and Revolution*, Harcourt Brace Jovanovich.(=ハンナ・アーレント、二〇〇〇、山田正行訳『暴力について――共和国の危機』みすず書房)
Back, Les., 2007, *The Art of Listening*, Berg.(=レス・バック、二〇一四、有元健訳『耳を傾ける技術』せりか書房)

Crossly, Nick., 2002, *Making Sense of Social Movements*, University Press UK.（＝ニック・クロスリー、二〇〇九、西原和久他訳『社会運動とは何か――理論の源流から反グローバリズムまで』新泉社）

Tarrow, Sydney., 1998, *Power in Movement: Social Movement and Contention Politics*, Cambridge University Press.（＝シドニー・タロー、二〇〇六、大畑裕嗣監訳『社会運動の力――集合行為の比較社会学』彩流社）

Young, Iris Marion., 2011, *Responsibility for Justice*, Oxford University Press.（＝アイリス・マリオン・ヤング、二〇一四、岡野八代・池田直子訳『正義への責任』岩波書店）

●第5章

遠藤公嗣編、二〇一二、『個人加盟ユニオンと労働NPO――排除された労働者の権利擁護』ミネルヴァ書房

福井祐介、二〇〇二、「コミュニティ・ユニオンが個別紛争解決に果たす役割について――アンケート調査を手がかりに」、『人間科学共生社会学』第二号、二九―四五頁

――――、二〇〇三、「コミュニティ・ユニオンの取り組みから――NPO型労働組合の可能性」、『社会政策学会誌』第九号、八九―一〇二頁

――――、二〇一二、「九州のユニオンと東京のユニオン――二〇〇〇年・二〇一〇年コミュニティ・ユニオン組合員意識調査から」、遠藤公嗣編『個人加盟ユニオンと労働NPO――排除された労働者の権利擁護』ミネルヴァ書房、五五―八一頁

――――、二〇一二、「コミュニティ・ユニオンの一〇年」『大原社会問題研究所雑誌』第六四二号、一―一三頁

橋口昌治、二〇一一、『若者の労働運動――「働かせろ」と「働かないぞ」の社会学』生活書院

橋口昌治、二〇一〇、「定着率を高める個人加盟ユニオンの戦略と構造――首都圏青年ユニオンの事例を中心に」、『社会政策』第二巻第二号、五九―七一頁

兵頭淳史、二〇一三、「労働組合の変貌――非正規労働者の組織化とコミュニティ・ユニオンを中心とする研究動向の検討」、『社会政策』第四巻第三号、一四一―一五一頁

法政大学大原社会問題研究所編、二〇一一、『社会労働大事典』旬報社

岩舘豊、二〇一三、「ユニオン・アクティヴィズムの居場所――西新宿・雑居ビルにおける労働／生存運動拠点空間の形成と存立」、町村敬志編『都市空間に潜む排除と反抗の力』明石書店、一七六―二〇九頁

木越陽子、二〇一二、「リレー連載⑥大館ユニオン　コミュニティ・ユニオンが労働運動を、地域を変える」、『労働情報』第八五一号、一四―一五頁
木下武男、二〇〇七、『格差社会にいどむユニオン――二一世紀労働運動原論』花伝社
熊沢誠、二〇〇七、『格差社会ニッポンで働くということ――雇用と労働のゆくえをみつめて』岩波書店
――、二〇一三、『労働組合運動とは何か――絆のある働き方をもとめて』岩波書店
コミュニティ・ユニオン全国ネットワーク（https://cumn.online/）二〇一八年七月一日最終閲覧
小谷幸、二〇一三、『個人加盟ユニオンの社会学――「東京管理職ユニオン」と「女性ユニオン東京」（一九九三年～二〇〇二年）』御茶の水書房
文貞實、二〇一二、「個人化に抗する労働運動――コミュニティ・ユニオンの事例から」、『解放社会学研究』第二六号、七六―九六頁
――、二〇一五、「ローカルな労働運動の「たたかいかた」――個人加盟のユニオン運動を事例に」、『寄せ場』第二七号、四三―五九頁
中村圭介、二〇一一、「非正規と地域――再生への二つのチャンス」、『社會科學研究』第六二巻第三・四号、五七―七五頁
呉学殊、二〇〇八、「労働組合の紛争解決・予防――コミュニティ・ユニオンの取り組みを中心に」、『日本労働研究雑誌』第五〇巻第一二号、六九―八七頁
――、二〇一二、『労使関係のフロンティア――労働組合の羅針盤（増補版）』労働政策研究・研修機構
岡本哲文、二〇一二、「コミュニティ・ユニオンが労働運動を、地域を変える」、『労働情報』第八四一号、一〇―一一頁
おきたまユニオン編集・発行、二〇一一、「おきたまユニオン第八回定期大会議案書」資料
労働組合おおだてユニオン編集・発行、二〇一二、「JCUFおおだてユニオン　第二四回定期大会議案書」資料
斉藤智志、二〇一二、「総評・地区労の歴史から運動の展望を考える――正規労働組合とユニオン運動との結合」、『自治体労働運動研究』第四三号、五四―六一頁
高木郁朗、一九八八、「コミュニティ・ユニオンの構想」、コミュニティ・ユニオン研究会編『コミュニティ・ユニオン宣言――やさしい心のネットワーク』第一書林
――、二〇〇〇、「コミュニティ・ユニオンの組織と活動」、『社会政策学会誌』第三号、五三―七〇頁
東北活性化研究センター編集・発行、二〇一五『二〇一

四年度　東北圏社会経済白書』(https://www.kasseiken.jp/pdf/library/guide/26fy-chosa-02.pdf) 二〇一八年七月一日最終閲覧

東北活性化研究センター編集・発行、二〇一六『二〇一五年度　東北圏社会経済白書』(https://www.kasseiken.jp/pdf/library/guide/27fy-chosa-02-00.pdf) 二〇一八年七月一日最終閲覧

●第6章

中国新聞、二〇一三年九月一四日、「外国人実習生雇用で不正続く」『中国新聞』(朝刊 二〇一三年九月一四日)

遠藤公嗣、二〇一二、「新しい労働者組織の意義」、遠藤公嗣編著『個人加盟ユニオンと労働NPO――排除された労働者の権利擁護』ミネルヴァ書房、一―三二頁

Esaman, 二〇一一、「シャープ系工場で二〇〇人の外国人労働者が組合結成　団結で奴隷労働から脱出――ユニオンみえ・シャープピノイユニティ」、『月刊労働組合』第五六五号、三八―四一頁

外国人研修生問題ネットワーク編、二〇〇〇、『まやかしの外国人研修制度』現代人文社

――、二〇〇六年、『外国人研修生　時給三〇〇円の労働者』明石書店

濱口圭一郎、二〇一〇、「日本の外国人労働者政策――労働政策の否定に立脚した外国人政策の「失われた二〇年」」、五十嵐泰正編『労働再審二　越境する労働と〈移民〉』大月書店、二七一―三一三頁

早崎直美、二〇一五、「技能実習制度拡大によって今後どうなるか――支援現場から」、『女たちの二十一世紀』第八三号、二八―三一頁

広島市市民局人権啓発部、二〇一三、『広島市外国人市民生活・意識実態調査』広島市市民局人権啓発部

細木一十稔ラルフ、二〇〇八、「日本の外国人労働者政策に対する圧力――国際規範の動員アクターとしての労働組合の役割と限界の事例研究」、『相関社会科学』第一八号、九三―一〇〇頁

磯前順一・酒井直樹、二〇一五、「思想のことば　戦後日本社会と国民国家としての植民地体制」、『思想』第一〇九五号、二―七頁

伊藤泰郎・高畑幸、二〇〇八、「広島県における日系外国人の居住動向と研修生・技能実習生へシフトの兆候」、『現代社会学』第九号、一五五―一七〇頁

伊豫谷登士翁、二〇〇一、『グローバリゼーションと移民』有信堂

――、二〇一五、「サッセン　グローバル・シティの出

現と移民労働者」、『労働と思想』堀之内出版、四三五―四五二頁
鄭香均、二〇〇六、『正義なき国、「当然の法理」を問いつづけて――都庁国籍任用差別裁判の記録』明石書店
上林千恵子、二〇一五、『外国人労働者受け入れと日本社会――技能実習制度の展開とジレンマ』東京大学出版会
国際研修協力機構編、二〇一四、『外国人技能実習・研修事業実施状況報告――JITCO白書』
文貞實、二〇一二、「個人化に抗する労働運動――コミュニティ・ユニオンの事例から」、『解放社会学研究』第二六号、七六―九六頁
文貞實・朝倉美江、二〇一二、『コミュニティ・ユニオンの役割と課題に関する実証的研究――「コミュニティ・ユニオン組合員の雇用と生活に関するアンケート調査」の結果を中心に』中部学院大学
中根多恵、二〇一四、「多国籍ユニオニズムにおけるホスト社会からの支持動員――動員のためのフレーム調整に着目して」、『日本労働社会学年報』第二五号、九九―一二五頁
小川浩一、二〇〇〇、「日本における外国人労働者の組織化――神奈川シティ・ユニオンのケース・スタディを通して（上）」、『労働法律旬報』第一四八一号、四一―四九頁
――、二〇〇〇、「日本における外国人労働者の組織化――神奈川シティ・ユニオンのケース・スタディを通して（下）」、『労働法律旬報』第一四八三号、二四―二八頁
――、二〇〇四、「外国人労働組合の可能性」、駒井洋編『移民をめぐる自治体の政策と社会運動』明石書店、二四三―二七二頁
朴君を囲む会編、一九七四、『民族差別――日立就職差別糾弾』亜紀書房、一九七四年
高谷幸、二〇〇九、「脱国民化された対抗的公共圏の基盤――非正規滞在移住労働者支援労働組合の試みから」『社会学評論』第六〇巻第一号、一二四―一四〇頁
外村大、二〇一三、「高度経済成長期後半の日本における外国人労働者問題」、蘭信三編『帝国以後の人の移動――ポストコロニアリズムとグローバリズムの交錯点』勉誠出版、六〇三―六三六頁
鳥井一平、二〇〇四、「全統一外国人労働者分会のあゆみと現状」、駒井洋編『講座グローバル化する日本と移民問題　第Ⅱ期　第五巻　移民をめぐる自治体の政策と社会運動』明石書店、二七三―三〇一頁
――、二〇一一、「舵を切った外国人研修・技能実習制度――不景気と制度改定はどう影響したか」、明石純

一編『移住労働者と世界的経済危機』明石書店、六九―八〇頁
ウラノ・エジソン・ヨシアキ、二〇〇七、「在日ラテンアメリカ人労働者の組織化の可能性――神奈川シティユニオンの取組み」、『労働法律旬報』第一六五〇号、五四―六四頁
徐翠珍「国民としてではなく納税者として生きる――徐翠珍講演記録」、『大阪経大論集』第五四巻第四号、二〇〇三年、二六七―二九七頁
ウェザーズ、チャールズ、二〇一二、「ゼネラルユニオンと大阪の外国人非正規労働者」、遠藤公嗣編『個人加盟ユニオンと労働NPO――排除された労働者の権利擁護』ミネルヴァ書房、八三―一〇六頁
Sassen, Saskia., 1988, *The Mobility of Labor and Capital: A Study in International Investment and Labor Flow*, Cambridge University Press.（＝サスキア・サッセン、一九九二、森田桐郎他訳『労働と資本の国際移動――世界都市と移民労働者』岩波書店）

●第7章

福井祐介、二〇〇三、「コミュニティ・ユニオンの取り組みから――NPO型労働組合の可能性」、『社会政策学会誌』第九号、八九―一〇二頁
小谷幸、二〇一三、『個人加盟ユニオンの社会学――「東京管理職ユニオン」と「女性ユニオン東京」（一九九三年～二〇〇二年）』御茶の水書房
仁井田典子、二〇一五、「脆弱で、不安定で、曖昧な連帯の可能性――ある女性コミュニティ・ユニオンを事例として」、『解放社会学研究』第二八号、九四―一〇八頁

●第8章

新井康友、二〇一四、「孤立死・孤独死」、『総合社会保障研究』第四三号、三七―三九頁、総合社会福祉研究所
朝倉美江、二〇一七、『多文化共生地域福祉への展望――多文化共生コミュニティと日系ブラジル人』高菅出版
江口英一、一九八一、「「国民最低限」と「自由・平等」」、江口英一編著『社会福祉と貧困』法律文化社
後藤道夫、二〇〇五、「現代のワーキング・プア――労働市場の構造転換と最低限生活保障」、『ポリティーク特集 現代のワーキング・プア』第一〇号、八―四四頁
濱口桂一郎、二〇一三、「福祉と労働・雇用のはざま」、濱口桂一郎編著『福祉と労働・雇用』ミネルヴァ書房
岩田正美、二〇一七、『貧困の戦後史――貧困の「かたち」

はどう変わったのか』筑摩書房
木下武男、二〇〇五、「ワーキング・プアの増大と「新しい労働運動」の提起」、『ポリティーク　特集 現代のワーキング・プア』第一〇号、一〇〇―一二三頁
伍賀一道、二〇〇五、「雇用と働き方から見たワーキング・プア」、『ポリティーク　特集 現代のワーキング・プア』第一〇号、四六―六五頁
齋藤純一、二〇一三、「コミュニティ再生の両義性――その政治的文脈」、伊豫谷登士翁他『コミュニティを再考する』平凡社新書
園田恭一、一九七八、『現代社会学叢書　現代コミュニティ論』東京大学出版会
鈴木玲、二〇一〇、「個人加盟組合の活動に関するアンケート調査結果報告」法政大学大原社会問題研究所
田端博邦、二〇〇三、「コミュニティ・ユニオンと日本の労働運動――社会的連帯としての労働組合」、東京管理職ユニオン編『転形期の日本の労働運動――ネオ階級社会と勤勉革命』緑風出版
橘木俊詔、二〇一二、「格差をどう考えるか」、橘木俊詔編著『格差社会』ミネルヴァ書房
橘木俊詔、二〇〇五、『企業福祉の終焉――格差の時代にどう対処すべきか』中公新書
高木郁朗、一九九二、「都市型産業の展開とコミュニティ・ユニオン――地域社会の労働・生活保障」、『都市問題』第八三巻第七号、六九―七九頁
竹信三恵子、二〇一四、『ピケティ入門「二一世紀の資本」の読み方』金曜日
Bauman, Zygmunt., 2005, *Work,Consumarism and the New Poor*, second Edition, Open University Press.（＝ジグムント・バウマン、二〇〇八、伊藤茂訳『新しい貧困――労働、消費主義、ニュープア』、青土社）
Bauman, Zygmunt., 2001, *Community : Seeking Safety in an Insecure World*, Polity.（＝ジグムント・バウマン、二〇〇八、奥井智之訳『コミュニティ――安全と自由の戦場』、筑摩書房）

●終章

長谷川公一・町村敬志、二〇〇四、「社会運動と社会運動論の現在」曽良中清司他編『社会運動という公共空間――理論と方法のフロンティア』成文堂
市野川容孝、二〇〇六、『社会』岩波書店
加藤哲郎、二〇〇一、『二〇世紀を超えて――再審される社会主義』花伝社
丸山里美、二〇一八、「女性の貧困の特徴――女性は貧困にもなれない？」、丸山里美編『貧困問題の新地平

──もやいの相談活動の軌跡』旬報社
日本経済新聞、一九九八、「仕事に満足、賃金は不満、サラリーマン、生活に不安感──労働省外郭団体調査」『日本経済新聞』(朝刊　一九九八年六月二九日)
日本経済新聞、二〇〇四、「成果主義導入後の賃金・賞与、「納得感低下」従業員の三割──労働政策研究機構調査」『日本経済新聞』(朝刊　二〇〇四年七月二一日)
西澤晃彦、二〇一五、『貧困と社会』放送大学教育振興会
杉田真衣、二〇〇九、「大都市の周縁で生きてゆく──高卒若年女性たちの五年間」中西新太郎・高山智樹編『ノンエリート青年の社会空間──働くこと、生きること、「大人になる」ということ』大月書店
竹沢尚一郎、二〇一〇、『社会とは何か──システムからプロセスへ』中公新書
湯浅誠・仁平典宏、二〇〇七、「若年ホームレス──「意欲の貧困」が提起する問い」、本田由紀編『若者の労働と生活世界──彼らはどんな現実を生きているか』大月書店
渡辺拓也、二〇一七、『飯場へ──暮らしと仕事を記録する』洛北出版
Paugam, Serge., 2013, *Les formes èlèmentaires de la Pauvretè, 3e èd., rev. et complétèe*, Presses Universitaires de France.(=セルジュ・ポーガム、二〇一六、川野英二・中條健志訳『貧困の基本形態──社会的紐帯の社会学』新泉社)

あとがき

本書は、都市社会学、地域福祉学の領域で、貧困問題、差別問題、移住労働者問題などを通して社会的排除や包摂の問題に取り組んできたメンバーの共同作業の成果である。筆者らは、本書で取り上げた労働組合運動、労働法や経済学などについてはまったくの門外漢である。だからこそ、本書は、労働組合の組織形態論や企業における労使関係、個別労働紛争について論じてはいない。むしろ、本書の主眼は、ユニオン運動やユニオンの組織化、多様な組合員の活動をとおして、私たちから奪われた「社会なるもの」を取り返すことにある。

ここでいう「社会なるもの」とは、今日の新自由主義の政治経済体制が進める雇用のフレキシブル化や個人化という暴力に対して、現実の働く場所で、正社員である、非正規である、外国人である、障がい者である、女性であるという選別や区分によって発言を奪われ理不尽な思いや境遇に晒されていることに対して、異議申し立てするために、それこそ平等にお互いの意見を言いあい、聞き合い、行動し、何らかの連帯を可能とする場所をもつ可能性に開かれたものと考える。

本書で紹介したように、場合によっては、失業していても、働いてなくても、ユニオン運動は、一人ひとりが、個別の労働問題の解決をめざすだけでなく、そのユニオン運動に参加する過程で、個人的な変化をもたらし、社会の内部にも変化を引き起こす方向に作用するたたかいである。このことは、つねに、ユニオン運動が「社会」に問いかける運動を展開し、「社会なるもの」を新たに書き換える役割を担うことを意味するといえるだろう。

「東京の群れのなかで叫びたい　確かにぼくはここにいること」（萩原慎一郎、二〇一七、『滑走路』角川文化振興財団）と詠い自らの命を絶った非正規の歌人がいた。本書が、今日の新自由主義の圧倒的な暴力のなかで、孤独のなかで叫びたいけど叫べない人びとの叫びに応答する社会の可能性を提示できればと考える。

最後に、本書を書くにあたってお世話になった方々へ御礼を申し上げたい。

なによりも、「組合員の雇用と生活および組合活動に関するアンケート調査」への協力してくださった全国三二都道府県下で活動するコミュニティ・ユニオン全国ネットワーク（以下、ＣＵＮＮ）の六〇ユニオンの組合員のみなさまへ心から御礼申し上げたい。とくに、本書で直接触れることができなかったが、貴重な時間を割いてインタビュー調査に協力くださった各地のユニオンの役員、組合員のみなさまに深く感謝申し上げたい。北海道から福岡まで、各地のユニオン事務所でみなさんから伺ったユニークな組織化や団体交渉、ストライキの話はどれも刺激的で、個性的で、ユニオン的でありました。

また、雇用や労働問題・労働運動の門外漢の筆者たちの研究会（二〇一二年〜二〇一七年）に出席して、労働運動についての多くのことを教えてくださった岡本哲文さん（コミュニティ・ユニオン全国ネットワーク事務局）、浅野文秀さん（名古屋ふれあいユニオン）、橋口昌治さん（ユニオンぼちぼち）、山口素明さん（フリーター全般労組）、菅野存さん（全国一般労働組合全国協議会東京東部労働組合）、遠藤公嗣さん（明治大学）、鈴木玲さん（法政大学大原社会問題研究所）、呉学殊さん（労働政策研究・研修機構）らのご助言なしには、本書の完成もありえなかったことに厚く御礼申し上げたい。

なお、本書はＪＳＰＳ科研費（基盤研究（Ｂ）：課題番号２４３３０１６３、ならびに基盤研究（Ｂ）：課題番号１６Ｈ０３７００）の研究成果の一部である。また、第六章については、トヨタ財団共同研究助成プロジェクトから受けた研究助成の成果の一部でもあることを明記しておく。

最後の最後に、出版事情が厳しい昨今、労働問題関係の書籍化は難しいといわれるなかで、本書の出版を快諾していただいた松籟社代表の相坂一さんにお礼申し上げる。編集作業では、松籟社の夏目裕介さんには多大なご迷惑をおかけしました。記して感謝申し上げる。

二〇一九年二月七日

文貞實

CUNN全国調査

単純集計表

本調査の概要については、本書第１章を参照されたい。

問１．現在、あなたが加入しているユニオン名を記入してください。

表１　ユニオン所在地別の回収率と構成比

地域	ユニオン数	組合員数	回収数	回収率	組合員の構成比①	回収票の構成比②	② - ①
北海道	5	2,291	83	3.6	13.7	6.1	-7.6
東北	4	446	118	26.5	2.7	8.7	6.0
関東甲信越	25	4,116	301	7.3	24.6	22.1	-2.5
東海	6	4,268	281	6.6	25.5	20.6	-4.9
関西	18	2,315	303	13.1	13.8	22.2	8.4
中四国	4	280	62	22.1	1.7	4.6	2.9
九州	7	3,020	212	7.0	18.0	15.6	-2.5
全体	69	16,736	1,362	8.1	100.0	100.0	—

※全体の回収数には組合名無記入の２名を含む
※回収率と構成比は％

表２　ユニオン規模別の回収率と構成比

地域	ユニオン数	組合員数	回収数	回収率	組合員の構成比①	回収票の構成比②	② - ①
1000人以上	3	6,400	71	1.1	38.2	5.2	-33.0
500人～	5	3,678	254	6.9	22.0	18.6	-3.3
300人～	6	1,985	308	15.5	11.9	22.6	10.8
200人～	9	2,156	208	9.6	12.9	15.3	2.4
100人～	12	1,410	268	19.0	8.4	19.7	11.3
50人～	8	575	119	20.7	3.4	8.7	5.3
50人未満	17	532	132	24.8	3.2	9.7	6.5
全体	60	16,736	1,362	8.1	100.0	100.0	—

※全体の回収数には組合名無記入の２名を含む
※組合員数が複数の組合の合計でしか分からなかった場合は、１つの組合として組合数をカウントした
※回収率と構成比は％

問 2. そのユニオンに加入してどのくらいになりますか。

		度数	%	有効 %	累積 %
有効数	1 年未満	199	14.6	15.3	15.3
	1 年以上 2 年未満	135	9.9	10.4	25.7
	2 年以上 3 年未満	130	9.5	10.0	35.7
	3 年以上 5 年未満	179	13.1	13.8	49.4
	5 年以上 10 年未満	267	19.6	20.5	69.9
	10 年以上	391	28.7	30.1	100.0
	合計	1301	95.5	100.0	
欠損値	不明	61	4.5		
合計		1362	100.0		

※「(　)年（　）ヶ月」として実数値で回答を得た

問 3. そのユニオンの職場支部・職場分会に所属していますか。

		度数	%	有効 %
有効数	1. 所属している	588	43.2	46.0
	2. 所属していない	691	50.7	54.0
	合計	1279	93.9	100.0
欠損値	不明	83	6.1	
合計		1362	100.0	

問4. どのようにして、そのユニオンのことを知りましたか。あてはまる番号1つだけに○をつけてください。

		度数	%	有効%
有効数	1. 組合員から教えてもらった	606	44.5	45.8
	2. 組合員以外の友人・知人から教えてもらった	175	12.8	13.2
	3. 実際のユニオン活動をみて	54	4.0	4.1
	4. 組合のビラやパンフレット、看板、広告をみて	31	2.3	2.3
	5. 組合のホームページをみて	78	5.7	5.9
	6. テレビ・ラジオの放送をとおして	19	1.4	1.4
	7. 新聞・雑誌・書籍を読んで	59	4.3	4.5
	8. ネットや携帯電話で情報を得て	58	4.3	4.4
	9. 他の労働組合や相談窓口からの紹介で	122	9.0	9.2
	10. その他（自由回答なし）	21	1.5	1.6
	10. その他（分類不能）	19	1.4	1.4
	結成時からのメンバー	45	3.3	3.4
	弁護士など	14	1.0	1.1
	ユニオンショップ協定	7	0.5	0.5
	家族・親族	6	0.4	0.5
	友人・知人など（組合員かどうか不明）	6	0.4	0.5
	議員・政党	4	0.3	0.3
	合計	1324	97.2	100.0
欠損値	不明	38	2.8	
合計		1362	100.0	

※番号がない項目は「その他」の自由回答欄の記入内容を分類し直したもの

問 5. ユニオンへの加入のきっかけは何ですか。あてはまる番号すべてに○をつけてください。

	応答数		ケースの %
	度数	%	
1. 解雇	229	8.3	17.5
2. 退職強要	181	6.5	13.8
3. 退職できない	12	0.4	0.9
4. 賃金未払い	106	3.8	8.1
5. 低い賃金のベースアップ	167	6.0	12.8
6. 降格・減給	113	4.1	8.6
7. 昇格・昇給の差別	84	3.0	6.4
8. 配置転換・出向	73	2.6	5.6
9. 労災	52	1.9	4.0
10. 長時間労働	86	3.1	6.6
11. 休みがとれない	66	2.4	5.0
12. セクシャルハラスメント	35	1.3	2.7
13. パワーハラスメント	244	8.8	18.7
14. 職場のいじめ	119	4.3	9.1
15. 社会をよくしたいため	171	6.2	13.1
16. 自分が活躍できる場を求めて	104	3.8	8.0
17. 既存の労働組合に不満を感じていたから	115	4.1	8.8
18. 職場に労働組合がなかったから	237	8.5	18.1
19. 雇用や職場の問題がおきたときにそなえて	395	14.2	30.2
労働条件への不満	37	1.3	2.8
ユニオンショップ協定	32	1.2	2.4
組合員の知人の勧め	23	0.8	1.8
仲間を支援	20	0.7	1.5
労働運動への興味関心	7	0.3	0.5
結成時からのメンバー	7	0.3	0.5
ジェンダー問題	4	0.1	0.3
その他（自由回答なし）	30	1.1	2.3
その他（分類不能）	24	0.9	1.8
合計	2773	100.0	212.2

※複数回答
番号がついていない項目は欄外の記載内容等を分類し直したもの

問6. あなたは雇用や職場の問題に関する相談をそのユニオン以外のところにしたことはありますか。あてはまる番号すべてに○をつけてください。

	応答数		ケースの %
	度数	%	
1. そのユニオン以外の労働組合・ユニオン	193	17.5	27.3
2. 労働基準監督署	350	31.8	49.4
3. 公共職業安定所（ハローワーク）	114	10.4	16.1
4. 労働局雇用均等室	47	4.3	6.6
5. 労政事務所	32	2.9	4.5
6. 自治体の総合労働相談コーナー	77	7.0	10.9
7. 弁護士事務所・無料の法律相談	204	18.5	28.8
8. その他（自由回答なし）	35	3.2	4.9
8. その他（分類不能）	13	1.2	1.8
その他行政	19	1.7	2.7
NPO・支援団体	9	0.8	1.3
友人・知人	7	0.6	1.0
合計	1100	100.0	155.4

※複数回答
番号がついていない項目は「その他」の自由回答欄の記入内容を分類し直したもの

問7. そのユニオンの活動に直接足を運んで参加する回数はどのくらいですか。あてはまる番号1つだけに○をつけてください。

		度数	%	有効 %	累積 %
有効数	1. ほぼ毎週	94	6.9	7.2	7.2
	2. 月 1~3 回程度	343	25.2	26.4	33.6
	3. 3か月に1回程度	227	16.7	17.5	51.1
	4. 半年に1回程度	163	12.0	12.5	63.6
	5. 年1回程度	176	12.9	13.5	77.2
	6. ほとんど参加なし	297	21.8	22.8	100.0
	合計	1300	95.4	100.0	
欠損値	不明	62	4.6		
合計		1362	100.0		

問 8. ユニオンでのあなた自身の活動についてうかがいます。以下の活動について、それぞれ、あてはまる番号１つだけに○をつけてください。

問 8-1. 定期大会や総会に参加していますか。あてはまる番号１つだけに○をつけてください。

		度数	%	有効 %	累積 %
有効数	1. 参加している	546	40.1	40.9	40.9
	2. ときどき参加している	272	20.0	20.4	61.2
	3. あまり参加していない	186	13.7	13.9	75.1
	4. 参加していない	332	24.4	24.9	100.0
	合計	1336	98.1	100.0	
欠損値	不明	26	1.9		
合計		1362	100.0		

問 8-2. 団体交渉に参加していますか。あてはまる番号１つだけに○をつけてください。

		度数	%	有効 %	累積 %
有効数	1. 参加している	409	30.0	30.8	30.8
	2. ときどき参加している	227	16.7	17.1	47.9
	3. あまり参加していない	172	12.6	12.9	60.8
	4. 参加していない	521	38.3	39.2	100.0
	合計	1329	97.6	100.0	
欠損値	不明	33	2.4		
合計		1362	100.0		

問 8-3. ビラまきやデモ行進、決起集会など社会的なアピール活動に参加していますか。あてはまる番号１つだけに○をつけてください。

		度数	%	有効 %	累積 %
有効数	1. 参加している	243	17.8	18.2	18.2
	2. ときどき参加している	275	20.2	20.6	38.7
	3. あまり参加していない	259	19.0	19.4	58.1
	4. 参加していない	561	41.2	41.9	100.0
	合計	1338	98.2	100.0	
欠損値	不明	24	1.8		
合計		1362	100.0		

問 8-4. 労働相談の相談員をしていますか。あてはまる番号 1 つだけに○をつけてください。

		度数	%	有効 %	累積 %
有効数	1. している	116	8.5	8.7	8.7
	2. ときどきしている	90	6.6	6.8	15.5
	3. あまりしていない	107	7.9	8.0	23.5
	4. していない	1020	74.9	76.5	100.0
	合計	1333	97.9	100.0	
欠損値	不明	29	2.1		
合計		1362	100.0		

問 8-5. 交流会などの親睦活動にいきますか。あてはまる番号 1 つだけに○をつけてください。

		度数	%	有効 %	累積 %
有効数	1. よくいく	223	16.4	16.8	16.8
	2. ときどきいく	406	29.8	30.5	47.3
	3. あまりいかない	317	23.3	23.8	71.1
	4. いかない	385	28.3	28.9	100.0
	合計	1331	97.7	100.0	
欠損値	不明	31	2.3		
合計		1362	100.0		

問 9. ユニオンに加入してあなた自身が得られた成果についてうかがいます。

問 9-1. 雇用や職場の問題に関して得られた成果は何ですか。あてはまる番号すべてに○をつけてください。

	応答数		ケースの %
	度数	%	
1. 解雇が撤回された	143	8.6	12.7
2. 職場に復帰できた	85	5.1	7.6
3. 退職することができた	36	2.2	3.2
4. 未払い賃金が支払われた	173	10.4	15.4
5. 賃金のベースアップができた	180	10.8	16.0
6. 降格・減給が撤回された	70	4.2	6.2
7. 昇格・昇給の差別がなくなった	36	2.2	3.2
8. 会社都合の配置転換・出向がなくなった	53	3.2	4.7
9. 労災が取得できた	33	2.0	2.9
10. 長時間労働がなくなった	46	2.8	4.1
11. 休みがとれるようになった	114	6.9	10.2
12. セクシャルハラスメントの問題が解決した	17	1.0	1.5
13. パワーハラスメントの問題が解決した	111	6.7	9.9
14. 職場のいじめがなくなった	53	3.2	4.7
15. 特にない	353	21.2	31.5
16. その他	40	2.4	3.6
金銭解決	35	2.1	3.1
職場労働条件改善	29	1.7	2.6
労働者発言力強化	20	1.2	1.8
雇用継続	9	0.5	0.8
退職条件有利化	9	0.5	0.8
個人労働条件改善	7	0.4	0.6
退職強要停止	6	0.4	0.5
裁判和解（詳細不明）	5	0.3	0.4
合計	1663	100.0	148.2

※複数回答
番号がない項目は「その他」の自由回答欄の記入内容を分類し直したもの

問 9-2. 雇用や職場の問題以外に、あなたがユニオンの活動で得られたものは何ですか。あてはまる番号すべてに○をつけてください。

	応答数		ケースの %
	度数	%	
1. 日本人の仲間・友人	351	9.8	28.7
2. 日本人以外の仲間・友人	107	3.0	8.8
3. 労働法などの専門知識	529	14.8	43.3
4. 労働者としての権利意識	641	17.9	52.5
5. 社会問題への関心の高まり	447	12.5	36.6
6. 自分の尊厳の回復	222	6.2	18.2
7. 人間としての成長	284	7.9	23.2
8. 気軽に立ち寄れる場所・たまり場	154	4.3	12.6
9. 頼りにできるところがあるという安心感	707	19.7	57.9
10. 共済組合への加入	108	3.0	8.8
11. その他（自由回答なし）	23	0.6	1.9
11. その他（分類不能）	11	0.3	0.9
合計	3584	100.0	293.3

※複数回答

問 10. 今後、ユニオンが取り組むべきことは何ですか。あてはまる番号すべてに○をつけてください。

	応答数		ケースの %
	度数	%	
1. 組合員を増やす	782	20.7	63.2
2. 労働相談に関わる人や時間を増やす	500	13.3	40.4
3. インターネットを利用して労働相談をおこなう	241	6.4	19.5
4. 広報活動を充実させる	328	8.7	26.5
5. 学習会を活発におこなう	297	7.9	24.0
6. 親睦活動を充実させる	222	5.9	17.9
7. リーダーを育てる	438	11.6	35.4
8. ユニオンの日々の活動を組合員にもっと伝える	342	9.1	27.6
9. 他団体と連携を深める	317	8.4	25.6
10. 福祉や医療の問題にも対応する	255	6.8	20.6
11. その他（自由回答なし）	6	0.2	0.5
11. その他（分類不能）	28	0.7	2.3
他の社会問題への取組	12	0.3	1.0
組織内結束強化	3	0.1	0.2
合計	3771	100.0	304.9

※複数回答
番号がない項目は「その他」の自由回答欄の記入内容を分類し直したもの

問 11. あなた自身のコミュニティ・ユニオンでの今後の活動についてうかがいます。あてはまる番号 1 つだけに○をつけてください。

		度数	%	有効 %	累積 %
有効数	1. 積極的に活動をしたい	368	27.0	28.1	28.1
	2. 積極的に活動はできないが加入は続けたい	848	62.3	64.7	92.8
	3. 自分の問題・事件が解決したらやめるかもしれない	44	3.2	3.4	96.1
	4. やめるつもりでいる	51	3.7	3.9	100.0
	合計	1311	96.3	100.0	
欠損値	不明	51	3.7		
合計		1362	100.0		

問 11-1. （問 11 で 2 を選んだ方にうかがいます）加入し続ける理由は何ですか。次のうちあてはまる番号すべてに○をつけてください。

	応答数		ケースの %
	度数	%	
1. 雇用や職場の問題が起きた時にそなえて	585	40.4	70.7
2. ユニオンの人たちとの関係を大切にしたいから	303	20.9	36.6
3. ユニオンの活動を支援し続けたいから	334	23.1	40.4
4. 労働者であれば加入は当然だから	156	10.8	18.9
5. 共済組合に加入しつづけたいから	36	2.5	4.4
6. その他	22	1.5	2.7
ユニオンショップ協定	5	0.3	0.6
知識向上	4	0.3	0.5
助けてもらったから	4	0.3	0.5
合計	1449	100.0	175.2

※複数回答
番号がない項目は「その他」の自由回答欄の記入内容を分類し直したもの

問 11-2. （問 11 で 3、4 を選んだ方にうかがいます）やめようと思っている理由は何ですか。次のうちあてはまる番号すべてに○をつけてください。

	応答数		ケースの %
	度数	%	
1. 問題が解決できそうにないから	14	9.9	15.4
2. いまの自分の職場には特に問題がないから	10	7.0	11.0
3. 組合費を払う余裕がないから	39	27.5	42.9
4. ほかの組合員との付き合いが面倒だから	9	6.3	9.9
5. 自分の考え方とユニオンの考え方が合わないから	10	7.0	11.0
6. 活動場所が遠いから	13	9.2	14.3
7. 高齢になったから	20	14.1	22.0
8. 家事や介護、育児が忙しいから	15	10.6	16.5
9. その他	12	8.5	13.2
合計	142	100.0	156.0

※複数回答

問 12. 【全員への質問です】現在、働いていますか。

		度数	%	有効 %
有効数	1. 働いている	1111	81.6	82.1
	2. 働いていない	242	17.8	17.9
	合計	1353	99.3	100.0
欠損値	不明	9	0.7	
合計		1362	100.0	

＊以下の問 13 〜問 21 は、働いている方への質問です。働いていない方は問 22 へ進んでください。

問 13. あなたは現在、複数の仕事をかけもちしていますか。

		度数	%	有効 %
有効数	1. している	91	6.7	8.5
	2. していない	974	71.5	91.5
	合計	1065	78.2	100.0
欠損値	非該当	251	18.4	
	不明	46	3.4	
	合計	297	21.8	
合計		1362	100.0	

問14. 現在の主な仕事は、次のどれですか。あてはまる番号1つだけに○をつけてください。

		度数	%	有効%
有効数	1. 農業、漁業、畜産の仕事	4	0.3	0.4
	2. 自動車や重機関係の製造の仕事	28	2.1	2.6
	3. 精密機械や電化製品関係の製造の仕事	37	2.7	3.5
	4. 食料品関係の製造の仕事	26	1.9	2.5
	5. 衣料品やくつ、雑貨関係の製造の仕事	10	0.7	0.9
	6. 建築や土木工事の仕事	16	1.2	1.5
	7. 運転や配送の仕事	96	7.0	9.1
	8. 警備の仕事	19	1.4	1.8
	9. 清掃やビル管理の仕事	46	3.4	4.3
	10. 飲食店や接客の仕事	28	2.1	2.6
	11. 店員や販売員などの仕事	29	2.1	2.7
	12. 外商、外回り、セールスなどの営業の仕事	35	2.6	3.3
	13. 経理、会計、書類管理などの事務の仕事	125	9.2	11.8
	14. 課長以上の管理職の仕事	14	1.0	1.3
	15. 教員、保育士、塾講師など教育関連の仕事	88	6.5	8.3
	16 医療や福祉に関係する仕事	296	21.7	27.9
	17. その他（自由回答なし）	76	5.6	7.2
	教習所指導員	13	1.0	1.2
	組合・NPO	11	0.8	1.0
	「サービス業」とのみ記載	11	0.8	1.0
	その他製造の仕事	10	0.7	0.9
	その他事務の仕事	8	0.6	0.8
	給食調理	6	0.4	0.6
	通信	6	0.4	0.6
	レジャー産業	6	0.4	0.6
	IT・SE・エンジニア	6	0.4	0.6
	研究・開発の仕事	4	0.3	0.4
	公営競技	3	0.2	0.3
	マーケティング・コンサルタントの仕事	3	0.2	0.3
	合計	1060	77.8	100.0
欠損値	非該当	251	18.4	
	不明	51	3.7	
	合計	302	22.2	
合計		1362	100.0	

※番号がない項目は「その他」の自由回答欄の記入内容を分類し直したもの

問 14 を 8 つの区分で分類したもの

		度数	%	有効 %
有効数	医療・福祉・教育	386	28.3	36.4
	製造・建築	132	9.7	12.5
	事務・管理	162	11.9	15.3
	運転・配送	96	7.0	9.1
	清掃・警備	65	4.8	6.1
	サービス	80	5.9	7.5
	販売	64	4.7	6.0
	その他	75	5.5	7.1
	合計	1060	77.8	100.0
欠損値	非該当	251	18.4	
	不明	51	3.7	
	合計	302	22.2	
合計		1362	100.0	

問 14-1. 現在の主な仕事は、どのようなかたちでしていますか。

		度数	%	有効 %
有効数	1. 正社員	651	47.8	59.8
	2. 派遣社員	33	2.4	3.0
	3. 臨時雇用･パート･アルバイト、嘱託、契約	385	28.3	35.4
	4. 外国人研修生技能実習生	5	0.4	0.5
	5. その他	4	0.3	0.4
	自営・経営者	11	0.8	1.0
	合計	1089	80.0	100.0
欠損値	非該当	251	18.4	
	不明	22	1.6	
	合計	273	20.0	
合計		1362	100.0	

※番号がない項目は「その他」の自由回答欄の記入内容を分類し直したもの

問 14-2. 現在の勤め先には、何人くらいの人が働いていますか。

		度数	%	有効 %	累積 %
有効数	1. 1~4 人	88	6.5	8.1	8.1
	2. 5~29 人	272	20.0	25.0	33.1
	3. 30~99 人	305	22.4	28.1	61.2
	4. 100~299 人	239	17.5	22.0	83.2
	5. 300~999 人	82	6.0	7.6	90.8
	6. 1000 人以上	69	5.1	6.4	97.1
	7. 公務員	31	2.3	2.9	100.0
	合計	1086	79.7	100.0	
欠損値	非該当	251	18.4		
	不明	25	1.8		
	合計	276	20.3		
合計		1362	100.0		

問 14-3. 現在の勤め先で働いて、どのくらいになりますか。

		度数	%	有効 %	累積 %
有効数	5 年未満	362	26.6	33.5	33.5
	5 年以上 10 年未満	232	17.0	21.4	54.9
	10 年以上 15 年未満	141	10.4	13.0	67.9
	15 年以上	347	25.5	32.1	100.0
	合計	1082	79.4	100.0	
欠損値	非該当	251	18.4		
	不明	29	2.1		
	合計	280	20.6		
合計		1362	100.0		

※「(　)年（　）ヶ月」として実数値で回答を得た

問 14-4. 現在の仕事はどのような方法でみつけましたか。あてはまる番号 1 つだけに○をつけてください。

		度数	%	有効 %
有効数	1. 公共職業安定所(ハローワーク)を通じて	223	16.4	20.6
	2. 派遣会社からの派遣	39	2.9	3.6
	3. 家族や親せきの紹介	93	6.8	8.6
	4. 友人・知人の紹介	344	25.3	31.8
	5. 新聞・雑誌の求人広告、就職情報誌	181	13.3	16.7
	6. インターネットの求人情報	34	2.5	3.1
	7. その他	72	5.3	6.7
	学校からの紹介	48	3.5	4.4
	以前の職場のつながり	24	1.8	2.2
	職業紹介会社からの紹介	10	0.7	0.9
	起業	8	0.6	0.7
	公募	6	0.4	0.6
	合計	1082	79.4	100.0
欠損値	非該当	251	18.4	
	不明	29	2.1	
	合計	280	20.6	
合計		1362	100.0	

※番号がない項目は「その他」の自由回答欄の記入内容を分類し直したもの

問 14-5. 現在の勤め先で、会社から労働契約（給料、就労条件等）について詳しい説明はありましたか。あてはまる番号 1 つだけに○をつけてください。

		度数	%	有効 %
有効数	1. 説明を受け、書面で契約をした	560	41.1	53.9
	2. 説明は受けたが、書面での契約はなかった	185	13.6	17.8
	3. 書面で契約はしたが、説明は受けなかった	152	11.2	14.6
	4. 特に説明はなく、書面での契約もなかった	142	10.4	13.7
	合計	1039	76.3	100.0
欠損値	非該当	251	18.4	
	不明	72	5.3	
	合計	323	23.7	
合計		1362	100.0	

問 15. 現在の仕事の雇用保険や年金、健康保険の加入状況についてうかがいます。次のA～Cそれぞれの項目について、あてはまる番号1つだけに○をつけてください。

A 雇用保険

		度数	%	有効 %
有効数	1. 加入している	886	65.1	86.6
	2. 加入していない	111	8.1	10.9
	3. わからない	26	1.9	2.5
	合計	1023	75.1	100.0
欠損値	非該当	251	18.4	
	不明	88	6.5	
	合計	339	24.9	
合計		1362	100.0	

B 年金（国民年金）

		度数	%	有効 %
有効数	1. 加入している	136	10.0	47.2
	2. 加入していない	132	9.7	45.8
	3. わからない	20	1.5	6.9
	合計	288	21.1	100.0
欠損値	非該当	251	18.4	
	不明	823	60.4	
	合計	1074	78.9	
合計		1362	100.0	

B 年金（厚生年金）

		度数	%	有効 %
有効数	1. 加入している	812	59.6	88.4
	2. 加入していない	94	6.9	10.2
	3. わからない	13	1.0	1.4
	合計	919	67.5	100.0
欠損値	非該当	251	18.4	
	不明	192	14.1	
	合計	443	32.5	
合計		1362	100.0	

B　年金（共済組合）

		度数	%	有効 %
有効数	1. 加入している	74	5.4	28.0
	2. 加入していない	149	10.9	56.4
	3. わからない	41	3.0	15.5
	合計	264	19.4	100.0
欠損値	非該当	251	18.4	
	不明	847	62.2	
	合計	1098	80.6	
合計		1362	100.0	

C　健康保険（国民健康保険）

		度数	%	有効 %
有効数	1. 加入している	205	15.1	59.2
	2. 加入していない	129	9.5	37.3
	3. わからない	12	0.9	3.5
	合計	346	25.4	100.0
欠損値	非該当	251	18.4	
	不明	765	56.2	
	合計	1016	74.6	
合計		1362	100.0	

C　健康保険（職場の健康保険）

		度数	%	有効 %
有効数	1. 加入している	763	56.0	87.7
	2. 加入していない	87	6.4	10.0
	3. わからない	20	1.5	2.3
	合計	870	63.9	100.0
欠損値	非該当	251	18.4	
	不明	241	17.7	
	合計	492	36.1	
合計		1362	100.0	

問 16. 1か月間の労働日数は休日出勤を含めて何日くらいですか。この3か月間での平均でお答えください。

5日刻みで集計

		度数	%	有効 %	累積 %
有効数	5日未満	8	0.6	0.8	0.8
	5~9日	26	1.9	2.5	3.3
	10~14日	55	4.0	5.3	8.6
	15~19日	71	5.2	6.8	15.4
	20~24日	780	57.3	75.2	90.6
	25日以上	97	7.1	9.4	100.0
	合計	1037	76.1	100.0	
欠損値	非該当	251	18.4		
	不明	74	5.4		
	合計	325	23.9		
合計		1362	100.0		

※「1ヶ月あたり約(　)日」として実数値で回答を得た

3区分で集計

		度数	%	有効 %	累積 %
有効数	20日未満	160	11.7	15.4	15.4
	20~23日未満	670	49.2	64.6	80.0
	23日以上	207	15.2	20.0	100.0
	合計	1037	76.1	100.0	
欠損値	非該当	251	18.4		
	不明	74	5.4		
	合計	325	23.9		
合計		1362	100.0		

※「1ヶ月あたり約(　)日」として実数値で回答を得た

問 16-1. 週の平均労働時間は、何時間くらいですか。この3か月間の平均でお答えください。

8区分で集計

		度数	%	有効 %	累積 %
有効数	24 時間未満	163	12.0	16.0	16.0
	24~32 時間未満	82	6.0	8.0	24.0
	32~40 時間未満	148	10.9	14.5	38.5
	40~48 時間未満	435	31.9	42.6	81.2
	48~56 時間未満	121	8.9	11.9	93.0
	56~64 時間未満	39	2.9	3.8	96.9
	64~72 時間未満	22	1.6	2.2	99.0
	72 時間以上	10	0.7	1.0	100.0
	合計	1020	74.9	100.0	
欠損値	非該当	251	18.4		
	不明	91	6.7		
	合計	342	25.1		
合計		1362	100.0		

※「週（　）時間」として実数値で回答を得た

5区分で集計

		度数	%	有効 %	累積 %
有効数	20 時間未満	140	10.3	13.7	13.7
	20~40 時間未満	253	18.6	24.8	38.5
	40 時間	317	23.3	31.1	69.6
	40~50 時間未満	146	10.7	14.3	83.9
	50 時間以上	164	12.0	16.1	100.0
	合計	1020	74.9	100.0	
欠損値	非該当	251	18.4		
	不明	91	6.7		
	合計	342	25.1		
合計		1362	100.0		

※「週（　）時間」として実数値で回答を得た

問 17.　あなたの現在の仕事の有休休暇について、もっとも近い番号１つだけに○をつけてください。

		度数	%	有効 %
有効数	1. 有給休暇自体がない	88	6.5	8.2
	2. 有給休暇があり、気がねなく取ることができる	519	38.1	48.6
	3. 有給休暇があるが、取りづらい	311	22.8	29.1
	4. 有給休暇があるが、ほとんど取れない	126	9.3	11.8
	5. その他	8	0.6	0.7
	まだ発生していない	8	0.6	0.7
	制度上あるが取りやすさは不明	7	0.5	0.7
	合計	1067	78.3	100.0
欠損値	非該当	254	18.6	
	不明	41	3.0	
	合計	295	21.7	
合計		1362	100.0	

※番号がない項目は「その他」の自由回答欄の記入内容を分類し直したもの

問 18.　あなたの収入（税込み）はどのくらいですか。ここ３か月の平均月収で教えてください。なお、仕事をかけもちしている方は、その合計を記入してください。年金や仕送りも含めてお答えください。

		度数	%	有効 %	累積 %
有効数	10 万円未満	62	4.6	6.2	6.2
	10 万以上 15 万未満	136	10.0	13.5	19.7
	15 万以上 20 万未満	202	14.8	20.1	39.8
	20 万以上 25 万未満	205	15.1	20.4	60.3
	25 万以上 30 万未満	136	10.0	13.5	73.8
	30 万以上 35 万未満	122	9.0	12.2	86.0
	35 万以上 40 万未満	49	3.6	4.9	90.8
	40 万以上 45 万未満	45	3.3	4.5	95.3
	45 万以上 50 万未満	17	1.2	1.7	97.0
	50 万以上	30	2.2	3.0	100.0
	合計	1004	73.7	100.0	
欠損値	非該当	251	18.4		
	不明	107	7.9		
	合計	358	26.3		
合計		1362	100.0		

※「1ヶ月あたり約（　）万円」として実数値で回答を得た

問 19. 基本給以外に手当をもらっていますか。あてはまる番号すべてに○をつけてください。

	応答数		ケースの %
	度数	%	
1. 賞与・一時金（ボーナス）	713	32.4	66.4
2. 通勤手当	787	35.7	73.3
3. 住宅手当	244	11.1	22.7
4. 扶養手当	210	9.5	19.6
5. その他	17	0.8	1.6
5. その他（分類不能）	14	0.6	1.3
6. なし	146	6.6	13.6
資格技能職務等手当	43	2.0	4.0
皆勤精勤手当	11	0.5	1.0
運転関連手当	8	0.4	0.7
昼食代等食事手当	7	0.3	0.7
燃料寒冷地手当	4	0.2	0.4
合計	2204	100.0	205.4

※複数回答
番号がない項目は「その他」の自由回答欄の記入内容を分類し直したもの

問20.　あなたはいまの主な仕事について満足していますか。次のA～Dそれぞれの項目について、あてはまる番号1つだけに○をつけてください。

A　収入

		度数	%	有効%	累積%
有効数	1. 満足	87	6.4	8.1	8.1
	2. まあ満足	240	17.6	22.2	30.3
	3. どちらでもない	182	13.4	16.9	47.2
	4. やや不満	272	20.0	25.2	72.4
	5. 不満	298	21.9	27.6	100.0
	合計	1079	79.2	100.0	
欠損値	非該当	251	18.4		
	不明	32	2.3		
	合計	283	20.8		
合計		1362	100.0		

B　労働時間

		度数	%	有効%	累積%
有効数	1. 満足	223	16.4	20.8	20.8
	2. まあ満足	370	27.2	34.5	55.2
	3. どちらでもない	211	15.5	19.6	74.9
	4. やや不満	158	11.6	14.7	89.6
	5. 不満	112	8.2	10.4	100.0
	合計	1074	78.9	100.0	
欠損値	非該当	251	18.4		
	不明	37	2.7		
	合計	288	21.1		
合計		1362	100.0		

C　仕事内容

		度数	%	有効 %	累積 %
有効数	1. 満足	195	14.3	18.2	18.2
	2. まあ満足	353	25.9	33.0	51.2
	3. どちらでもない	268	19.7	25.0	76.2
	4. やや不満	148	10.9	13.8	90.0
	5. 不満	107	7.9	10.0	100.0
	合計	1071	78.6	100.0	
欠損値	非該当	251	18.4		
	不明	40	2.9		
	合計	291	21.4		
合計		1362	100.0		

D　職場の人間関係

		度数	%	有効 %	累積 %
有効数	1. 満足	174	12.8	16.3	16.3
	2. まあ満足	340	25.0	31.9	48.2
	3. どちらでもない	261	19.2	24.5	72.6
	4. やや不満	142	10.4	13.3	85.9
	5. 不満	150	11.0	14.1	100.0
	合計	1067	78.3	100.0	
欠損値	非該当	251	18.4		
	不明	44	3.2		
	合計	295	21.7		
合計		1362	100.0		

問 21. 現在加入しているユニオン以外の労働組合が現在の職場にありますか。あてはまる番号 1 つだけに○をしてください。

		度数	%	有効 %
有効数	1. 組合があり、加入している	227	16.7	21.5
	2. 組合はあるが、加入資格がない	104	7.6	9.8
	3. 組合はあるが、加入していない	73	5.4	6.9
	4. 労働組合はない	603	44.3	57.0
	5. 労働組合があるかどうかわからない	51	3.7	4.8
	合計	1058	77.7	100.0
欠損値	非該当	251	18.4	
	不明	53	3.9	
	合計	304	22.3	
合計		1362	100.0	

＊以下の問 22 ～問 25 は、現在、働いていない方への質問です。働いている方は問 26 にお進みください。

問 22. 【働いていない方へ】現在の状況について、あてはまる番号 1 つだけに選んで○をつけてください。

		度数	%	有効 %
有効数	1. 会社に籍があるが、療養のため休職中である	17	1.2	7.3
	2. 求職活動をしている	53	3.9	22.7
	3. 療養のため求職活動はしていない	29	2.1	12.4
	4. 療養以外の理由で求職活動はしていない	13	1.0	5.6
	5. 定年で退職した	106	7.8	45.5
	6. その他	3	0.2	1.3
	育休・介護	7	0.5	3.0
	裁判係争中	5	0.4	2.1
	合計	233	17.1	100.0
欠損値	非該当	1120	82.2	
	不明	9	0.7	
	合計	1129	82.9	
合計		1362	100.0	

※番号がない項目は「その他」の自由回答欄の記入内容を分類し直したもの

問 23.【働いていない方へ】最後に仕事をやめてからどのくらいたちましたか。休職中の方は、休職期間をお答えください。

		度数	%	有効 %	累積 %
有効数	1 年未満	86	6.3	38.1	38.1
	1 年以上 3 年未満	59	4.3	26.1	64.2
	3 年以上	81	5.9	35.8	100.0
	合計	226	16.6	100.0	
欠損値	非該当	1120	82.2		
	不明	16	1.2		
	合計	1136	83.4		
合計		1362	100.0		

※「( ) 年 ( ) ヶ月」として実数値で回答を得た

問 24.【働いていない方へ】あなたは、現在、生活費をどのようにまかなっていますか。あてはまる番号すべてに○をつけてください。

	応答数		ケースの %
	度数	%	
1. 雇用保険による失業給付	36	9.3	15.3
2. 同居家族の収入	66	17.1	28.0
3. 貯蓄のとりくずし	105	27.1	44.5
4. 家族・親せきからの仕送り	12	3.1	5.1
5. 友人・知人・親せきからの借金	3	0.8	1.3
6. 金融機関・ローン会社からの借金	4	1.0	1.7
7. 労働組合などの支援（カンパ）	4	1.0	1.7
8. 自分の年金	122	31.5	51.7
9. 生活保護	7	1.8	3.0
10. その他	13	3.4	5.5
傷病手当・労災休業補償金	15	3.9	6.4
合計	387	100.0	164.0

※複数回答
番号がない項目は「その他」の自由回答欄の記入内容を分類し直したもの

問 24-1. 【働いていない方へ】あなたの 1 か月平均の収入はどのくらいですか。ここ 3 か月の平均収入で教えてください。

		度数	%	有効 %	累積 %
有効数	10 万円未満	52	3.8	23.7	23.7
	10 万以上 15 万未満	60	4.4	27.4	51.1
	15 万以上 20 万未満	40	2.9	18.3	69.4
	20 万以上 25 万未満	41	3.0	18.7	88.1
	25 万以上 30 万未満	12	0.9	5.5	93.6
	30 万以上 35 万未満	9	0.7	4.1	97.7
	35 万以上 40 万未満	2	0.1	0.9	98.6
	40 万以上 45 万未満	2	0.1	0.9	99.5
	50 万以上	1	0.1	0.5	100.0
	合計	219	16.1	100.0	
欠損値	非該当	1120	82.2		
	不明	23	1.7		
	合計	1143	83.9		
合計		1362	100.0		

※「1 ヶ月約（　）万円」として実数値で回答を得た

問 25. 【働いていない方へ】おもに、どのようにして仕事を探していますか。あてはまる番号 1 つだけに○をつけてください。

		度数	%	有効 %
有効数	1. 公共職業安定所（ハローワーク）を通じて	30	2.2	13.7
	2. 派遣会社への登録	1	0.1	0.5
	3. 新聞・雑誌の求人広告、就職情報誌	10	0.7	4.6
	4. インターネットの求人情報	5	0.4	2.3
	5. 家族や親戚に頼んで	0	0.0	0.0
	6. 友人・知人に頼んで	5	0.4	2.3
	7. その他	25	1.8	11.4
	8. 現在、仕事は探していない	140	10.3	63.9
	裁判係争中	3	0.2	1.4
	合計	219	16.1	100.0
欠損値	非該当	1120	82.2	
	不明	23	1.7	
	合計	1143	83.9	
合計		1362	100.0	

※番号がない項目は「その他」の自由回答欄の記入内容を分類し直したもの

＊以下から全員への質問です。

問 26. あなたは将来、新しい仕事をみつけたり転職したりする場合、いま住んでいる地域を離れることをどう思いますか。次のうちあなたの考えに近い番号 1 つだけに○をつけてください。

		度数	%	有効 %
有効数	1. いま、住んでいる地域で、仕事を探したい	994	73.0	79.0
	2. よい仕事があれば住む地域が変わっても構わない	264	19.4	21.0
	合計	1258	92.4	100.0
欠損値	不明	104	7.6	
合計		1362	100.0	

問 27. 学校を卒業してから今まで、あなたは、何回、勤め先を変えましたか。なお、一度も勤め先を変えたことがない方は 0 回と記入してください。派遣社員の場合、派遣先企業がかわった場合も「1 回」として数えてください。

		度数	%	有効 %	累積 %
有効数	0 回	242	17.8	18.7	18.7
	1 回	160	11.7	12.4	31.1
	2 回	131	9.6	10.1	41.3
	3 回	217	15.9	16.8	58.1
	4 回	138	10.1	10.7	68.8
	5 回	142	10.4	11.0	79.8
	6 回以上	261	19.2	20.2	100.0
	合計	1291	94.8	100.0	
欠損値	不明	71	5.2		
合計		1362	100.0		

※「(　) 回」として実数値で回答を得た

問28. あなたはいま困っていることがありますか。もしあればあてはまる番号すべてに○をつけてください。また、ない場合は14に○をつけてください。

	応答数		ケースの%
	度数	%	
1. お金のこと	638	18.0	49.0
2. 雇用のこと	323	9.1	24.8
3. 住居のこと	155	4.4	11.9
4. 身体の健康のこと	489	13.8	37.6
5. うつやストレスなど心の健康のこと	239	6.7	18.4
6. 子育て・子供の教 育のこと	184	5.2	14.1
7. 家族の病気や介護のこと	271	7.6	20.8
8. 家族のもめごと	76	2.1	5.8
9. 自分の老後のこと	555	15.7	42.7
10. 職場の人間関係	252	7.1	19.4
11. 近隣の人間関係	39	1.1	3.0
12. 差別のこと	86	2.4	6.6
13. 文化や習慣の違い	20	0.6	1.5
14. 特にない	194	5.5	14.9
15. その他	17	0.5	1.3
労働組合のこと	5	0.1	0.4
合計	3543	100.0	272.3

※複数回答
番号がない項目は「その他」の自由回答欄の記入内容を分類し直したもの

問29. 人生で大切なことを決める際に相談できる人はいますか。あてはまる番号に○をつけてください。

		度数	%	有効%
有効数	1. いる	1110	81.5	85.4
	2. いない	190	14.0	14.6
	合計	1300	95.4	100.0
欠損値	不明	62	4.6	
合計		1362	100.0	

問 29-1. 問 29 で「はい」と答えられた方におうかがいします。人生で大切なことを決める際に相談できる人は何人いますか。次の 1 から 10 の分類ごとにそれぞれ人数を記入してください。

	度数	最小値	最大値	平均値	標準偏差
1. 家族や親せきの人	1074	0	20	2.66	2.115
2. 職場や仕事で知り合った人	1084	0	30	1.96	3.141
3. 近所づきあいで知り合った人	1094	0	26	0.36	1.287
4. 学校時代に知り合った人	1082	0	41	1.22	2.530
5. ユニオンで知り合った人	1080	0	100	1.39	3.871
6. サークルや趣味の集まりで知り合った人	1092	0	100	0.66	3.663
7. 教会など宗教施設で知り合った人	1095	0	20	0.18	1.071
8. 子どもを通じて知り合った人	1094	0	30	0.35	1.569
9. ネット(ツイッター、フェイスブックなどのSNS、ライン、ネットゲームなど)を通じて知り合った人	1092	0	100	0.21	3.186
10. その他の知り合い	1086	0	40	0.50	2.385

※それぞれ「(　)人」として実数値で回答を得た

問 30. 共通の趣味や関心について話ができる人はいますか。あてはまる番号に○をつけてください。

		度数	%	有効 %
有効数	1. いる	1063	78.0	87.9
	2. いない	147	10.8	12.1
	合計	1210	88.8	100.0
欠損値	不明	152	11.2	
合計		1362	100.0	

問 30−1. 問 30 で「はい」と答えられた方におうかがいします。共通の趣味や関心について話ができる人は何人いますか。次の 1 から 10 の分類ごとにそれぞれ人数を記入してください。

	度数	最小値	最大値	平均値	標準偏差
1. 家族や親せきの人	1031	0	30	1.99	2.397
2. 職場や仕事で知り合った人	1035	0	50	2.75	3.879
3. 近所づきあいで知り合った人	1044	0	30	0.56	1.743
4. 学校時代に知り合った人	1036	0	30	1.79	3.081
5. ユニオンで知り合った人	1036	0	150	1.53	7.210
6. サークルや趣味の集まりで知り合った人	1038	0	100	1.96	6.855
7. 教会など宗教施設で知り合った人	1049	0	20	0.24	1.513
8. 子どもを通じて知り合った人	1048	0	20	0.44	1.660
9. ネット(ツイッター、フェイスブックなどの SNS、ライン、ネットゲームなど)を通じて知り合った人	1045	0	50	0.62	3.757
10. その他の知り合い	1043	0	100	0.78	3.949

※それぞれ「(　)人」として実数値で回答を得た

問 31. あなたには、ふだんネット（ツイッター、フェイスブックなどの SNS、ライン、ネットゲームなど）を通じてやりとりしている人はいますか。あてはまる番号に○をつけてください。

		度数	%	有効 %
有効数	1. いる	387	28.4	30.4
	2. いない	886	65.1	69.6
	合計	1273	93.5	100.0
欠損値	不明	89	6.5	
合計		1362	100.0	

問 31-1. 問 31 で「はい」と答えられた方におうかがいします。以下のような人はそれぞれ何人ぐらいいますか。同居している方を除いて数えてください。

	度数	最小値	最大値	平均値	標準偏差
1. ふだんネットで会話や書き込みなどをしあっているが、会ったことはない人	359	0	500	5.98	29.219
2. ふだんネットで会話や書き込みなどをしあっていて、たまに会う人	360	0	140	5.77	11.502
3. ふだんネットで会話や書き込みなどをしあっていて、よく顔をあわせる人	357	0	50	4.81	7.216

※それぞれ「(　)人」として実数値で回答を得た

問 32. あなたは以下の集団・活動に参加していますか。あてはまる番号すべてに○をつけてください。

	応答数		ケースの %
	度数	%	
1. 町内会や自治会	451	23.1	35.4
2. PTA や父母会	106	5.4	8.3
3. 宗教活動の集まり	77	3.9	6.0
4. 生協や消費者団体	53	2.7	4.2
5. 政党や政治家後援会	149	7.6	11.7
6. 福祉関係のボランティア活動	105	5.4	8.2
7. 外国人を対象としたボランティア活動や国際交流団体	28	1.4	2.2
8. ユニオン以外の社会や地域の問題に取り組む活動団体	149	7.6	11.7
9. 自分が住む地域での趣味やスポーツのサークル	185	9.5	14.5
10. 職場での趣味やスポーツのサークル	65	3.3	5.1
11. 9、10 以外の趣味やスポーツのサークル	120	6.2	9.4
12. その他	21	1.1	1.6
生涯学習・勉強会	5	0.3	0.4
福祉関係や国際関係以外のボランティア	3	0.2	0.2
13. なし	433	22.2	34.0
合計	1950	100.0	153.2

※複数回答
番号がない項目は「その他」の自由回答欄の記入内容を分類し直したもの

問 33. あなたの最も好きな政党はどれですか。最も好きな政党の番号に１つだけ○をつけてください。

		度数	%	有効 %
有効数	1. 自民党	85	6.2	6.7
	2. 民主党	80	5.9	6.3
	3. 日本維新の会	23	1.7	1.8
	4. 公明党	29	2.1	2.3
	5. みんなの党	11	0.8	0.9
	6. 共産党	73	5.4	5.8
	7. 日本未来の党	2	0.1	0.2
	8. 社民党	145	10.6	11.5
	9. 新社会党	96	7.0	7.6
	10. その他の政党	16	1.2	1.3
	11. 好きな政党はない	706	51.8	55.8
	合計	1266	93.0	100.0
欠損値	不明	96	7.0	
合計		1362	100.0	

問 34. 以下にあげた福祉サービスのうち、利用したことがあるのはどれですか。あてはまる番号すべてに○をつけてください。

	応答数		ケースの %
	度数	%	
1. 公営住宅	137	7.2	11.0
2. 失業手当	574	30.0	45.9
3. 生活保護	27	1.4	2.2
4. 妊娠・出産に関わるサービス	182	9.5	14.6
5. 赤ちゃんと子どものための医療･福祉サービス(母子健康手帳･乳幼児健診など)	293	15.3	23.4
6. ひとり親のための福祉サービス	55	2.9	4.4
7. 高齢者のための医療・福祉サービス	96	5.0	7.7
8. 介護保険制度	77	4.0	6.2
9. 障害のある方のための医療・福祉サービス	82	4.3	6.6
10. その他	5	0.3	0.4
11. なし	378	19.8	30.2
傷病手当	4	0.2	0.3
就学援助・就学補助	2	0.1	0.2
合計	1912	100.0	153.0

※複数回答
番号がない項目は「その他」の自由回答欄の記入内容を分類し直したもの

問 35. あなたの性別を教えてください。

		度数	%	有効 %
有効数	1. 男性	735	54.0	55.7
	2. 女性	584	42.9	44.3
	合計	1319	96.8	100.0
欠損値	不明	43	3.2	
合計		1362	100.0	

問 36. あなたの年齢を教えてください。

		度数	%	有効 %	累積 %
有効数	20 歳代以下	69	5.1	5.3	5.3
	30 歳代	196	14.4	15.1	20.4
	40 歳代	307	22.5	23.6	44.0
	50 歳代	403	29.6	31.0	75.0
	60 歳代	296	21.7	22.8	97.8
	70 歳代	29	2.1	2.2	100.0
	合計	1300	95.4	100.0	
欠損値	不明	62	4.6		
合計		1362	100.0		

※「(　)歳」として実数値で回答を得た

問 37. 現在、あなたがお住まいの地域はどちらですか。

		度数	%	有効 %	累積 %
有効数	東京 23 区	72	5.3	5.8	5.8
	政令市	291	21.4	23.5	29.3
	中核市	193	14.2	15.6	44.8
	その他	684	50.2	55.2	100.0
	合計	1240	91.0	100.0	
欠損値	特定不能	122	9.0		
合計		1362	100.0		

※具体的に居住する都道府県・市区町村を回答してもらい、本研究グループで上記のように分類した

問 37-1. 問 37 でお答えになった地域に、通算で何年くらいお住まいですか。

		度数	%	有効 %	累積 %
有効数	5 年未満	101	7.4	7.8	7.8
	5~10 年未満	109	8.0	8.5	16.3
	10~15 年未満	97	7.1	7.5	23.9
	15~20 年未満	108	7.9	8.4	32.2
	20~25 年未満	115	8.4	8.9	41.2
	25~30 年未満	98	7.2	7.6	48.8
	30~35 年未満	129	9.5	10.0	58.8
	35~40 年未満	115	8.4	8.9	67.8
	40~45 年未満	121	8.9	9.4	77.2
	45~50 年未満	88	6.5	6.8	84.0
	50~55 年未満	83	6.1	6.4	90.4
	55~60 年未満	51	3.7	4.0	94.4
	60~65 年未満	48	3.5	3.7	98.1
	65~70 年未満	18	1.3	1.4	99.5
	70 年以上	6	0.4	0.5	100.0
	合計	1287	94.5	100.0	
欠損値	不明	75	5.5		
合計		1362	100.0		

※「約（　）年」として実数値で回答を得た

問 38. あなたの現在の住居は次のどれですか。あてはまる番号 1 つだけに○をつけてください。

		度数	%	有効 %
有効数	1. 持ち家（一戸建て、分譲マンション）	871	64.0	67.1
	2. 公営住宅	65	4.8	5.0
	3. 民間・公団の賃貸住宅	329	24.2	25.3
	4. 社宅･社員寮（会社が借り上げている民間アパートも含む）	29	2.1	2.2
	5. その他	4	0.3	0.3
	合計	1298	95.3	100.0
欠損値	不明	64	4.7	
合計		1362	100.0	

問 39. あなたは結婚していますか。あてはまる番号 1 つだけに○をつけてください。

		度数	%	有効 %
有効数	1. 結婚している	811	59.5	61.8
	2. 結婚していない	339	24.9	25.8
	3. 離別または死別した	162	11.9	12.3
	合計	1312	96.3	100.0
欠損値	不明	50	3.7	
合計		1362	100.0	

問 40. あなたは、今、どなたかと同居されていますか。次のうち、あてはまる番号すべてに○をつけてください。ただし、寮などの個室にはいっている場合は、一人暮らしとみなします。

	応答数		ケースの %
	度数	%	
1. 自分ひとり（一人暮らし）	211	9.4	16.1
2. 夫あるいは妻	776	34.6	59.1
3. 父	195	8.7	14.8
4. 母	290	12.9	22.1
5. 子ども	575	25.6	43.8
6. 孫	37	1.7	2.8
7. 祖父母	33	1.5	2.5
8. 兄弟姉妹	88	3.9	6.7
9. その他の親せき	13	0.6	1.0
10. 恋人	13	0.6	1.0
11. 仕事の同僚	3	0.1	0.2
12. その他の友人・知人	8	0.4	0.6
合計	2242	100.0	170.6

※複数回答

問 40-1. 今、同居しているひとのなかで、働いているのはどなたですか。あてはまる番号すべてに○をつけてください。ただし、同居している職場の同僚は除きます。

	応答数		ケースの %
	度数	%	
1. 自分	1133	51.7	90.4
2. 夫あるいは妻	546	24.9	43.5
3. 父	83	3.8	6.6
4. 母	77	3.5	6.1
5. 子ども	256	11.7	20.4
6. 孫	1	0.0	0.1
7. 祖父母	3	0.1	0.2
8. 兄弟姉妹	69	3.1	5.5
9. その他の親せき	9	0.4	0.7
10. 恋人	11	0.5	0.9
11. 仕事の同僚	0	0.0	0.0
12. その他の友人・知人	5	0.2	0.4
合計	2193	100.0	174.9

※複数回答

問 41. あなたが最後に卒業した学校は、次のうちどれですか。あてはまる番号 1 つだけに○をつけてください。

		度数	%	有効 %	累積 %
有効数	1. 小学校	4	0.3	0.3	0.3
	2. 中学校	73	5.4	5.6	5.9
	3. 高校	515	37.8	39.4	45.3
	4. 専門学校	196	14.4	15.0	60.2
	5. 短大・高等専門学校	120	8.8	9.2	69.4
	6. 大学	357	26.2	27.3	96.7
	7. 大学院	42	3.1	3.2	99.9
	8. その他	1	0.1	0.1	100.0
	合計	1308	96.0	100.0	
欠損値	不明	54	4.0		
合計		1362	100.0		

問 41-1. あなたは学校で通算して何年教育をうけましたか。ただし、保育園・幼稚園、予備校は除きます。

		度数	%	有効 %	累積 %
有効数	6 年未満	2	0.1	0.2	0.2
	6~7 年未満	3	0.2	0.2	0.4
	7~8 年未満	3	0.2	0.2	0.6
	8~9 年未満	7	0.5	0.5	1.2
	9~10 年未満	60	4.4	4.7	5.9
	10~11 年未満	20	1.5	1.6	7.5
	11~12 年未満	25	1.8	2.0	9.4
	12~13 年未満	431	31.6	33.8	43.2
	13~14 年未満	58	4.3	4.5	47.8
	14~15 年未満	175	12.8	13.7	61.5
	15~16 年未満	71	5.2	5.6	67.1
	17~18 年未満	269	19.8	21.1	88.2
	18 年以上	151	11.1	11.8	100.0
	合計	1275	93.6	100.0	
欠損値	不明	87	6.4		
合計		1362	100.0		

※「( ) 年」として実数値で回答を得た
日本国外の学校に就学した者もいることなどを想定して、教育年数をあわせて質問した

問 42. あなたのお父さんが最後に卒業した学校は、次のうちどれですか。あてはまる番号 1 つだけに○をつけてください。

		度数	%	有効 %	累積 %
有効数	1. 小学校	140	10.3	10.9	10.9
	2. 中学校	292	21.4	22.8	33.7
	3. 高校	384	28.2	29.9	63.6
	4. 専門学校	43	3.2	3.4	67.0
	5. 短大・高等専門学校	38	2.8	3.0	69.9
	6. 大学	199	14.6	15.5	85.4
	7. 大学院	15	1.1	1.2	86.6
	8. その他	10	0.7	0.8	87.4
	9. わからない	159	11.7	12.4	99.8
	不就学	3	0.2	0.2	100.0
	合計	1283	94.2	100.0	
欠損値	不明	79	5.8		
合計		1362	100.0		

※番号がない項目は「その他」の自由回答欄の記入内容を分類し直したもの

問 43. あなたの生まれた国はどちらですか。あてはまる番号 1 つだけに○をつけてください。

		度数	%	有効 %
有効数	1. 日本	1249	91.7	96.3
	2. 日本以外	48	3.5	3.7
	合計	1297	95.2	100.0
欠損値	不明	65	4.8	
合計		1362	100.0	

問 43-1. 【問 43 で日本と答えた方へ】あなたが小学校を卒業したとき、どちらにお住まいでしたか。

		度数	%	有効 %	累積 %
有効数	東京 23 区	45	3.3	3.9	3.9
	政令市	241	17.7	20.9	24.8
	中核市	145	10.6	12.6	37.4
	その他	722	53.0	62.6	100.0
	合計	1153	84.7	100.0	
欠損値	海外	113	8.3		
	特定不能	96	7.0		
	合計	209	15.3		
合計		1362	100.0		

※具体的に居住する都道府県・市区町村を回答してもらい、本研究グループで上記のように分類した

問 44. あなたの国籍は次のどれですか。あてはまる番号 1 つだけに○をつけてください。

		度数	%	有効 %
有効数	1. 日本	1104	81.1	95.3
	2. 中国	6	0.4	0.5
	3. 韓国・朝鮮	4	0.3	0.3
	4. ブラジル	17	1.2	1.5
	5. フィリピン	22	1.6	1.9
	6. ペルー	4	0.3	0.3
	7. その他	1	0.1	0.1
	合計	1158	85.0	100.0
欠損値	不明	204	15.0	
合計		1362	100.0	

＊以下の問 45～問 47 は外国籍の方への質問です。

問 45. 【外国籍の方へ】あなたの在留資格は次のどれですか。あてはまる番号 1 つだけに○をつけてください。

		度数	%	有効 %
有効数	1. 特別永住者	3	0.2	5.8
	2. 永住者	30	2.2	57.7
	3. 日本人の配偶者等	3	0.2	5.8
	4. 永住者の配偶者等	0	0.0	0.0
	5. 定住者	11	0.8	21.2
	6. 技能実習	4	0.3	7.7
	7. 特定活動	0	0.0	0.0
	8. 家族滞在	0	0.0	0.0
	9. その他	1	0.1	1.9
	合計	52	3.8	100.0
欠損値	非該当	1308	96.0	
	不明	2	0.1	
	合計	1310	96.2	
合計		1362	100.0	

問 46. 【外国籍の方へ】あなたの日本での滞在年数は、合計で何年ですか。

		度数	%	有効 %	累積 %
有効数	5 年未満	4	0.3	8.3	8.3
	5~10 年未満	9	0.7	18.8	27.1
	10~15 年未満	19	1.4	39.6	66.7
	15~20 年未満	6	0.4	12.5	79.2
	20 年以上	10	0.7	20.8	100.0
	合計	48	3.5	100.0	
欠損値	非該当	1308	96.0		
	不明	6	0.4		
	合計	1314	96.5		
合計		1362	100.0		

※「(　)年」として実数値で回答を得た

問 47. 【外国籍の方へ】あなたは日本語がどのくらいできますか。聞く、話す、読む、書くのそれぞれについて、近いものを１つだけ選んで○をつけてください。

日本語　聞く

		度数	%	有効 %	累積 %
有効数	1. テレビのニュースがわかる	8	0.6	17.0	17.0
	2. ゆっくりならある程度わかる	28	2.1	59.6	76.6
	3. 単語がわかる	10	0.7	21.3	97.9
	4. できない	1	0.1	2.1	100.0
	合計	47	3.5	100.0	
欠損値	非該当	1308	96.0		
	不明	7	0.5		
	合計	1315	96.5		
合計		1362	100.0		

日本語　話す

		度数	%	有効 %	累積 %
有効数	1. 自分の意見を発表できる	13	1.0	28.3	28.3
	2. 日常会話ができる	16	1.2	34.8	63.0
	3. 単語がいえる	15	1.1	32.6	95.7
	4. できない	2	0.1	4.3	100.0
	合計	46	3.4	100.0	
欠損値	非該当	1308	96.0		
	不明	8	0.6		
	合計	1316	96.6		
合計		1362	100.0		

日本語　読む

		度数	%	有効 %	累積 %
有効数	1. 新聞や雑誌を読める	10	0.7	21.3	21.3
	2. 簡単な漢字が読める	4	0.3	8.5	29.8
	3. ひらがな･カタカナなら読める	21	1.5	44.7	74.5
	4. できない	12	0.9	25.5	100.0
	合計	47	3.5	100.0	
欠損値	非該当	1308	96.0		
	不明	7	0.5		
	合計	1315	96.5		
合計		1362	100.0		

日本語　書く

		度数	%	有効 %	累積 %
有効数	1. 意見などを書ける	8	0.6	17.0	17.0
	2. 簡単な文が書ける	15	1.1	31.9	48.9
	3. 単語が書ける	8	0.6	17.0	66.0
	4. できない	16	1.2	34.0	100.0
	合計	47	3.5	100.0	
欠損値	非該当	1308	96.0		
	不明	7	0.5		
	合計	1315	96.5		
合計		1362	100.0		

調査票での使用言語

		度数	%
有効数	日本語	1307	96.0
	フィリピノ語	28	2.1
	ポルトガル語	18	1.3
	中国語	5	0.4
	スペイン語	4	0.3
合計		1362	100.0

仁井田典子（にいた・のりこ）
立教大学社会学部ほか非常勤講師・大東文化大学経営研究所客員研究員
主な著書・論文に「不安定就労者たちの疎外と生きにくさ――個人化社会における居場所に関する社会学的研究」（『首都大学東京博士学位論文』2014年）、「脆弱で、不安定で、曖昧な連帯の可能性――ある女性コミュニティ・ユニオンを事例として」（『解放社会学研究』第28号、2015年）

朝倉美江（あさくら・みえ）
金城学院大学人間科学部教員
主な著書・論文に『多文化共生地域福祉への展望 多文化共生コミュニティと日系ブラジル人』（単著、高菅出版、2017年）、『はじめて学ぶ人のための社会福祉』（共著、誠信書房、2016年）

山本かほり（やまもと・かおり）
愛知県立大学教育福祉学部教員
主な著書・論文に「排外主義の中の朝鮮学校――ヘイトスピーチを生み出すものを考える」（『移民政策』9号　2017年）、「質的パネル調査からみる在日朝鮮人の生活史」（『社会と調査』15号、2015年）

西澤晃彦（にしざわ・あきひこ）
神戸大学大学院国際文化学研究科教員
主な著書・論文に『貧者の領域』（単著、河出書房新社、2010）、『貧困と社会』（単著、放送大学教育振興会、2015）

著者一覧

編著者

文貞實（むん・じょんしる）
東洋大学社会学部社会学科教員
主な著書・論文に『不埒な希望――ホームレス / 寄せ場をめぐる社会学』（共著、松籟社、2006）、『温泉リゾート・スタディーズ――箱根・熱海の癒しの空間とサービスワーク』（共著、青弓社、2010）

著者（執筆順）

伊藤泰郎（いとう・たいろう）
広島国際学院大学情報文化学部教員
主な著書・論文に「「在日コリアン」の日本国籍の取得に関する意識の計量的分析」（『部落解放研究』20、広島部落解放研究所、2014年）、「外国人に対する寛容度の規定要因についての考察：接触経験とネットワークの影響を中心に」（『部落解放研究』17、広島部落解放研究所、2011年）

内田龍史（うちだ・りゅうし）
尚絅学院大学総合人間科学部現代社会学科教員
主な著書・論文に『部落問題と向きあう若者たち』（編著、解放出版社、2014年）、『差別とアイデンティティ』（共編著、阿吽社、2013年）

北川由紀彦（きたがわ・ゆきひこ）
放送大学 教養学部教員
主な著書・論文に『移動と定住の社会学』（共著、放送大学教育振興会、2016年）、『都市と地域の社会学』（共著、放送大学教育振興会、2018年）

山口恵子（やまぐち・けいこ）
東京学芸大学教育学部教員
主な著書・論文に『貧困問題の新地平――〈もやい〉の相談活動の軌跡』（共著、旬報社、2018年）、「「東京」に出ざるえない若者たち――地方の若者にとっての地元という空間」（『現代思想』第42巻6号、2014年）

崔博憲（さい・ひろのり）
広島国際学院大学情報文化学部教員
主な著書・論文に『コンフリクトと移民――新しい研究の射程』（共著、大阪大学出版会、2012年）、『戦後日本の〈帝国〉経験――断裂し重なり合う歴史と対峙する』（共著、青弓社、2018年）

コミュニティ・ユニオン――社会をつくる労働運動

2019年3月15日初版発行　定価はカバーに表示しています

編著者　文　貞實
発行者　相坂　一

〒612-0801 京都市伏見区深草正覚町1-34
発行所（株）松籟社
SHORAISHA（しょうらいしゃ）

電話：075-531-2878
FAX：075-532-2309
URL：http://shoraisha.com
振替：01040-3-13030

装幀　竹中尚史
カバー写真　Yongyuan Dai
印刷・製本　モリモト印刷（株）

Printed in Japan

ISBN978-4-87984-373-9　C0036